21世纪高等院校
JC
新闻学与传播学经典教材
JOURNALISM&COMMUNICATION

新闻评论

融合表达与思维创新

杨奇光 编著

News
Comments
Expression & Innovation

中国国际广播出版社

图书在版编目（CIP）数据

新闻评论：融合表达与思维创新 / 杨奇光编著. —北京：中国国际广播出版社，2023.5
（21世纪高等院校新闻学与传播学经典教材）
ISBN 978-7-5078-5340-7

Ⅰ. ①新…　Ⅱ. ①杨…　Ⅲ. ①评论性新闻—教材　Ⅳ. ①G210

中国国家版本馆CIP数据核字（2023）第087467号

新闻评论：融合表达与思维创新

编　　著	杨奇光
责任编辑	筴学婧
校　　对	张　娜
版式设计	邢秀娟
封面设计	赵冰波
出版发行	中国国际广播出版社有限公司［010-89508207（传真）］
社　　址	北京市丰台区榴乡路88号石榴中心2号楼1701 邮编：100079
印　　刷	天津市新科印刷有限公司
开　　本	710×1000　1/16
字　　数	270千字
印　　张	19
版　　次	2023年5月　北京第一版
印　　次	2023年5月　第一次印刷
定　　价	48.00元

前　言

新闻评论的对象往往是社会发展过程中给我们带来不确定性的新闻事件，当新闻事件发生之后，新闻评论写作者需要秉持理性精神，或客观分析事件背后的原因，或预测事件的未来结果，或对新闻事件进行价值评判并提出策略性建议。新闻评论的制作和传播旨在帮助公众形成对新闻事件或社会现象的正确认识，并在普及社会价值序列的过程中促进公平正义和群体合意。

新闻评论作为一个古老的“行当”，在数字时代面临着新的境况和挑战。

数字时代的新闻业及新闻产品是信息文明的产物，其生产、流通与分发的逻辑不同于此前工业时代背景下新闻业的内在规律。在文化与文明的发展历程中，以流水线、标准化为代表的工业文明催生了新闻评论制作的专业理念，而由信息技术所形塑的数字文化则一方面继承了新闻评论的经典理念脉络，另一方面又对传统新闻评论的生产环节不断进行着反拨、调适甚至重构。数字时代的新闻评论从内容生产到平台传播的过程也正在经历变革，特别是在以圈层化社交为特征的平台界面中，我们需要密切关注新闻评论的传播效果。事实上，影响新闻评论传播效果的要因既包括经典传播模式中的构成要素，又包括数字信息生态系统在内的多元行动主体，上述因素对新闻评论的平台化传播产生着深远影响，这也是为什么数字时代的新闻评论员不应只关注自身生产的文字内容，还应将目光放置于线上新闻评论区，后者往往成为全新的意见与观点交锋之地（本书第十章重点讨论了数字时代新闻评论区的问题）。

因应技术变迁的逻辑和新闻生产的现实需要，本书一方面延续了既往新闻评论教材的基本知识体系和内容框架，另一方面则在行文中突出数字时代新闻评论的全新特征，相关案例主要选自主流媒体在传统报纸以及融媒体端的典型文本。同时，课堂教学案例以及学生习作案例也经过挑选呈现在本书之中，这些案例虽然不是官方媒体的成熟作品，但却是来自真实的大学生群体。之所以选择学生习作作为案例，是希望本书能够成为一本“接地气”的学习读物，并通过尽可能还原真实课堂教学环境和学生反馈，让所谓象牙塔里的经典知识穿透纸张，真正进入每一位读者的脑海之中。

本书共分为十个章节，第一章主要是对新闻评论的历史演进以及属性特点进行介绍；第二章辨析了新闻评论中的观点、论点和判断，重点是呈现新闻评论中最常见的三种判断类型；第三章围绕新闻评论中事实的双重作用展开；第四章重点是新闻评论中的论证，通过介绍演绎、归纳、类比、反驳的运用方法帮助学生掌握基本的论证技能；第五章和第六章分别探讨新闻评论的结构优化以及新闻评论的选题来源；第七章结合实际案例展示不同类型的新闻评论标题拟制方法；第八章主要从新闻评论的语言与文风层面切入，分析新闻评论语言的规范性和个性化特征；第九章是基于中西方代表性的新闻评论作品的内容鉴赏；第十章重点突出数字时代融合新闻的类型特征，并对融合新闻评论的伦理责任问题进行讨论。上述十章涉及新闻评论的历史源流、属性特征、写作技巧、误区陷阱、伦理规范等内容，每一章均按照“讲练结合”的原则，围绕要点提示、主体内容、案例分析和实战演练等内容组织。

本书的读者对象既包括新闻传播类院校的师生，也包括其他新闻评论的写作爱好者和研究者。鉴于新闻评论具有强时效性的特征，作为本书的内容补充，推荐读者将主流媒体新闻评论案例作为课程学习的补充，特别是应关注各类移动媒体终端的新闻评论作品。但需要提醒的是，一些自媒体和公众号发表的新闻评论作品还需要审慎阅读。

数字时代的新闻评论呈现出“融合”指征，“融合”既是内容形式方面的重构，更是一种创新思维方式的养成。尽管落在纸张上的文字是静止的，但本书的读者可以在数字时代利用各类技术产品和平台不断探索融合新闻评论的可能实践方式，从而不断提升思维能力水平，创新观点表达方式，成为真正有智识之公民。

目　录
CONTENTS

第一章

为什么我们需要新闻评论

本章要点

◎ 数字时代新闻评论的机遇与挑战

◎ 经验坐标：历史、源流与性质

◎ 媒体深度融合时代新闻评论发挥的社会功用

◎ 专业新闻评论与公众的观点表达素养

在业界，新闻评论既是一个古老的“行当”，也是一类独立的新闻文体。新闻评论的制作者——评论员是专业的职业群体。在学界，新闻评论与新闻生产、新闻价值、新闻伦理、传播效果等学术研究议题广泛勾连，构成了新闻传播研究的重要分支。数字时代，不论是作为行业实践的新闻评论活动，还是作为学术研究的领域，新闻评论都面临着新的境况和现实挑战。

第一节　老问题与新境况：数字时代新闻评论的机遇与挑战

新闻评论多以新闻事件为评论对象，是作者对于新闻事件的观点表达。从功能层面来看，新闻评论具有舆论引导、舆论监督、表达民意、“排气阀”和心理治疗的社会功能。在数字时代，新闻评论从报纸走向互联网平台媒体，数字新闻评论则呈现出传播的交互性、多样化特征，新闻评论的时效性更强，评论员的构成也呈现出多元化特征。事实上，新闻评论在历史上享有诸多赞誉，有学者认为新闻评论是“报纸的灵魂”，是新闻业的“心脏”“眼睛”“旗帜”“宝塔尖”“生命线”，这些对于新闻评论的比喻无不凸显新闻评论在新闻业，乃至整个社会生活中的显著地位。

现实的境况是复杂的，一方面是在互联网经济浪潮下，包括新闻评论等在内传统新闻职业岗位的吸引力有下滑趋势；另一方面则是在海量信息的互联网平台上，急需专业的新闻评论以消减“杂音”。在社交媒体平台、个性化信息推送平台和新闻信息聚合平台上，混杂着情绪、偏见甚至仇恨的信息充斥于用户的浏览界面，传统新闻评论员似乎难以通过及时发布新闻评论从而对“杂音”进行有效的匡正，变幻莫测的舆情走向也为新闻评论的传播效果带来了全新挑战。

传播效果被誉为传播学研究中的核心板块，其串联了传播学理论框架中的诸分支系统，是传播学研究的根基所在。美国学者哈罗德·拉斯韦尔（Harold Lasswell）于1948年在其《传播在社会中的结构与功能》一文中提出了5W传播过程模式（传播者、传播内容、传播媒介、受众、传播效果），其中的“传播效果”与前“4W”要素关联密切，是检验传播活动成功与否的最终标准。尽管5W模式理论被指出存在将传播简单化为说服等弊病，但这一过程模式为传统大众媒介时代锚定了明确的研究对象，规范化了传播学的研究路径，被学者认为是“最早也是最有影响力”的传播模式理论。[①] 互联网、社交媒体的出现使得传播效果进一步扩展了研究的视域并修正甚至重构了经典传播学理论体系。数字时代的新闻评论传播效果也面临着挑战，以开放、匿名等为特点的“网络舆情传播机制”[②] 及其实践效果对传统新闻评论的生产流程产生重要影响，以联结、圈层化为特征的社交媒体为新闻评论的传播效果带来了更多不确定性。

当前，智能技术和智能媒体及其引发的传播方式变革使得智媒时代表现出与以往大众媒介时代的差异，“生态性”即是智媒时代的显著特征。[③] 传统机构组织、个人、技术中介以及多元行动者共同构成了智媒时代的生

① LASSWELL H. The structure and function of communication in society［M］// BRYSON L. The communication of ideas. New York：Institute for Religious and Social Studies，1948：117.

② 汤景泰，徐铭亮 . 指标构建与核心流程：社交媒体内容传播效果的综合评估［J］. 现代传播（中国传媒大学学报），2022（4）：37-46.

③ 常江，田浩 . 生态革命：可供性与“数字新闻”的再定义［J］. 南京社会科学，2021（5）：109-117.

态系统，人们的现实生活与虚拟世界交错互构，智能技术的连接作用改变了社会的组织方式并嵌入人类生活的整体进而引发关于存在论、主体意义、职业管辖、权利边界等系列问题的讨论。适应融媒体平台传播的需要，数字时代的新闻评论在文本形态上也体现出了较大变化。传统新闻评论的开头部分往往是事实的输入，即对所要评论的新闻事件有针对性地“复盘”，当前许多微信公众号上的新闻评论则往往在对事件复盘的基础上还会引用网友的不同观点，特别是那些能引爆舆论热点的网友观点会成为重要的复盘对象。总体来看，数字时代的互联网平台是多元意见的交锋阵地，数字时代的新闻评论一方面需要对舆论热点进行回应，另一方面也要思考新闻评论的融合传播效果。

第二节　经验坐标：新闻评论的历史演进

如果说现实的境况为我们反思新闻评论的写作带来了新的机遇和挑战，那么回归历史则有助于寻找解决现实问题的良药。虽然古代文人政客形成了托古论今、托古讽今的政论传统，但对我们如今所接触的现代新闻评论产生更直接影响的则是 19 世纪以来包括外国传教士和中国本土报人的新闻评论实践活动。

早在 1815 年，中国历史上第一份近代报刊《察世俗每月统记传》（*Chinese Monthly Magazine*）就已经出现了中文评论。作为一份宗教宣传性质的期刊,《察世俗每月统记传》以阐释基督教教义为核心内容，但也包括近代西方科技知识和时事评论性文字。1821 年这份刊物登载了一篇记述清道光元年四月初九（公元 1821 年 5 月 10 日）在马六甲地区祭祀痘娘娘活动的报道，并以西方宗教的观点对此做了评论。此外，包括《传教者与中国杂报》（*The Evangelist and Misellanea Sinica*）、《广州纪录与行情报》(*Canton Register and Price Current*)、《孖剌报》(*Hong Kong Daily Press*)、《遐迩贯珍》(*Chinese Serial*)等在内的报刊也均有登载新闻评论内容，评论和消息、短讯、通讯等其他近代新闻体裁初具雏形。在国人办报活动兴起后，早期维新派、洋务派、革命派均开展了新闻评论的写作实践。19 世纪 70 年代，洋务运动是报人们报道和评论的重要主题，在王韬的主持下，以“强中以攘外，诹远以师长，变法以自强”为办报宗旨的《循环日报》发表了大量政论和评论文章以鼓吹变法自强。中法战争期间，《述报》除了通过发表大量专电、消息报道战况外，还配发时事评论文章以谴责法国的无理行径。

19 世纪末，大量维新派报刊相继创刊，维新派办报活动走向高潮。在梁启超负责编撰《时务报》期间，每天有 4000 多字的评论会见报，其中最著名的便是《变法通议》。以下是“自序”部分的节选，在这段论述中，梁启超以气势磅礴的笔法论证了变法的必要性和可能性。

> 法何以必变？凡在天地之间者，莫不变：昼夜变而成日，寒暑变而成岁；大地肇起，流质炎炎；热熔冰迁，累变而成地球；海草螺蛤，大木大鸟，飞鱼飞鼍，袋兽脊兽，彼生此灭，更代迭变，而成世界；紫血红血，流注体内，呼炭吸养，刻刻相续，一日千变，而成生人。藉曰不变，则天地人类，并时而息矣。故夫变者，古今之公理也……
>
> 今日所目为古法而守之者，其于古人之意，相去岂可以道里计哉！今夫自然之变，天之道也；或变则善，或变则敝，有人道焉，则智者之所审也。语曰：“学者上达，不学下达。”惟治亦然。委心任运，听其流变，则日趋于敝；振刷整顿，斟酌通变，则日趋于善。

青年时代梁启超的评论以情感激昂、铺张繁缛闻名。曹聚仁认为梁启超的文体多用比喻，他的评论之所以能成功乃在诉之于情感，读起来十分痛快，但是经不起仔细推敲，否则就会发现矛盾百出[①]。从梁启超刊载于《清议报》的《少年中国说》中我们也能看出整个行文有诸多铺陈，感情浓烈真挚，但在理性的逻辑和判断上尚有欠缺。梁启超对自己的文体有清醒深刻的认识："某以为业报馆者既认定一目的，则宜以极端之议论出之，虽稍偏稍激焉而不为病。"[②]他觉得偏激的观点好过模棱两可的观点，能够激励人们觉醒、启迪人们智慧，哪怕是错误的言论，也会有另外一端的观点纠正，或者处于中间的观点来折中。梁启超的这种偏激取向和当时的政治动向息息相关。因为处在清末时期的人们受到很大的压迫，有想要打破现状的欲望，所以情感激烈的文字能够满足人们的情感需求。当时与《新民丛报》对立的《民报》等报纸的言论十分激进，煽动性极强，所以出于对抗的目的，梁启超势必需要用同样情感激烈的文字去回应。到中年时期，因社会背景已发生变化，梁启超的评论便很少有浮夸辞藻的堆砌，而是运用法学、经济学、财政学等专业知识对当时的新闻事件做出判断，以理性严谨代替情感宣泄。于是，以梁启超为代表的中国近代新闻评论的文风总体由感性转向理性。

在新闻报道中融入新闻评论内容或是在新闻报道后陈述自己的观点，是维新派报刊评论写作的一大特点。1904 年《时报》创刊后将评论独立出来并设置了名为"时评"的专栏，"时评"专栏的设立标志着近代评论文体从论说到时评的转变。时评体现了新闻评论的形式创新，胡适曾指出，《时报》的短评在当日是一种创体，通过用简短的词句，用冷峻明利的口吻，使读者一目了然。时评的出现为读者阅读带来了较大便利，这一文体直接影响了后世的新闻评论风格。民国时期，新闻评论进一步发展成熟，包括黄远生、林白水、张季鸾等在内的著名报人通过撰写评论臧否时事、针砭时弊。新文化运动中，陈独秀在《新青年》上撰写发表了《驳康

① 曹聚仁. 文坛五十年［M］. 上海：东方出版中心，1997：183.

② 李华兴，吴嘉勋. 梁启超选集［M］. 上海：上海人民出版社，1984：336.

有为致总统总理书》《复辟与尊孔》《再论孔教问题》等评论性文章反对封建伦理道德，宣传民主共和观念。五四运动前后，陈独秀、李大钊等通过评论宣扬俄国十月革命和马克思主义，评论的舆论引导力进一步增强。由陈独秀、李大钊等人创办的《每周评论》更是直接以“评论”为名，《每周评论》曾连续对五四运动及时配发评论，发挥了积极的舆论引导作用。另一份冠以“评论”二字的是毛泽东主编的《湘江评论》，作为湖南学生联合会机关报，《湘江评论》以白话文发表评论。中国共产党成立后，《向导》成为中共中央的第一份机关报，刊发了大量时事政治评论内容。五卅运动爆发后，中共中央创办《热血日报》，瞿秋白任主编，该报发表了大量新闻和评论，深刻揭露了帝国主义的暴行。九一八事变后，包括《申报》《新闻报》等在内的报刊针对日本侵略中国发表了大量时评文章，《申报》就曾在时评中明确提出，要维护国家、维护民族，对日军背水一战。

新中国成立前，我国的新闻评论内容突出内外交困的政治社会现实，报人群体针对社会乱象和百姓困难发表了大量评论内容，客观上推动了中国社会向现代转型的步伐。新中国成立后，我国的新闻评论事业持续发展，在 20 世纪 90 年代中后期形成了发展高潮，这一时期的新闻评论内容创新表达形式，评论员的队伍也进一步多元化。90 年代的“时评”兴盛背后离不开社会主义市场经济体制确立带来的影响，新闻评论所关注的对象触及社会生活的诸多领域。这一时期，《中国青年报》首开“冰点时评”专栏，“冰点时评”突出思想交锋特点，栏目编辑经常将不同观点的评论文章安排在同一版面中。此外，《羊城晚报》等媒体开始登载以个人署名的新闻评论作品，新闻评论除了严肃风格外，也体现出更为轻松活泼的特点。伴随着新闻评论向社会生活领域的进一步延展，新闻评论的舆论监督和解释引导功能进一步凸显，新闻评论的监督对象更为丰富，经济运行、营商行为、政府职能、司法审判、社会治理等均成为新闻评论关注的重要对象。

第三节　新闻评论的属性特点与思维特征

新闻评论具有不同于新闻消息、新闻特稿、新闻专题等其他类型新闻产品的属性特点，传统意义上的新闻报道主要以记叙为主，重在用事实说话，传播事实性信息是新闻报道的核心功能。新闻评论则是以观点、论点为核心的新闻产品类型，新闻评论以议论为主，强调以论据为基础的逻辑论证，重在阐明作者的主张和看法。由于新闻评论对于思维能力的要求较高，我们经常说的四大新闻业务——采、写、编、评中也将评论放置在最后的位置。目前国内大多数新闻传播类院校也将新闻评论设置为高年级阶段的专业基础课，这也从侧面反映出新闻评论的学习和写作难度是相对比较大的。从文体形式来看，新闻评论属于议论文，是一类实用文体，不同于诗歌、散文等文体类型。

我们还可以从其他几项与新闻评论相关的领域来进一步认识新闻评论的属性特点。其一是学术，学术的本质是发现真理，例如科学家们的实验就是以发现真理为目标，医学、生物、化学、物理等专业学术研究以获知真理为最终诉求。虽然从哲学的层面来看，真理可能永远无法抵达，但是这不影响科学家们基于科学方法探索物质世界的原理。其二是司法，公检法机关判案的本质是寻找真相，一个凶手是否杀人，一个犯罪嫌疑人是否有罪，这都是案件审理的最终目标。从学术、司法的性质来看，新闻评论的本质指向真理和真相，新闻评论通过观点的呈现和逻辑论证帮助普通公众进一步宣扬真理、揭露真相。

一、批判性思维在新闻评论中的运用

从思维特征上看，新闻评论最重要的特征便是批判性思维。批判性思

维的起源可追溯到古希腊思想家苏格拉底。苏格拉底式批判也称为“助产术”，主要是指通过提问的方式，以澄清人们思考或研究的目的，区分相干和不相干的信息，然后检验其可靠性和来源，质疑他们自己和他人所言包含的假设。苏格拉底的助产术，以提问的方式揭露对方学说中的矛盾，主要体现在“诘问式”的形式之中。批判性思维通过提问的方式揭示那些习以为常、理所当然的信念背后的假设所包含的不一致性，以探求新的可能答案。①

批判性思维在新闻评论写作中主要体现为：第一，抓住中心思想和议题；第二，判断证据的准确性和可靠性；第三，判断推理的质量和逻辑一致性；第四，察觉出那些已经明说或未加明说的偏见、立场、意图、假设以及观点；第五，从多种角度考察合理性；第六，在更大的背景中检验适用性；第七，评定事物的价值和意义；第八，预测可能的后果。②具备良好批判性思维的评论写作者能够准确判断新闻事实背后的原因、关系、结果、意义、价值等，批判性思维通过质疑和反思对社会运行中出现的各类现象以及不同观点进行理性化剖析。批判性思维的运用有助于评论者提出独到的观点，避免人云亦云，这是一种强调理性和审慎的思维方式和思维品质。需要指出的是，在如今的互联网平台上，各类观点和意见呈交锋之势，然而我们需要看到，许多看似具有批判性的观点实则是充斥着情绪和成见的“杠精”式言论。批判性思维与“杠精”式言论的区别在于，后者无视、忽略、曲解逻辑，仅为反对而反对，通常是通过针对性反驳惹怒他人，进而达成目的。因此，需要在新闻评论中尽量避免充斥着情绪和成见的“杠精”式言论。

批判性思维要求写作者要善于抓住问题的关键，通过质疑辨析在逻辑

---

① 武宏志．批判性思维：语义辨析与概念网络［J］．延安大学学报（社会科学版），2011，33（1）：5-17.

② 刘茂华，焦俊波．新闻评论：原理、方法与案例［M］．上海：上海交通大学出版社，2017：44.

论证中理性表达自身的观点。良好的批判性思维运用有助于新闻评论呈现令人眼前一亮的观点，基于批判性思维的论证则更有助于宣扬真理、揭露真相。以下是一些批判性思维在新闻评论中应用的案例。

【案例分析 1–1】

“去大厂工作才体面”，是一种偏见

日前，某大学光学系学院领导在年级会议上发言称：“学生都要去‘大厂’，争取为学院争光，所以去‘小厂’是不体面的。”有硕士毕业生则在会议上表示：“我今天好不容易拿到一个小厂 offer，你告诉我是不体面的，它凭什么不体面，它是我挣来的。”

“985 硕士毕业一定能进‘大厂’”“进‘大厂’就是为学院争光”，这样的话术不禁让人想起曾经很多大学生都经历过的一个认知——“上了名牌大学你就什么都不用愁了”。再仔细推敲，发现“考高分—上好大学—找好工作”已经成为我们的惯性思维，仿佛成功人生的起点都是从高分开始，以好工作为阶段性的终点。

这场冲突看似是学院领导“何不食肉糜”与求职学生之间的矛盾，其实透露的是就业层面功利化的应试思维。

……在这样的思维链条下，人生好像被导入了一个单线条模式，这正是最大的误区所在。不是所有的事情“只要分数够高，就能得到好的且唯一的结果”，找工作不是考试，人生更不是考试，所谓“好工作”的衡量标准应该是自身在工作中获得价值。

人生有千百种可供自由选择的道路，因此，老师更不应囿于几个世俗的标签，鼓励学生盲目地追名逐利。而某类企业，从来不是工作的唯一选择。

……况且，“体面”在字典中的含义是指“身份”或形容“光

荣”，但“人生本平等，职业无贵贱”，如果进入某类企业就意味着体面，岂不是对其他工作另一种形式的轻视？①

这篇选自《新京报》的作品是一篇典型的以批判性思维为基础形成的反驳式评论，作者针对某学院以去“大厂”工作为荣的观点，通过分析这一观点形成的现实原因——“就业层面功利化的应试思维”，由此尖锐地指出了这种就业导向存在的职业歧视问题。作者认为，社会上对于某一就业领域的过度关注并不应当演变为引导学生就业的一种方向或尺度，这种普遍存在的言论反而会对大学生就业产生误导，这样的言论需要被批判。

【案例分析 1-2】

断舍离不应该只是口号

（学生习作，韩均悦）

断舍离是由日本杂物管理咨询师山下英子提出的人生整理观念。所谓断舍离，就是断绝不需要的东西，舍弃多余的废物，脱离对物品的执着，利用收拾生活中的杂物来整理内心的纠葛与杂念，透过物品了解自己，发现生命的本真。常与断舍离相提并论的，还有“极简生活”“不消费主义”等热词，它们都象征着生活的减法，提倡在充满物欲的时代简化自己的物质生活。

……

但如果被“断舍离”的风潮绑架，喊着“断舍离”的口号，营造“极简”的假象，势必会给我们的生活带来混乱与困扰。为了“断舍离”扔掉必备的生活用品，带来的是日后不必要的消费；为了

① 赵卓雅．“去大厂工作才体面”，是一种偏见［N］．新京报，2022-09-29.

“断舍离”退出工作群聊，带来的是团队工作进度的拖延；为了“断舍离”头脑发热地辞去仅有的工作，带来的是生活的窘迫与危机。只会一味地抛弃与舍去，是对重要性判断的失败，其背后是严重的不自知与不自控。

这篇由学生撰写的评论作品体现了批判性思维的特征，作者先是探析“断舍离”的内涵，再探讨盲目跟风“断舍离”不可取。作者向“断舍离”口号提出疑问，认为被其风潮绑架会给普通人的日常生活带来负面影响。文章针对普遍性的一种口号提出了自己的疑问，具备较好的反思视角，体现了作者的批判性思维。

【案例分析 1-3】

“云端它经济”方兴未艾，动物成为情感寄托和社交纽带

（学生习作，季雅琪）

近日，微信小程序“认养盒子”风靡互联网，许多网友深夜蹲守，只为“云认养”心仪的动物，“抢到不亏”“被治愈了”成为年轻人互相安利的自发口号。

……心理学家弗洛姆在《逃避自由》中提到，人强烈地惧怕孤独，需要与自身之外的世界相联系。随着城市化进程加快，越来越多的年轻人拥入大城市，远离了熟悉的亲缘关系，一时又难以基于地缘等建立新的连接，于是成为“异乡人”，无法再按经验完成情感的寄托。于是，人们开始另寻他路，容易即时购买到的动物，便常常成为投射情感的载体。

……从本质上看，我们还是要回到“人”本身。将动物符号化了的“云端它经济”提示我们，这背后是现代年轻人情感的无所寄托与对人际连接的苦苦渴求。不难预见，即使“云认养”等商业模式依然处于自发生长阶段，存在监管缺位、鱼龙混杂等问题，“云端它经济”也仍将迅猛发展，所欠缺的，也许只是行业标准和监管。

在上述案例中，作者认为“云认养”成为人类情感投射的方式，并简要论述商业模式存在监管与质量的问题。不过，关于“云认养”的论题有更多可以挖掘的空间。“云认养”可能存在的问题有哪些？“云认养”的宠物能否被妥善照顾、动物的口粮质量能否保障？如果主人弃养，动物怎么办？若作者能在类似角度进一步思考与质问，既能点明云端经济的潜在风险，也让评论内容更加体现批判性。

【案例分析 1-4】

开展旅游宣传，城市形象构建比丁真更稳妥

（学生习作，聂溪）

这几天，“又甜又野”的藏族小伙丁真火了。随后，丁真的家乡——四川省甘孜藏族自治州理塘县的国有旅游公司便立即与丁真签订了合约，并拍摄了旅游推广视频《丁真的世界》。但这种依靠网络红人的旅游宣传是存在风险性的。比起利用丁真的流量进行宣传，构建和宣传地方文化符号是更加稳妥的方法。

回顾丁真的走红历程可以发现，丁真的走红靠的是颜值和性格，而不是有内涵的内容。这就注定了丁真的个人魅力是单薄的，他的粉丝黏性也是较低的。理塘若是想继续通过丁真带动旅游，就需要围绕丁真进行持续且有效的信息输出。但这需要丁真能够很快地提升自己的实力，使自己能够完成作品输出的工作，才能保证流量不会出现反噬。在快节奏的互联网世界，能留给丁真提升自我的时间

其实并不多。一旦理塘文旅后续的宣传营销没有跟上，人们的注意力自然会转移，丁真的热度散去，将看点放在丁真身上的理塘又能保持多久的旅游热潮呢?

比起消费丁真的流量，理塘倒不如借鉴相邻不远的稻城亚丁。2016年，电影《从你的全世界路过》将稻城亚丁带入人们的视线的同时，也把稻城亚丁变成了象征着爱情、浪漫与纯洁的符号。人们对稻城亚丁的旅游欲望，不在于参演电影的某位演员，而是来源于这个地方所代表的情感与文化意象。而电影为它建构的这一文化意象自然而然地给了稻城亚丁长期的旅游营销。虽然稻城亚丁的文化符号是偶然建构起来的，但这依然对理塘的旅游宣传有着借鉴意义。虽然丁真让中国看到了理塘，但丁真能否长期给理塘带来如此巨大的流量仍然是未知的。比起依靠网络红人，理塘倒不如思考如何打造出属于自己的独一无二的地方文化意象。这当然比利用现成的流量难得多，但这或许是能够保持理塘旅游持续发展最稳妥的方法。

上述案例对丁真爆火后成为旅游大使这一事件进行了深刻反思。作者对热点事件的反向思考，显示出较好的批判思考能力。2020年11月，丁真因为一脸纯真朴素的笑容意外走红网络，成为“新晋顶流”。走红后的丁真成为理塘县的旅游大使，为当地旅游贡献力量。然而，在批判性思维的基础上，作者还需要进一步打磨核心观点。地方政府借力丁真做旅游推广有一定的合理性，构建地方文化符号也是应该做的，这二者并不能简单地比较优劣，因为很难建立起一个较为公正且可量化的比较标准。上述案例的思考维度仍需要全面化与深入化。

二、新闻评论中的思维聚焦

批判性思维在新闻评论写作中具有核心地位，关乎一篇新闻评论的立论起点和传播效果，在新闻评论的具体内容组织上，新闻评论的思维则呈现出聚焦特点。新闻评论的聚焦具体表现为集中性，集中是指新闻评论的写作思路以收敛式为主，发散思维可以在新闻评论中有所体现但不应成为新闻评论采用的主要思维方式。新闻评论的聚焦，一方面是指新闻评论聚焦于新闻事件，新闻事件是一篇新闻评论的核心评论对象，与之相关的其他新闻事件应让位于核心对象；另一方面，新闻评论聚焦于核心论点，一篇新闻评论可以包含若干观点，但整体论证应聚焦于核心论点。

与思维聚焦相对应的是“思维失焦”，在实际新闻评论写作过程中，评论的思维失焦通常表现为，论点针对多个评论对象展开，但缺少针对核心对象的集中论证。下面两则案例均反映出评论的思维聚焦度不够的问题。

【案例分析 1–5】

利用闲置别墅拍影视剧，考虑过别人的财产权吗？

……

无论根据《物权法》还是即将于 2021 年 1 月 1 日起施行的《民法典》，房屋所有人都对自己的房屋享有占有、使用、收益、处分的权利。而且这是绝对性的、排他的权利，即权利主体之外的任何人，在未经权利人许可的情况下，都负有不得侵犯该权利的绝对义务。

由上可知，即便是闲置的别墅，即便权利人根本没有使用该别墅，他人也不得擅自闯入该别墅，更不得擅自占有、使用该别墅内的任何设施。否则便构成侵权行为，应承担相应的侵权责任，如支付租赁费、水电费、物品损坏的修复费、赔偿金等损失。

具体到此事件中，从报道可知，剧组并非“擅闯”别墅，因为业主购买的是样板房，将钥匙交给了物业。而剧组了解的情况是，该别墅属于开发商的样板房，且剧组为使用该样板房已经向物业缴纳了 6 万元场地费。那么，该剧组应该属于“善意第三人”，即便其应承担支付租赁费等责任，也不必“下架、停播”……

而此事件的关键是，物业和开发商可能未尽到妥善管理义务，甚至涉嫌监守自盗。一边是业主缴纳了物业费，而另一边则是剧组向物业缴纳了场地使用费。那么，有没有可能是物业管理部门利用业主长时间不居住、使用别墅的机会，将别墅出租给他人使用？

如果此事属实，物业的行为严重悖逆了职业道德和职业伦理，甚至涉嫌构成治安违法乃至犯罪……①

针对剧组利用他人的闲置别墅拍摄影视剧一事，上述评论将关注重点落在业主、剧组以及物业层面，后半部分又着重探讨物业方的职业道德操守，而忽视了新闻事件中的矛盾焦点——私人物产权问题，思维的集中度不足。这篇评论的标题和开头部分指向较为明确，是从物权财产权的角度切入立论的，但是后面又提到物业以及电视剧停播等问题，至于电视剧应不应该被下架、应不应该被停播，这又是另外一个问题了。而物业应不应该承担法律责任、是不是违背了职业伦理和道德，不是不可以谈，但这是另外一个角度的思考了，一篇新闻评论没有办法兼顾涉及范围过广的观点表达。

【案例分析 1–6】

祖孙照事件的背后，没人问责平台吗？

（学生习作，曹萩儿）

又一个魔幻的造谣事件来了。近日，某账号盗用一张祖孙合照

① 史奉楚 . 利用闲置别墅拍摄影视剧，考虑过别人的财产权吗？[EB/OL] .（2020-07-21）. https://www.thepaper.cn/newsDetail_forward_8365392?commTag=true.

并配文“73岁东莞清溪企业家豪娶29岁广西大美女”引来广泛关注。而在这件事背后，平台的角色和责任不应当被忽略。

……

维权不是只发生在被造谣者和造谣者之间的事件。平台作为互联网时代言论表达界限的重要守门人，在网络内容审核方面承担了巨大的责任。在司法救济不适宜的情况下，我们更应该积极探讨平台在此次造谣事件中扮演的角色，并进一步拷问平台的责任。只有多元主体共同担负起属于自己的那份责任，互联网空间才不会变成侵权者与被侵权者反复拉锯的是非地……

上述案例的判断对象为“祖孙照被造谣”一事背后的平台。选题回应了社会热点问题，聚焦平台责任，立意较为新颖，关注了互联网平台上信息传播乱象问题。如果从论证的集中程度来看，还有可改进之处。在论述过程中，作者将关注点放到“多元主体”上，探讨多元主体的责任问题，但评论集中度不足，可进一步围绕平台主体的责任展开，集中论证互联网时代平台应当肩负的责任问题，从而更好地保持新闻评论思维的连贯性。

第四节　新闻评论的写作意义与社会价值

新闻评论的写作不仅是一门职业技能，其所包含的思维方式和逻辑论证能力也是每一个合格公民应当具备的基本素养。如果没有良好的思维习惯和思维品质，我们很难在公共生活中有效地表达自己的观点。如果没有批判性思维，那么我们看待事物的角度就会陷入平庸，所写出的评论内容也会显得非常平淡。不仅如此，在互联网空间多元信息的裹挟中，没有批判性思维，就没有办法拨开迷雾，抵达真相。

新闻评论写作的必要性体现在以下三个层面：第一，因为并不是每个人都知道同样多的事实，也并非所有人都能够通过正确的思维方式来看待问题，所以我们的社会需要有这样一类职业群体带领公众穿越迷雾，抵达真相，专业新闻评论写作者通过公开发表意见的方式发挥正确价值观的引领作用；第二，不同国家和民族在漫长的历史发展过程中都形成了符合本国人民认知的价值观，这些价值观需要通过公开的意见表达而不断被普及和强化；第三，借鉴大众传播的功能理论，新闻评论作为大众传播的重要类型，发挥着社会监督的作用，帮助人类在发展进程中规避失误和风险。

从新闻评论写作的重要性层面来看，优秀的新闻评论作品既有助于帮助揭示真相，又有助于为公众和社会提供解决问题的道路、方法与路径。前者延展了新闻报道的功用，后者则同公众参与公共事务讨论密切相关。作为个体的公民不仅需要通过新闻报道了解新闻事实本身，还需要通过专业的新闻评论获知新闻事实背后的原因和意义，从而更好地参与社会生活。在公共事务讨论方面，新闻评论还肩负着重要的舆论引领作用，新闻评论将公共价值纳入判断体系，新闻评论应对新闻事件本身的价值做出判断，并由具体的新闻事件延展至社会生活层面，启发公众对于公共事务进行讨论。社交网络进一步加剧了公共讨论的复杂性，社交网络上的传播表现为圈层化特征，人们发出某种观点主要是为了满足其所处的圈层需要，不同圈层之间又存在着较大的壁垒。线上社交行为和环境的存在客观上更加体现出新闻评论作为公共意见表达的重要性。换言之，新闻评论在互联网空间中不断为我们的社会找寻“失落”的最大公约数，从而促进民主协商和社会合意的实现。

实战演练

1. 请思考：新闻评论在历史演变中形成了何种特点？这对于当前的评论写作有何影响？

2. 数字时代的到来为新闻评论的写作带来了何种影响？

3. 新闻评论的价值和效用在当今社会是如何体现的？你认为新闻评论应该发挥什么样的社会功用？

第二章

灵感迸发之源：新闻评论中的观点与判断

本章要点

◎ 认识观点、论点与判断间的区别与联系

◎ 学会做事实判断、价值判断

◎ 掌握策略性判断的要求

观点是人们的意见表达，观点普遍存在于日常对话之中，那么什么样的观点能够成为论点？事实上，当一个观点开始成为论点的时候，意味着该观点之后有可支撑它的论据及论证，这也正是我们常说的——论点、论据、论证是新闻评论写作的三要素。论点的本质就是观点，但观点并不一定都能成为论点，在一篇评论中处于核心地位的论点则是核心论点。判断和观点、论点之间又有何种关联？对于这一问题的回答恰恰指向新闻评论写作的实际起点。通常情况下，观点的表达形式是判断，判断又往往以判断句的形式呈现出来。在新闻评论的写作过程中，我们首先要做出判断，根据判断的内容，新闻评论中的判断通常可以分为事实判断、价值判断和策略性判断。根据判断的范围，新闻评论中的判断又可以分为具体判断和普遍判断，还有一些学者将判断进一步分为常识判断、原因判断、真理判断、道德判断等，根据不同判断类型在实际新闻评论中的应用情况，本书重点介绍事实判断、价值判断和策略性判断。

表 1　新闻评论中常见的判断类型

判断类型	含义	特点
事实判断	对事实的原因、关系和结果的判断	观点与论点的起点、价值判断的基础
价值判断	围绕价值及其主体的判断	判断的标准、主体和结果因人而异
策略性判断	基于建议和策略为事件中存在的问题找寻解决方案	注重针对性和可行性

第一节　基于原因、关系与结果的事实判断

事实判断是判断事实间的关系，通常是由已经确认为真的事实推断出另一个事实存在的可能性，事实间的具体关系包括原因关系、结果关系等。[①] 事实判断是我们提出观点和论点的起点。比如，当一则新闻事件的发生触动了我们的神经，此时恰恰是新闻评论写作的好时机，接下来我们可以思考触动我们的内容到底是什么，是事件发生背后的原因，还是事件未来可能的走向？基于原因层面或是结果层面，或是基于事实的相关性层面，都可以成为我们立论的方向。

前文所述，数字时代的新闻评论面临互联网平台带来的更大挑战，意见的交锋成为各类平台上的常见现象，如果从新闻评论的写作起点来看，那些激起舆论争端的事件恰恰是良好的评论选题，关于争论背后的事实性争议则是我们做事实判断的切入点。2022 年 9 月，两家直播带货平台掀起了一场关于玉米价格定价高低的论战。那么针对这场论战，我们可以想到哪些事实判断呢？下面这则选自《农民日报》的评论文章能够为我们带来一些启发。

【案例分析 2–1】

一根玉米卖 6 元还是 7 毛？别伤了农民就好

一根玉米卖 6 元还是卖 7 毛？秋粮收获时节，电商平台的玉米价格再次引发热议。有网红质疑东方甄选将批发价 7 毛一根的玉米

① 马少华．新闻评论教程：2 版［M］．北京：高等教育出版社，2012：29.

卖6元，东方甄选随后回应，品质不同、成本不同，售价也不能一概而论。虽然后来网红已经道歉，但这场争论却波及了电商平台上的普通农户，一些不明真相的网友拥向农户直播间刷屏喊贵，影响了农产品的销售。

近年来，直播带货作为新兴业态，给农产品销售带来了更广阔的市场，也带来一些新的讨论。直播平台的玉米卖6元一根是否合理？农民是否能从中获益？此前也曾引发关注，本报也就其中的农民收益问题做过报道。这次再度引起诸多议论，反映出社会对于农业发展、农民利益的日益关注，这是件好事。但令人惋惜的是，这场由“助农”引发的讨论，却最终演变成一出“伤农”闹剧。不仅伤了农民，伤了东北黏玉米的品牌，其实也伤到了消费者的利益。①

在这则案例中，作者首先复盘了这场论战的主要事实，需要注意的是第一段的内容并不是判断，而是对基本事实的描述。事实判断一定要判断出新的事实，这篇评论的事实判断出现在第二段中，即“这次再度引起诸多议论，反映出社会对于农业发展、农民利益的日益关注”。那么针对这场论战，这一判断揭示了这场论战的本质，主要是因为社会日益关注农业才会导致主播间的口水仗演变为一场舆论交锋，因而作者通过这一基于原因层面的事实判断为这场论战定了性。事实判断后紧接的这句——“这是件好事”则属于价值判断（详见下文有关价值判断的讲解）。

当互联网上的争议、争端演变为舆论风波时，专业新闻评论写作者有义务站出来为公众辨析事实层面的争议，下面的案例从可能原因或后果层面对于争议事件开展了理性分析。

① 赵宇恒．一根玉米卖6元还是7毛？别伤了农民就好［N］．农民日报，2022-09-28.

【案例分析 2–2】

男孩被殴致死，“有人拍片，无人施救”困境如何破解?

11 月 5 日下午，长沙一名 9 岁男孩被一名疑似精神病患者殴打致死。

这件事过去已有几天，但各个视角的新闻仍在陆续跟进，网络上的讨论也依然热度不减。讨论最多的还是那个再熟悉不过的看客问题。网友对围观者的“冷漠”感到义愤填膺，并追问从浅至深的诸多原因。说到底，他们还是不太能接受这种围观和拍片却无人施救的场景。

需要说明的是，“百余人围观无人阻止”这样一竿子打翻一船人的说法不完全准确。在一篇报道里有这样一句话“参与制服冯某华的小区居民光军说”，可见并非无人出手。在另一篇报道里，有居民告诉记者，最后是施暴男子父亲上前将男子制服。

可能真相更接近于这样：施暴开始后，有围观者并没有及时上前制止，直到男子父亲现身成为“挑头的”，围观者才帮助将男子制服。但此时已经错过最佳干预时间。①

面对各方舆论的发酵，作者整合相关报道事实还原新闻真相。文中关键词“不完全准确”“‘参与制服冯某华的小区居民光军说’”“可能真相更接近于这样”，作者对新闻事实谨慎求证，判断出案发现场“并非无人出手”结论，并破除谣言。上述判断属于对新闻事实本身进行推导从而做出的事实判断，文章的论点和后续论证过程也主要围绕事实层面展开。

---

① 西坡．男孩被殴致死，“有人拍片，无人施救”困境如何破解？[N]．新京报，2019-11-09.

【案例分析 2–3】

将“抑郁症筛查”纳入学生健康体检，需完善相关设施与方案

（学生习作，张涵悦）

2020 年 9 月 11 日，国家卫生健康委办公厅发布《探索抑郁症防治特色服务工作方案》，要求高中及高等院校将抑郁症筛查纳入学生健康体检内容。随后，教育部表示将抑郁症筛查纳入学生健康体检内容，建立学生心理健康档案，评估学生心理健康状况，对测评结果异常的学生给予重点关注。

……然而，将“抑郁症筛查”纳入学生健康体检内容，说起来容易做起来难。首先，当“抑郁症筛查”成为一项可被量化的指标，教育部门相关领导很可能将“抑郁症患病率”作为自己向上汇报的政绩和向下要求的考察指标——经一层层的传导和暗示，到学生这里，“抑郁症筛查”可能早就变成了一场有对错之分、有标准答案的考试……

上文分析了将“抑郁症筛查”纳入学生健康体检内容后未来的执行难度，认为层层上传下达后会将“抑郁症筛查”变为“一场有对错之分、有标准答案的考试”，属于从事实的结果层面对评论对象开展的事实判断。

第二节　体现标准、主体与差异性的价值判断

不同于事实判断主要是基于事实的原因、关系和结果，价值判断则紧

密围绕价值及其主体展开。价值是一个哲学领域的概念，主要是来衡量客体对于主体需要的满足[①]，其本质上是个关系范畴[②]，存在于客体与主体间的需要关系中，价值判断中包含明确的客体和主体以及是否"满足需要"的衡量标准。价值判断的标准往往是因人而异的，对于同一新闻事件不同人可能会做出不同的价值判断。作为新闻评论写作者，我们的价值判断以新闻事件中的不同主体为参考立场，同时也反映出我们自身的价值观念体系。价值判断往往更加主观，因此也更易引发争议，因为我们每个人的价值观不同，看待事物的立场和习惯也不尽相同。价值判断中有一些标志性词语，例如"应不应该""好或者坏"等，良好的价值判断应尽可能以普适性价值观为前提。【案例分析 2-1】中提到"……反映出社会对于农业发展、农民利益的日益关注，这是件好事"，其中"好"便是一个典型的价值判断，"好"的对立面是"坏"，"好"与"坏"的判断标准体现的是价值立场问题。

简单来说，判断的标准、判断的主体和判断结果的差异是价值判断的特征所在，前文介绍的事实判断和价值判断存在着一定的制约性，事实判断是价值判断的基础，价值判断多以事实判断为依据。在实际新闻评论写作中，我们面临的判断类型往往更加复杂，有时会出现混在事实判断中的价值判断，或是结合了价值判断的事实判断，对于此种复合型判断，我们需要结合其在上下文的语境及核心表意来界定为何种判断。

① 马克思．评阿·瓦格纳的"政治经济学教科书"［M］// 马克思，恩格斯．马克思恩格斯全集：第 19 卷．中共中央马克思恩格斯列宁斯大林著作编译局，编译．北京：人民出版社，1963：406.

② 杨保军．论新闻的价值根源、构成序列和实现条件［J］．新闻记者，2020（3）：3-10.

【案例分析 2-4】

事业单位招聘打破“唯学历论”，职业教育不应“低人一等”

（学生习作，禹琳）

2021 年 11 月 2 日，人力资源和社会保障部发布《关于职业院校毕业生参加事业单位公开招聘有关问题的通知》，提出事业单位招聘不得限制毕业院校，要保障职业院校毕业生参加事业单位招聘的合法权益和平等竞争机会。

或许是受到几千年科举制度的影响，中国人将读书看作阶级跨越的阶梯，强调学历的重要性。追求高学历、名校学历几乎成为一种全民的教育信仰，具有一种不容置疑的正当性。“上了好大学才有好工作”是大多数家长鼓励子女用功读书的口头禅。于是，学历成了一张“通行证”，高学历代表高能力，是好工作的“敲门砖”，是高收入的前提条件。

客观来说，努力学习以获得更好的教育，本是积极进取的好事。拥有高学历是一件值得骄傲的事，也在一定程度上代表着一个人的学习能力。但有些人片面地用学历来定义一个人的全部能力，甚至是道德品质，这种“唯学历论”是狭隘的、不客观的，也是应该警惕的……

上述案例从中国传统根深蒂固的价值观出发，探讨中国人对高学历的追求，从而衍生“学历歧视观”。论述了传统的学历观后，作者对学历观进行价值判断：“唯学历论”是狭隘的、不客观的，也是应该警惕的。基于价值判断的评论文章多对现实问题提出批判性思考，通过规范的论证，有助于进一步倡导正确社会价值观念的建立。

第三节　以针对性和可行性为核心的策略性判断

新闻评论中除了事实判断和价值判断外，还有一类重要的判断类型被称为策略性判断。策略性判断，顾名思义，主要是指基于建议和策略为新闻事件中显露的问题找寻解决方案。如果说事实判断强调的是对事实原因、关系以及结果的判断，价值判断强调判断的主体差异和判断标准问题，那么策略性判断则以策略是否具有可行性为核心依据。好的策略性判断不仅能够有针对性地回应新闻事件中的问题，还应尽可能为问题的解决提供具备可行性的解决办法。

【案例分析 2–5】

“镶金镀银”变身“高级食物”，舌尖上的拜“金”主义何时休？

金箔冰激凌、金箔巧克力、金箔蛋糕、金箔寿司……令人眼花缭乱的“镀金”食品风靡一时。近日，市场监管总局、国家卫生健康委、海关总署联合印发通知，明确指出，根据我国相关食品安全法律法规及食品安全标准规定，金银箔粉不是食品添加剂，不能用于食品生产经营。

……

商家的逐利本性和消费者的“虚荣需求”相结合，“食金”之风自然甚嚣尘上。可是，食品安全无小事，舌尖上的拜“金”主义更不容放纵。

鉴于反食品浪费已进入法治轨道，下一步也可以考虑把反“食金”之风纳入反食品浪费的范畴。只有切实提升打击力度，才能有效倒逼商家守住合法合规的经营底线。

作为消费者，也要端正认识，既不能迷恋商家的宣传，交“智商税”，也不能为了满足虚荣心花钱买面子。

只要消费者们保持清醒的头脑，理性看待“镀金”“镀银”的所谓“高级食物”，“食金”之风也就会自然失去滋生的土壤。[①]

“下一步也可以考虑把反‘食金’之风纳入反食品浪费的范畴”属于对新闻评论对象的策略性判断，上述案例从社会规范层面对含“金”食物的监管提供了解决建议。此类策略性判断具有较强的针对性和可行性。

① 胡欣红．“镶金镀银”变身“高级食物”，舌尖上的拜“金”主义何时休？［N］．新京报，2022-03-23.

实战演练

请根据下面的新闻素材内容，分别做出事实判断、价值判断和策略性判断。

“帮我拿瓶饮料，要无糖的。”近两年，无糖饮料成了无数消费者心中的夏日饮料首选。北京青年报记者7月29日了解到，一方面打着“零糖”大旗让消费者认为这类饮料“更健康”，另一方面针对无糖饮料中添加的甜味剂健康与否一直存在争议。无糖饮料真的能达成消费者心中所想的“减肥”“控血糖”的效果吗？

北青报记者走访市场发现，各种无糖饮料成了今夏的新宠。不仅在各大超市“脱离”了货架，用专门的花车摆在超市主干道的两侧，超市各大饮料品牌冷藏柜本就紧张的位置也大多有无糖饮料的一席之地。而在各品牌便利店，无糖饮料，尤其是无糖气泡水类产品更是占据了展示冰箱的C位，放眼望去一片各式各样以白色为基础色的饮料包装。

不仅是产品多，很多品牌也正在靠着无糖饮料来拉动业绩。

7月28日，可口可乐公司公布第二季度财报，当季营收113.25亿美元，同比增长12%；净利润为19亿美元。其中，无糖可口可乐全球单箱销量增长12%，超过了可口可乐公司含气饮料的平均增长比率。而亚太市场的单箱销量同比增长11%……根据中科院的数据，国内无糖饮料的市场规模将进一步保持增长势头。2020年市场规模达117.8亿元，较2014年翻了7倍，预计2025年该市场将增至227.4亿元，5年内实现规模翻番。2027年，该市场将继续攀升至276亿元规模……[①]

① 张鑫.喝无糖饮料真的更健康吗？[N].北京青年报，2022-07-30.

第三章

事实的双重作用：新闻评论中的叙事与论据

本章要点

◎ 辨识事实在新闻评论中的不同作用

◎ 理解用于论据的事实的种类和要求

◎ 掌握对事实的处理原则和基本方法

新闻评论是对观点的传播，但作者的观点并不是唯一的内容，事实也是其中不可或缺的要素，甚至有学者将事实、事态和事理称为新闻评论的“新三要素”。[①] 新闻事实不仅在新闻评论中充当“由头”的角色，还为新闻评论提供评论的“靶子”对象，并作为论据增强论证逻辑和力度，给新闻评论增加可读性。[②]

那么，什么是事实呢？有学者提出，事实是在现实世界中被判断为真的命题，是社会共享的信念系统。[③] 彭漪涟也认可其观点，其在强调事实是人们认知结果的基础上，提出作为经验的事实总是特殊的、个别的，处于特殊时空关系中，是感性与理性、间接性与直接性的同一，但也必须经过理论的说明、解释，才能揭示其固有的本质和规律性等特性。[④] 因此，在新闻评论中，事实不仅包含新闻报道的事件事实，还包括史实、行业报告、调查、企业年报中的数据和内容、各专业的知识，以及社会广泛认可和经受检验的理论与常识。

这些事实的特性决定了其能作为评论的重要元素，并在其中发挥作用。那些在当下没有争议的、社会公认的事实是评论作者进行价值判断的背景，也为论证提供有力的证据。评论中的事实是客观的，可服务于作者

① 霍华民．论新闻评论学的“新三要素”［J］．学术交流，2012（1）：192-194.

② 肖隆平．新闻评论中新闻事实的功用与核实［J］．中国记者，2019（6）：96-98.

③ 陈忠华，刘心全，杨春苑．知识与语篇理解：话语分析认知科学方法论［M］．北京：外语教学与研究出版社，2004：134.

④ 彭漪涟．论事实：关于事实的一般涵义和特性的探讨［J］．学术月刊，1991（11）：3.

的主观评论，作者并不会对此做详细的解释说明而只会展现与论题相关的部分。尤其新闻评论并不是文学创作，新闻评论中要评论的事实必须是真实的，用以论证的证据也必须是真实的，显然这和新闻报道中的事实并无差别。

然而，虽然新闻事实在新闻报道和新闻评论中都占据重要位置，但事实在这两类新闻文体中的作用和处理方式却并不相同。那么，如何理解新闻评论中事实的不同作用和特性？如何辨识新闻评论中事实的不同地位和作用？如何通过事实让新闻评论的论证更具说服力、逻辑性和可读性？本章内容将结合具体案例说明新闻评论中事实的不同作用，分析作为论据的事实的种类和要求，并介绍处理事实的原则和基本方法。

表 2　新闻评论中事实的类型

类型		作用	特点
叙事	由头	新闻评论的“钩子”，引出话题和评论	与论题、论点相关联；具有新鲜性、及时性
	对象	新闻评论的“靶心”，进行价值判断的对象	真实可靠、典型独特
论据		为论点提供充分的解释和支撑	没有争议，与论点和评论对象有关、接近，具有新鲜性

第一节　事实与叙事

与新闻报道不同，新闻评论的功能是基于事实加以价值判断和观点的传播。这就决定了新闻评论中的事实不可避免地要和论述紧密相关。同时，在一篇新闻评论中，事实出现在不同位置，承担不同的作用，对事实的要求和处理也不同。因而，辨识事实在新闻评论中的作用，可以帮助我们在新闻评论中选择合适的事实，并帮助我们在阅读中准确判断评论的观点和论证，进而更好地理解新闻评论的构成、写作逻辑和结构搭建。①

具体来说，新闻评论中的事实主要承担以下三种作用：作为“由头”的事实、作为评论对象的事实、作为论据的事实。其中，作为“由头”的事实和作为评论对象的事实叙事性较为明显和突出，而作为论据的事实则更强调其在论证结构和逻辑中的支撑性。因此，事实在评论中的作用可以再精炼为叙事和论据。但需要注意的是，这三种作用有时候是交叉的。

如原《人民日报》评论员范荣康在《新闻评论学》中所说“多数新闻，不过是拿新闻作为‘由头’，生发开去议论带有普遍性的问题”②，这不仅体现了新闻评论长期以来交流思想与传播观念的功能，也足以看出作为“由头”的事实在评论中相当重要。一般来说，我们将置于新闻评论开头部分、用以引出话题和评论的材料称为“由头”。作为“由头”的新闻事实，并不是全文分析和认识的对象，也并不包含在论点之中，它并不需要作者花费很大的精力来认识，也不需要用较长的篇幅来处理。它存在的目的在于，通过将新近发生或还未引起人们关注的社会现象与所要评论的事实联系起来，以引出问题和观点，进而做出价值判断和议论。对新闻评论来说，“由头”是作者评论的“引子”，是整篇新闻评论的起点，指引了议论的对象和角度，并勾连出作者的思路和逻辑，从而达到就实论虚、娓娓道来的效果。③

作为“由头”的事实是多样的。“由头”可以是已经报道的新闻事件，可以是广泛存在的社会现象，也可以是过去和现在的对比。比如，【案例分析 3-1】中的“由头”——“家长催婚”是一种当下的社会性现象；而【案例分析 3-2】则是将“六旬女子与假靳东抖音号网恋”和“假冒年轻官员的短视频层出”两则已经被报道出的新闻事件作为此次评论的“由头”。

---

① 马少华．新闻评论教程［M］．北京：高等教育出版社，2007：49.

② 马少华．评论由头与论题的相关度［J］．新闻与写作，2010（12）：65-66.

③ 吴振标．抓住“由头” 就实论虚［J］．新闻记者，1985（4）：22-23.

需要注意的是，新闻评论的“由头”虽然不一定与评论对象一致，但仍需要与论题、论点相关联。当“由头”和评论对象不一致的时候，往往就需要作者通过过渡，来提示读者“由头”和论题、论点的相关性，但关联的效果如何则取决于读者的经验。

【案例分析 3–1】

年轻人不婚恋，该认真研究这个问题

刚刚过去的长假里，有被家长催婚吗？长假还是单着过吗？不知从何时起，“男大当婚，女大当嫁”渐渐成了老皇历，“累觉不爱”成了更多年轻人的口头禅。甚至在一些青年人社群里面，“厌婚恐育”俨然成了新的价值风向。近日，共青团中央中国特色社会主义理论体系研究中心课题组针对 1995 年至 2009 年出生的“Z 世代”做出了婚恋调查。

调研中，对“你将来会谈恋爱吗”的问题，12.8% 的青年选择“不谈恋爱”，26.3% 的受访者表示不确定；对于“你将来会结婚吗”，25.1% 的青年选择“不确定”……

低婚恋意愿，不仅是中国的问题，也是全球都在面临的问题。简言之，经济越发达，年轻人婚恋意愿就越低。①

上述案例所呈现的事实中，“家长催婚”是评论的“由头”，“厌婚恐育”才是评论的判断对象。评论员从普遍的催婚议题切入，进而论述催婚背后的根本矛盾——厌婚恐育，在“由头”和评论对象之间搭建关联，理顺了两者的关系，进而流畅地推动论述围绕着“厌婚恐育”层层开展。

---

① 年轻人不婚恋，该认真研究这个问题［EB/OL］.（2021-10-08）. https://www.thepaper.cn/newsDetail_forward_14812877.

【案例分析 3–2】

短视频平台“闹剧”乱象何以屡禁不绝?

不日前有一名六旬女子沉迷于在抖音和“靳东”谈恋爱，和丈夫产生矛盾。事后，靳东工作室就短视频平台有人假冒靳东名义开设账号一事发布声明，表示在短视频平台中的“靳东”系列账号均非本人。近日又有多张“80 后副部”“90 后正厅”官员纷涌而出的抖音段子图片在互联网上流传。

无论是“靳东恋爱”，还是“年轻官员”，均系短视频平台上人为上演的“闹剧”……然而，像这样的“闹剧”并不是什么个案，也不是今日才发生的新闻。

近年来，短视频平台不断被曝出低俗、色情、造假等“闹剧”乱象，人们有理由发问，这些短视频平台究竟在干什么？如此乱象为何屡禁不绝?

……随着“流量”的提升，平台也将“利益”增大……为什么一些短视频平台会对大肆传播的“闹剧”视频睁一只眼闭一只眼，甚至进行炫耀，以此博取眼球，原因就昭然若揭了！[①]

在上述案例中，“六旬女子与假靳东抖音号网恋”和“假冒年轻官员的短视频层出”都是该评论的“由头”。这两则新闻事实作为“由头”引出新闻评论想要探讨的普遍性话题——短视频平台“闹剧”。作为“由头”，新闻事实还能起到将抽象问题具象化的作用。

在新闻评论的开头部分，新闻事实可能充当新闻评论的“由头”，也可能充当新闻评论的对象。两者通常都在评论的开头，因而容易混淆。但

① 方圆 . 短视频平台“闹剧”乱象何以屡禁不绝？[EB/OL] .（2020-10-17）. https://www.thepaper.cn/newsDetail_forward_9602053.

是，作为评论对象的事实却有着“由头”不可替代的地位。评论对象，顾名思义是新闻评论进行价值判断的对象。正如上节所讲，“由头”仅是引出话题的“钩子”，未必和评论对象一致，也并不一定需要作者对“由头”进行深入的分析和判断；但评论对象则是整篇评论的核心，是评论的关注重心，需要作者进行判断，而这样的判断往往与论点紧密相连，关系着论点的精确性。简单来说，“由头”是评论的“钩子”，而评论对象是评论的“靶心”，两者可以相连，但未必一致。正因此，作为“由头”的事实需要新鲜性和及时性，以帮助评论的刊发和传播；而作为评论对象的事实，则不一定强调新鲜性和及时性，而更强调真实可靠和典型独特。

实际上，评论由头和评论对象是否一致也是辨别新闻评论的不同类型、结构和思考方式的尺度之一[①]。倘若一篇新闻评论的“由头”和对象一致，那么评论往往聚焦于新闻事实本身，是从新闻事实本身回到新闻事实的写作逻辑。比如在【案例分析 3-1】中，作者以“家长催婚”作为评论的“由头”，引出“厌婚恐育”这一评论对象，进而围绕着“厌婚恐育”这一新闻事实写作，并在此结尾，而没有回到评论的起点“家长催婚”。

作为评论对象的事实和作为论据的事实则更好区别。作为评论对象的事实，是有待于认识和评价的事实，不能为论证服务，否则就犯了循环论证的错误。而作为论据的事实是已经被认知的事实，因而作者可以将其稳定性作为证据来说明论点。

【案例分析 3–3】

90 后仅 13.4% 无负债，年轻人当谨防掉入“过度消费陷阱”

最近，一组关于年轻人消费的数据引发广泛关注。

① 马少华 . 新闻评论教程：2 版［M］. 北京：高等教育出版社，2012：55.

据媒体报道，有机构发布的《当代青年消费报告》（以下简称《报告》）显示，全国有1.75亿名90后，其中只有13.4%的年轻人没有负债，而86.6%的90后都接触过信贷产品。这一数据引发热议。

对此，很多人持批评态度，感慨于新一代年轻人超前消费观念的普及，认为是年轻人掉入了消费主义的陷阱；也有人认为这是商品社会发展到一定阶段的正常现象，不必过多忧虑。

客观而言，贷款作为一种金融手段，在现实生活中发挥着重要作用。诸如房贷等刚性需求，无论是在支撑个体的日常生活方面，还是对稳定金融领域系统性风险等层面，都有重要意义。

但值得警惕的是，《报告》中提到，除还房贷外，60%以上的90后将消费贷用于提高生活品质和休闲，而这主要涉及懒人经济、宠物经济、养生热潮、颜值经济和娱乐产业等五个方面。①

上述案例中与论题相关的新闻事实是"《报告》中提到，除还房贷外，60%以上的90后将消费贷用于提高生活品质和休闲，而这主要涉及懒人经济、宠物经济、养生热潮、颜值经济和娱乐产业等五个方面"，以其作为判断对象论证年轻人当谨防掉入过度消费陷阱。然而，该新闻事实出现前有太多铺垫，作者应当把新闻事实前置，从而提升新闻评论的表达效率。

第二节　事实与论据

论据是议论的三要素之一，指用来阐明或证明论点的理由和事实的总

① 陆玖．90后仅13.4%无负债，年轻人当谨防掉入"过度消费陷阱"［N］．新京报，2021-10-26.

称。一般来说，现在发生和过去发生的事实、经受检验的理论、前人有价值的思想等都可以作为论据。[①] 新闻评论是在事实基础上，通过对社会现象或新闻事件的概括、归纳和提炼，摆事实、发议论、讲道理，直接而鲜明地提出作者的看法[②]，并期望读者接受、认可的一种新闻文体。因此，新闻评论也属于广义上的议论，需要事实论据作为支撑，来佐证作者的论点；而在新闻评论中，自然同样需要一些事实来承担论据的作用，满足论据的要求，与论题相关，并能为论点提供充分的解释和支撑。

在新闻评论中，对作为论据的事实有极为严格的要求。新闻评论作者只有挑选最为典型和最能说明问题的事实，进行简练准确的表达，才能高效精准地表述观点、吸引读者，达到最佳的论证效果和传播结果。

一、论据事实的要求

实际上，新闻评论是一种逻辑自洽的论辩，如约翰逊（R. H. Johnson）和布莱尔（J. A. Blair）提出的论证评价“RSA 三角标准”[③]，即“相关性（Relevance）、充分性（Sufficiency）和可接受性（Acceptability）”。新闻评论的作者也应当恰当地处理与论证相关的材料[④]，选择合适的论据，使评论的论证完整充分。那么，什么样的事实可以作为论据呢？

（一）没有争议

新闻评论由事实和观点构成，而两者的一大区别就在于事实是无争议的，而观点是有争议的[⑤]。这是新闻评论的意义和价值所决定的：新闻评

① 贾奎林，张雪娜 . 新闻评论应用教程［M］. 北京：北京大学出版社，2009.

② 刘茂华，焦俊波 . 新闻评论：原理、方法与案例［M］. 上海：上海交通大学出版社，2017：103.

③ JOHNSON R H，BLAIR J A. Logical self-defense［M］. Toronto：McGraw-Hill Ryerson，1977.

④ 谢耘 . 论辩充分性：析当代论证评估理论的一个新维度［J］. 学术研究，2019（3）：32-37.

⑤ 马少华 . 新闻评论教程［M］. 北京：高等教育出版社，2007：52-53.

论的观点没有争议，就意味着作者提出的论点并没超越读者的“观念的水位”，是对社会广泛已有的观点的重复，没必要论证；而倘若作为论据的事实存在争议，作者就无法将其作为证据来佐证论点，无法实现观点传播的评论价值。

约翰逊和布莱尔所提出的“RSA 三角标准”中也指出了论证的可接受性，认为论辩中论据应当是无争议的，需要传受双方达成共识。因而，作为论据的事实应真实可靠、没有争议，且大众对其基本事实的认知达成了共识。

具体来说，作为论据的事实应当是广为大众所熟悉的、自身倾向性鲜明的，而不能是生僻费解、自身倾向难以辨别的[①]；否则评论的论证就好像是地基不稳固的高楼大厦，轻易便会倒塌。而所谓倾向性，是选择的事实与论点之间存在着必然联系，倾向性鲜明则表明事实与论点之间的必然联系是被广泛认可的。

另外，论据来源也影响着争议性，来源可靠、准确和专业的事实，不仅会增强事实的稳定性，还能让论证更有说服力；而在没有争议的事实中，如果能选择具有典型性的事实作为论据，则能让评论更有力。

【案例分析 3-4】

游客与 11 只老虎对峙未受伤，动物园有心了

近日，在北京野生动物园自驾游览区，一名游客违规下车，非法闯入白虎展区，与 11 只白虎对峙，过程中还不断用语言、动作挑衅动物。

……

① 贾奎林，张雪娜．新闻评论应用教程［M］．北京：北京大学出版社，2009：87.

从社会发展的趋势来说，人类亲近野生动物的需求始终是存在的，并且在动物园越来越强化“近距离接触”体验的背景下，动物园的安全防护措施就格外重要。

但近距离接触动物，游客反而是个“最大变量”。游客的举动很难预料，比如该游客为何下车挑衅老虎，至今尚无明确说法。而2016年震惊舆论的八达岭野生动物园老虎伤人事件，也是缘起于游客未遵从指示、擅自下车；2017年宁波雅戈尔动物园也曾发生游客因为逃票而跳入老虎散放区，最终被老虎袭击身亡的事件。①

上述案例分别列举了2016年、2017年游客擅自违反动物园规则而被老虎袭击的两则新闻事实用以作为事例论据。而这两个用作论据的事实在传受双方的理解中是一致的，即游客擅自违反动物园规则才导致被老虎袭击。因而，没有争议的论据才能推动作者的论证顺利进行，有力地说明了近距离接触动物的情况是造成游客不安全的主要因素。

（二）与论点和评论对象有关

既然是作为论据的事实，那自然要服务于论证，即和论点、评论对象有关，帮助读者了解事实和理解作者的观点逻辑。

在“RSA三角标准”中，约翰逊和布莱尔将其概括为两点，即相关性和充分性，分别强调用于论证的材料与论证的内在逻辑相关程度，以及论据是否适当、足够，能够引起读者共鸣。

学者贾奎林和张雪娜在《新闻评论应用教程》中更是提出“精练论据”的观点，认为新闻评论中论据和论点之间的必然联系体现在以下三个方面：一是论据能解释和论证论点；二是论据的综合能给论点提供充分支

① 江城.游客与11只老虎对峙未受伤，动物园有心了［N］.新京报，2021-10-26.

撑；三是论据和论点之间的逻辑联系符合事物的客观逻辑。[①] 他们认为，这三方面影响着论据的精练度，而越精练的论据会让评论越具有说服力。因此，在新闻评论的写作中，不仅要考量作为论据的事实与论点、评论对象是否有关，还要注意其相关度的高低[②]。

【案例分析 3–5】

关爱残障人士：真关爱勿回头

（学生习作，韩均悦）

11 月 28 日，央视新闻在微博发布了一则介绍脑瘫女孩豆豆的短片。短片中豆豆的妈妈提到了一句话："如果你看见一个走路扭扭捏捏的孩子，希望你不要回头，如果更多的话，可以给他一个鼓励。"诚然如斯，关爱残障人士，还请收回你的目光，用平等和包容去关爱。

……

如果他们需要帮助，可以大方地伸出援助之手，给予帮助；但在其他时候，像对待正常人一样对待他们，反而才是他们最需要的。豆豆练习走路和讲话时，曾遇到一位阿姨，不仅停下问豆豆是不是脑瘫儿，而且惊叹豆豆居然会叫妈妈。这样赤裸裸的看似是好奇的询问，留给豆豆还有豆豆妈妈的只能是深深的刺痛。

为了说明"回头"给残障人士带来的心理伤害，作者列举了一位阿姨的询问作为事实论据。这一事实论据与论点相关，能够作为"回头带来伤

① 贾奎林，张雪娜．新闻评论应用教程［M］．北京：北京大学出版社，2009：87.

② 马少华．新闻评论教程［M］．北京：高等教育出版社，2007：53.

害”这一分论点的佐证材料。但是如果能更好地回应标题“勿回头”，再适当补充类似“勿回头带来的保护”作为事例论证，便能增加论据和论点的相关度，与“回头带来伤害”的事实论据形成对比，从而加强观点的可信度和说服效果。

（三）接近

论据是论证的关键证据。因而，作为论据的事实也必须是真实可靠的。而如何保证所用事实的真实可靠？如何确保作者对事实的使用不会出现偏差？这就需要作者应尽可能接近作为论据的事实来源，以保证其可靠性。所以，除了直接的、权威的论据来源[①]，转载的消息和其他来源获得的事实都需要作者溯源、查清是否真实可靠，才能使用。

（四）具有新鲜性

新闻评论也是一种新闻体裁，同样要注意时效性。“新鲜”并不是论据的首要要求，也不是必要要求。要求论据新鲜并不是为了增强论证本身的证明力，只是为了新闻评论得到更好的传播效果。[②]

具体来说，“新鲜”主要是出于以下两种考量：一是，新的、重要的事实作为论据，是对读者已有知识储备的超越，这种新知识的“新鲜感”给新闻评论增加“附加值”，更吸引读者。虽然新闻评论中也常用古代人物、典籍和历史事实，以古论今，但历史性的论据主要是为了说明评论议题的广泛性等特征，使用太多则会让文章晦涩难懂，失去可读性。二是，从心理学上来讲，由于这部分论据并不被读者所熟知，读者更容易被其所撼动，从而更容易顺应、接受其佐证的观点。[③]

① 马少华 . 新闻评论教程［M］. 北京：高等教育出版社，2007：55.

② 马少华 . 新闻评论教程［M］. 北京：高等教育出版社，2007：59.

③ INCH E S，WARNICK B. Critical thinking and communication：the use of reason in argument［M］. 4th ed. Boston：Allyn and Bacon，2002：87.

【案例分析 3–6】

拒绝“套路”的“双十一”，才是购物节该有的样子

一年一度的“双十一”来了，你的钱包准备好了吗？

据中新网报道，今年“双十一”与往年相比，迎来了一些新变化，比如预售时间缩短、购物车扩容、一键退差价、告别零点……此外，今年貌似少了各种烧脑的优惠计算题，平台之间的优惠水平亦相差不大。为了凑单更方便，有电商平台推出“多地址下单”，也就是说，消费者在支付一个订单时，可以将里面的商品寄送到不同的地址。

开始于 2009 年的“双十一”到今年已经有 13 个年头，很多消费者也养成了每年“双十一”启动“买买买”模式。但在此之前，某些平台无比烧脑的优惠规则、一些商家商品“先涨后降”的猫腻、消费者抢 900 个最后兑 10 块钱的红包大战等套路却拦住了不少消费者的购物热情，在往年的种种吐槽之下，这也损害了不少商家的利益。

但今年以来，这些套路发生了些许变化。事实上，这些年网络经济快速发展，电商营销竞争更加充分，平台和商家也意识到，那些“乱花渐欲迷人眼”的套路留不住消费者，促销就该多一些真诚、便利，少一些套路、障碍。大大方方让利也该成为一种自觉。

……

“双十一”游戏规则的改变，既是消费端理性倒逼的结果，也是平台和商家顺应市场的正确选择。我们乐见这样的新变化，让本着网络购物“更便利”的属性实现回归，购物可以“狂欢”，但促销不能乱来。平台和商家“更少算计”，消费者才不用“烧脑计算”。

此外，国家统计局最新数据显示，前三季度，社会消费品零售

总额 320305 亿元，同比增长 0.7%，增速比 1—8 月份加快 0. 2 个百分点。当前，在国内消费市场不断回暖企稳的发展态势下，平台营造更便利的消费环境，才能进一步提振消费；商家只有多让利，才能激发人们消费热情，提升消费意愿。

期待不被“套路”包围的“双十一”，让消费者感受到购物的快乐，商家获得利益的满足，最终达到进一步挖掘和释放消费潜力的目的，实现多方共赢。①

这篇评论以 2022 年“双十一”的新变化为评论对象，作者在文章第一段中首先描述了有关“双十一”变化的最新事实，例如“预售时间缩短”“购物车扩容”“一键退差价”“告别零点”等，这些新事实既是商家“更少算计”的具体举措，对消费者和读者来说也是一种全新的真实消费体验。在文章的后半部分，作者通过引用国家统计局的最新调查结果，论证了“国内消费市场回暖”这一分论点。社会消费品的零售总额、增幅和增速等新鲜事实增加了本篇评论的“附加值”。与此同时，将权威部门提供的事实作为新鲜论据也增强了论证的准确性，提高了论证的说服效果，使得读者更容易接受作者所提出的论点。

二、论据事实的种类

可以作为论据的事实，包括新闻事件、历史事实、法律法规，以及各专业领域的知识性事实。虽然理论性论证不是“事实”，但在论证实践中常被当作一种可通过观察得到的、被广泛接受的观察事实，是具有说服力的。②

目前来说，新闻评论当中的事实大致可根据来源分为直接事实和间接

① 徐秋颖．拒绝“套路”的“双十一”，才是购物节该有的样子［N］．新京报，2022-10-25.

② 马少华．新闻评论教程［M］．北京：高等教育出版社，2007：67.

事实，而随着数据新闻和计算机新闻等新业态的出现，数据事实也越来越多运用于新闻评论。因此，在本节中，我们将具体分析直接事实和间接事实、事例事实和数据事实这两组论据事实在新闻评论中的使用方法。

（一）直接事实和间接事实

根据来源，作为论据的事实可以分为直接事实和间接事实。直接事实指的是作者亲身经历或亲身调查而掌握的第一手事实论据；间接事实指的是在社会广泛传播的、比较可靠的“公共事实”，比如新闻报道、历史事实、企业年报、法律法规，以及各专业领域的知识性事实与人类普遍经验的事实。[①]

虽然囿于中国新闻评论“呼号民众”的历史起点、“坐而论道”的传统路径和高昂的调查成本，中国新闻评论中将直接事实作为论据的情况并不多，但实际上，来源于作者的第一手论据比起间接材料要真切得多，给读者的感觉也可信得多，并能与读者的经验形成共鸣，从而更能起到很好的论证、说服效果。比如在【案例分析 3-7】中，作者亲自检索如何关闭弹窗，更直观、真实地让读者意识到弹窗问题亟须解决，强调关注这一问题的必要性。正由于直接事实所具有的真实可信和生动形象的特点，这类论据事实是评论中最为重要和最为生动的材料。

然而，使用直接事实作为论据并不是任何情况都合适的。如果用于论证普遍的客观状况，将作者的亲身体验作为事例是不够充分的，因为这可能是一种局部的真实，存在一定的主观性，读者对其解读也可能会存在争议。在这种情况下使用直接事实可能会造成虚假，因而直接事实作为论据事实前需要将其放在大环境下进行考察，在联系中把握。而如果是用以论证涉及个体心理、情感方面的问题，作者亲身经历所起的作用也无非是触动读者自己认为的一般人的普遍心理，其所承担的论证负担是不太重的。而且，由于直接事实是作者亲自获得的第一手材料，这类事实可能只是一

① 马少华．新闻评论教程［M］．北京：高等教育出版社，2007：61.

种局部的真实。

另外，随着社交媒体发展，新闻评论的生产者越发多元，除了专业新闻媒体机构的评论员以外，越来越多的一般社会公众也通过微信、微博等社交媒体平台参与新闻评论的生产。但是，对新闻事实深入的调查采访需要作者具有深厚的专业能力，足够的时间、精力与金钱，这对专业新闻机构的评论员来说并不容易，更别说对作为一般社会公众的评论作者。因而，新闻评论中的论据大多为间接事实。这不仅省去了亲自调查的成本和专业知识要求，还能避免由于作者亲自调查而带来的事实可靠性和倾向性不明确等问题。

而间接事实意味着材料来自别人，可能经过一次或多次转述。而需要注意的是，转述的次数越多，事实失真的可能性就越大。因而，运用间接事实作为论据时，作者需要事先进行溯源，以确保事实的真实可靠。①

【案例分析 3–7】

2 万元弹窗 100 万次，广告强推有考虑用户感受吗

近段时间，很多“剁手族”甚至“缩手族”都成了各式弹窗广告的“肉靶子”。新华社日前对“霸屏”的网络弹窗广告乱象进行了起底：弹窗广告已形成完整的产业链条，投入 2 万元即可弹窗 100 万次；还有的是按受众点击量收费，每次点击收费 0.1 元至 0.3 元。

……

绝大多数用户选择忍了，惹不起还躲不起吗？我们关闭网页，继续工作，假装这事没发生过。毕竟我们也不知道，究竟该如何投诉这些弹窗广告，究竟谁侵犯了我们的权利。

① 王明光，黄先义，顾杨丽 . 当代新闻评论写作［M］. 重庆：重庆大学出版社，2015：36.

为了验证这一点，我还专门试着去检索了下“如何投诉弹窗广告”，结果出来的方案基本都是教我“如何阻止广告弹窗”“怎么设置自动拦截”“怎样去除烦人弹窗”……这些方法无不是技术层面的自我防御，却鲜有人能给出有效的投诉渠道。

某种程度上，“广告有窗，投诉无门”，也纵容了这种现象的愈演愈烈。①

上述案例中，作者直接提供自己亲身收集的事实经历作为论据，以此说明霸屏式的网络弹窗是真实存在的。通过作者的亲身调查，新闻评论判断对象更具有真实性以及论述的价值。

【案例分析 3-8】

元气森林又遭“薅羊毛”，人性如何抵抗互联网漏洞

（学生习作，杜雨欣）

……普通消费者如果发现了超值优惠，一般也只会按需购买。但存在这样一群人：他们一旦捕捉到了异常价格便转发到数个大型“羊毛群”内扩散，本人更是大量购入；一旦商家无法发货，就对店家发起投诉，赚取赔付保证金。事实上，这种损人利己的捡漏狂欢，和当年货车侧翻、路人哄抢散落的货物又有何本质区别……

上述案例列举了“羊毛群”的薅羊毛行为以作为互联网漏洞遭恶性利用的论据，将新闻事实作为论据佐证论点。同时，作者还援引历史性案例“当年货车侧翻、路人哄抢散落的货物”，辅助说明此互联网捡漏狂欢的本

① 与归．2 万元弹窗 100 万次，广告强推有考虑用户感受吗［N］．新京报，2019-11-08.

质是损人利己。此外，作者采用反问的表达方式呈现新闻事实，增加论证力度的同时较好支持了核心论点。

（二）事例事实和数据事实

论据事实根据所含信息的特征，又可以分为事例事实和数据事实。

其中，事例事实指的是有前因后果的事件。在新闻评论中使用事例来论证，主要有以下三个功能：其一，在没有普遍性论据的情况下以小见大，以局部明全体，以个别现象来反映普遍状况；其二，向读者显示出作者对相关问题有一定的观察、了解，增强读者对作者的信任感；其三，降低议论的抽象层次，辅助读者理解，构建流畅的、逐渐抽象的论证链条。

数据事实指的是将以数据作为主要信息的事实用作论据，而在当代新闻评论中使用数据论证已经成为一种趋势。在新闻评论中用数据作为论据，能让论证避免“很大变化”“很大改观”“众所周知”这类的模糊表达，具有精确性、普遍性，更容易令人信服。但需要注意的是，并不是所有的议题都适合使用数据论证，并不是使用数据就能增强论证的效果。数据事实能否实现论证效果，和数据在论证链条与评论对象中的关键程度、数据事实与论点的相关程度，以及数据的时间范围、变化和新鲜度有关。

值得注意的是，和以往新闻评论对数据的简化处理不同，当代评论更倾向于使用精确的数据。虽然这种运用更为精确，也呼应了社会公众对经济的关注和紧密联系，但是这也可能会加重读者的阅读负担。

【案例分析 3-9】

房地产直播“走俏”，消费者为何不买账

“领优惠券”“下单备注”“限量秒杀”……在万物皆可直播的时代，直播购物受到越来越多消费者的青睐。

不久前，“云卖房”也登陆直播间。几场线上购房的直播引来近千万消费者“围观”……

传统产业进行新探索值得鼓励，但是纵观 4 月份以来的房地产直播数据，不难发现，“围观”很热闹，成交量极低。

仅凭短短几小时直播，消费者对房屋的真实信息及其配套、环境能否全面展示，尚存有疑虑。近年来，房地产涉嫌虚假营销的案例屡见报端。例如被大肆宣传的“千亩湿地”，竟是一片坟地；号称设置完善的高档学区房，实际却位置偏、环境差、面积小等。因此，大多数消费者在买房前，会对房源位置、房屋质量、住房外部环境等进行详尽的实地考察……解决房屋线上销售“看得见”“摸不着”带给购房者的顾虑，是房地产线上营销新模式向前发展必须迈过去的一个槛。①

为了论证“房地产涉嫌虚假营销的案例屡见报端”这一论点，上述案例精简概要列举房地产虚假营销的案例，举局部以明全体，举个别现象以反映近年来房地产行业存在虚假营销的普遍状况。

【案例分析 3–10】

打造标准又体面的养老服务行业

据媒体报道，当前越来越多高学历年轻人加入健康照护师、职业陪诊师等养老新职业队伍，90 后开始给“90 后”养老……

国家统计局的数据显示，2022 年我国 60 岁及以上人口 28004 万人，人口老龄化是当前与今后很长一段时期内我国社会发展的一个重要特征。数以亿计的老年人口带来的必然是海量的养老服务需求……

① 梵星．房地产直播“走俏”，消费者为何不买账［N］．中华工商时报，2020-10-19.

这一点也可以通过人力资源和社会保障部日前发布的《健康照护师就业景气现状分析报告》看出。一项针对2020年全国健康照护领域从业人员的调查显示，在这一群体中，25岁及以下人员占比5.3%，26岁至35岁占比15%。尽管46岁以上人员仍为当前健康照护师主力，占据半数以上，但年轻人占比超20%已然不少……

……从养老服务行业长远发展，及其为社会提供更多优质服务、吸引更多新生力量关注和考虑养老新职业的角度而言，打造标准的、体面的养老服务行业，值得公共政策持续发力。①

与【案例分析3-9】所使用的具体事例事实不同，上述评论案例使用了较多的数据事实。该评论以年轻人加入养老职业队伍这一现象为切入点，通过援引国家统计局的数据事实，着重强调了我国人口老龄化的客观背景，同时也指出海量的养老服务需求是养老行业吸引年轻人的重要原因。在后续的文本中，作者还使用人力资源和社会保障部发布的数据用以论证年轻人加入养老服务行业已是一种趋势。通过罗列不同年龄段从业人员的比例，作者总结出“年轻人占比超20%”这一数据事实，进一步证明了年轻人加入养老行业是现实趋势。以上数据事实均来源于权威发布渠道，体现了数据事实精确性和普遍性的特点，数据事实的恰当使用也整体提升了新闻评论的说服力。

第三节　将事实融入新闻评论写作

新闻评论由事实和观点两部分构成，事实在其中具有叙事与论据双重

① 打造标准又体面的养老服务行业［EB/OL］.（2023-04-18）. https://baijiahao.baidu.com/s?id=1763503066737384457&wfr=spider&for=pc.

作用。但这些事实并不是凭空、随意出现在评论写作中的，需要作者在平日里长时间的积累、整理和消化，并合理地运用在评论当中。新闻评论作为一种认知性的文本，是以已知的事实来说明、解释和判断未知的事实。一篇新闻评论的成功很大程度上得益于新闻事实的积累，只有扎实的积累，才能造就扎实的新闻评论①。对评论写作来说，积累事实的过程，就是不断认知的过程。它作为写作的准备阶段，在平时就已经开始了，而写作过程则加速了这个认知。因而，评论作者特别是职业评论员，应养成随时随地积累事实的习惯，并长期阅读所收集的材料，不断加深认识。

具体来说，事实积累的途径主要有以下三种：一是通过阅读（收听、观看、观察、实践）积累资料性知识；二是通过新闻媒体，积累新闻性事实；三是通过书籍、实地调查、实践积累知识性事实。比如，作者从历史、哲学、宗教、文学和传记类著作中可以获得社会通识和常识，在自然科学、政治学、经济学、法学、社会学、心理学等方面的著作中可以获得一些专业知识。实际上，在评论写作中，作者如果有需要，还应查阅工具书、专业著作。知识性事实由常识和专业知识组成。其中，常识一般是比较容易理解、普遍接受的事实，但是需要注意“常识≠真理”，且常识因具有时代性、地域性、制度性、文化性差异而容易引起争议。与其相比，专业知识具有权威性，在评论写作中常能起到拨云见日的作用。新闻评论运用专业知识、法律法规作为论据的过程，也是将某些专业知识转化为常识的过程。②

但是，仅仅将这些事实积累下来是不够的。作者需要在积累中不断加深对事实的认知，并进行整理和消化。学者马少华在《新闻评论教程》中提出，事实的积累不是简单的积累，而是相关性的积累、系统的积累、认

---

① 刘茂华，焦俊波．新闻评论：原理、方法与案例［M］．上海：上海交通大学出版社，2017：113.

② 马少华．新闻评论教程［M］．北京：高等教育出版社，2007：62.

知性的积累。[①] 这意味着，简单的事实积累只是有助于作者在评论写作中快速检索事实，而只有深入认知这些事实，对这些材料进行横向、纵向的联想性系统整理，才能将事实转化为新闻评论的材料，才能让一篇新闻评论与众不同，吸引读者眼光，得到读者认可，从而具有足够的说服力。

一、事实与观点的关系辨析

新闻评论的写作主要是为了表达观点，新闻评论的阅读主要是为了了解作者的观点，而不是为了了解事实。事实是为观点服务的，对事实的处理应在保证其真实可靠、公正客观的基础上，遵循精简有效的处理原则。

首先，作者对叙事性的“由头”和“评论对象”的表述应当精简，不能将过多的笔墨集中于“由头”和“评论对象”的叙述，让“观点”出现得过晚。这实际上是一种焦点偏离的处理方法：一方面，读者在阅读中迟迟不见作者观点，会产生疲倦感和心理压力，消解论点本身的力度和吸引力；另一方面，从文章结构来看，整篇评论的重点会因事实和评论比例不合理而变得模糊。

其次，作者对作为论据的事实的选择也应精练，而不是一味求多。只有选择合适数量的事实论据，并保证论据事实与论点的相关度，及其在论证中的内在一致性，才能更加高效地论证观点。这要求用于论证的事实对论点的论证不可勉强，并在使用中以一当十，安排疏密有致而不是堆砌材料。

这个过程与作者的概括和对事实、观点的认知紧密相关。事实处理的精简有效要求作者重新审视哪些内容是评论必不可少的，如何概括才能在简明扼要的同时避免片面性、表面性等主观性失误。而这个审视过程，是对事件与评论关系的再认知过程，即一边重新思考论证逻辑中所需要的佐

① 马少华. 新闻评论教程［M］. 北京：高等教育出版社，2007：67.

证材料的核心要素，一边将事实的各要素与论证流程所需证据要素对应起来。而实际上，当评论字数超过限制，需要删减的时候，删减空间也往往在事实表达部分。事实部分越是表达精练，论据事实越是恰到好处、精而不多，评论的观点越是突出，新闻评论的论辩力度也越好。因此，好的评论写作基本不会一次成形，而是在不断的删减精练中形成的。

二、事实融入评论的路径与技巧

事实作为新闻评论中的重要元素，如何使用事实影响着新闻评论的论证与传播效果。根据事实出现的位置，可以简单分为文头叙事、文中叙事和分散或文末叙事。事实在新闻评论中有不同的作用，其作用的表现方式往往与新闻评论自身的结构和论证方式相关。而事实运用方法的总原则是一致的，既要对事实做良好的概括，又要保证事实叙述与论题相关。

（一）文头叙事

文头叙事，即在评论开头部分就出现事实叙述，这是比较常见的事实运用方法。在评论开头叙述事实，能帮助读者了解评论的缘由和评论对象的基本情况等观点的背景。不过，并不是所有的评论都是先陈述事实再表达观点，也可以先表达观点。

实际上，评论作者会根据不同的情况选择不同的叙事策略，或对事实做概括性陈述，或做具体的描述。概括性陈述往往与作者评论性的解释与观点相连接，能在基本认知背景下更自然地提出论点；而具体的描述有时能为读者提供更多的信息，而具有“附加价值”，给读者带来新鲜感，开拓更为广阔的认知背景，为接受论证做铺垫。

而具体做何选择，与将事实作为“由头”、评论对象或是论据有关，与事实和论点的相关程度有关，也与作者评论写作的结构与逻辑有关，还与公众对此是否足够关注有关。比如，在【案例分析 3-5】中，作者将央视新闻发布的短片作为“由头”使用，在概括短片内容的基础上，对其中与论点有关的“回头”部分的细节做了具体描述。这种叙事策略在效率表达的同时，还帮助读者将“由头”和论点连接起来。

另外，文头叙事除了一般的概括精简之外，还要依据受众的接受语境尽可能少地叙述事实。一般来说，对于已经形成热议的新闻或众所周知的议题，文头叙事可以简单概述与论题相关的事实部分，甚至直接提出论题，之后再在论证中体现论题和事实的相关性。而对于作者自身关注的事实或尚未成为评议热点的新闻和议题，作者则必须概括出与论题相关的新闻要素。

无论选择哪种策略，评论作者一般都不会照搬原报道中的陈述。因为这不仅会造成评论开头的千篇一律，给读者沉闷、单调的感觉，让评论失去“独特价值”，还会由于原本报道中与论点无关的细节也被呈现出来，降低评论的表达效率。但是，如果所用事实是细节敏感度高的刑事司法事件，则大多选择照搬原报道中的陈述，以避免在基本的事实层面产生争议。①

由于一则新闻出现，不止一人就此写评论，有时候虽然作者没有照搬陈述，依然有可能出现事实叙事雷同的问题。尽管评论的观点可能不同，但相似的叙事放在开头，就可能给读者造成雷同的错觉，乃至产生疲劳、逆反心理。② 因此，作者在使用大众所熟悉的事实时，需要警惕叙事的雷同，尽量根据论点因地制宜地使用叙事策略，以突出观点和论证的差异性。

【案例分析 3–11】

形成共促营商环境优化的合力

日前，国家发展改革委通报了一批违背市场准入负面清单的典

① 马少华 . 新闻评论教程：2 版［M］. 北京：高等教育出版社，2012：81.
② 马少华 . 新闻评论教程［M］. 北京：高等教育出版社，2007：75.

型案例，涉及违规设置共享单车准入障碍、未及时为企业办理卫生许可证延长业务、限制经营主体平等进入瓶装燃气市场等。

单个看，这些案例可能都算不上什么大事，但它们与百姓民生福祉相关联，如果不能及时纠正，也会对当地经济运行带来不利影响。令人欣慰的是，相关部门在第一时间对存在问题进行了整改，向市场传递出持续优化营商环境的决心和信心。

优化营商环境，就是解放生产力、提高竞争力。在中国式现代化的新征程上，优化提升营商环境不仅是稳预期、强信心的关键举措，也是推动落实各项重点任务的内在需要。当前，推动经济高质量发展，不仅要加快基础设施等“硬环境”改善，更要通过持续深化改革，实现在营商“软环境”上的对标和突破。

……

优化营商环境是一项系统工程，营商环境优化始终在路上。一方面，要牢固树立全国“一盘棋”意识，用制度规则来固化已有改革成果；另一方面，要以更高标准、更宽视野、更大力度来深化改革，不断增强改革的联动性、协同性，形成共促营商环境优化提升的合力。①

上述案例使用的叙事方法是较为典型的文头叙事法，作者通过概述“违规设置共享单车准入障碍”“未及时为企业办理卫生许可证延长业务”“限制经营主体平等进入瓶装燃气市场”等具体案例事实，向读者较为直观地展示了“违背市场准入负面清单”所涉及的具体问题现象。文头部分的叙事通过事实性内容的引入，对“优化营商环境”这一核心评论对象做了必要铺垫，使得读者在文章开篇就能快速融入评论的具体语境和事件背景，同时也降低了读者理解“负面清单”“优化营商环境”等专业名

① 顾阳．形成共促营商环境优化的合力［N］．经济日报，2023-03-24.

词概念的难度。从语言表述层面来看，文头叙事部分构造了上述三个结构相似的短句，简洁明晰地概括了核心事实要点，体现了新闻评论语言对于表达效率的追求。

（二）文中叙事

文中叙事，即事实叙述并不在开头，而是在中间部分。实际上，使用这种处理方式的新闻评论，观点往往被置于最前面，事实叙述在观点已出现的基础上展开。

这种安排，主要是为了追求表达的效率。因为如果事实的叙述过长，放置在开头，则会让读者不能及时看到作者的观点。毕竟，不是所有情况下事实都能在兼顾简练精确的同时，还能与论点保持较高的相关性。文中叙事意味着该事实与论点的关联度更高，在论证中的作用不仅仅是“由头”或评论对象，其蕴含的部分因素使其也具有论证的作用。在此情况下，就需要将观点前置，然后在文中对事实进行符合时宜的、相对详细的叙述。这样不仅能让事实不因为缩减而变得片面或缺失重要的论证因素，还能避免头重的缺陷。

（三）分散或文末叙事

分散或文末叙事，指的是在文头、文中、文末混合叙述事实，一般仅用于篇幅非常短小的评论。这一事实的运用方法中，作者在文头阐明观点，然后再分散在评论中叙述事实的不同部分或细节。这种方式让事实融入观点当中，形成夹叙夹议的虚实相生的效果，不仅能在较短的篇幅中让读者一眼明了观点和评论事实，还能充分利用篇幅有限的事实进行充分论证。

【案例分析 3-12】

安全，应当成为每个人的自觉意识

有些安全事故，本是可以避免的。8 月 19 日，在上海中环高速外圈近龙东大道附近，一大客车撞到一辆正在施工的高架施工车，致两死一伤。虽然事故原因还在进一步调查之中，但是从媒体报道的事故经过中，我们不难发现，安全意识的缺失，导致安全措施的不到位，无疑是重要的“内在”原因。

在高架道路上，一辆大客车竟然会与正在施工的工程车升降吊臂碰擦。网友自然会问：工程车有安全警示标识向高架上行驶的车辆发出警示吗？这种警示是否能够足以让经过的每一车辆重视？

据报道，这辆大客车“在驶入一个限速 40km/h 的弯道后，与一辆高架施工车发生碰撞”。当事大客车司机行车规范吗？速度是否过快？司机是否预判到前方有施工车辆应当警觉驾驶？①

上述案例对新闻事实采用了分散叙事的处理方法。将新闻事实分成三段叙事，并且根据每段叙事分别引入不同的论点，既相对详细地叙述了事实，又避免了头重的缺陷。

① 方圆 . 安全，应当成为每个人的自觉意识［EB/OL］.（2020-08-21）. https://www.thepaper.cn/newsDetail_forward_8822844.

实战演练

新闻背景：

2023年五一假期，经文化和旅游部数据中心测算，全国国内旅游出游合计2.74亿人次，同比增长70.83%，按可比口径恢复至2019年同期的119.09%；实现国内旅游收入1480.56亿元，同比增长128.90%，按可比口径恢复至2019年同期的100.66%……

国内传统热点旅游目的地城市北京、杭州、大理、厦门热度不减，重庆、长沙、淄博等网红城市，长兴、仙居等小众目的地备受关注……各大社交媒体上“淄博烧烤”火爆出圈，淄博也一跃成为网红城市。据多家媒体报道，由于生意爆火导致餐位不足，不少烧烤店店家都让本地客人将周末的空位让给外地游客……千龙智库大数据平台以1月1日至4月24日为监测周期，以1700余万条淄博相关信息为研究对象，生成网络词云图显示，“好客”“热情”“努力”成为评价淄博城市品格的网络热词。[①]

请以“网红城市”为选题，自选角度，撰写800字新闻评论。

要求：评论中需有事实，且应与论点相关、细节真实，表达简洁有效。

① 以上内容综合整理自人民日报健康客户端、光明网等媒体平台。

第四章

说服与认同：新闻评论中的论证

本章要点

◎ 论证的概念

◎ 论证使用的推理方式

◎ 几种常用的论证类型

◎ 简单论证的规则

◎ 演绎、归纳、类比、反驳之间的关系

新闻评论的论点确立后，需要事实论据作为支撑去说明，将论点与论据联系到一起，令观点与材料相统一的过程①，就是论证。新闻评论是表达观念的作品，论证是其重要的组成部分，是说服对象接受其观念、观点的重要手段。一篇新闻评论文字是否精彩，内容能否令人信服，最终能否达到这篇新闻评论的目的，论证在其中起着十分关键的作用。那么，什么是论证？论证的作用是什么？常用的论证方法又有哪些？本章内容主要对论证概念、论证方法等基本知识进行说明，通过对基础概念的介绍，在理论上掌握论证的主要方法。

同时，新闻评论隶属于新闻实务范畴，故而单是了解有关于“论证”的理论还远远不够，正如本书开头所言，新闻评论是一个侧重于表达的、讲究效率的、具有现代大众传播功能的实用文体。针对这一实用文体，我们更需要的是经由理论指导后的实操，所以在这一章我们还将结合具体案例，介绍论证使用的推理方式、论证的规则以及形式逻辑在论证中的应用等内容，旨在进一步掌握论证在实践中的运用，为日后进行新闻评论的写作打下实践基础。

第一节　论证与解释

在之前的章节，我们介绍了新闻评论写作的起点——论点，以及事实

① 杨根莲．新闻评论的几种论证方法［J］．南昌大学学报（人文社会科学版），1993（2）：107-109.

的论据作用，历经第一步表达作者看法与观点以及第二步证明作者看法与观点后，一篇新闻评论的中心思想基本可以得以确立。那么如何将论点与论据有机地组合在一起，让论点得以充分展开，论据得到充分使用，让文章“言之有理”发挥有效引导作用？接下来就要进入第三步，新闻评论的论证环节。

对新闻评论而言，论证是整篇文章中最为提纲挈领的部分，它担负着提出问题或表明观点的职责，是全文的统帅，是一篇新闻评论能否写好的关键。

论证，也叫证明，根据一个或几个判断的真实性，通过推理来确定另一判断的真实性，通过在论点和论据之间建立或展示一种高度密切的逻辑关系，以表明论点成立且正确的过程和方法。人们通常使用论证来表明一个陈述是真实（合理）的。通俗来讲，也就是所谓的摆事实、讲道理[①]，以理服人，以逻辑服人[②]。

原《人民日报》社社长邵华泽曾从两种角度分析论证的作用，一是从形式逻辑角度，“论证是运用和组织论据去说明和证实论点的过程和方法”，它在论点与论据之间起着穿针引线的“经纬作用”；二是从写作角度讲，“论证是把材料和观点统一起来，组成一个完整而严密的说理体系的过程；它既把材料背后的本质性的东西揭示给读者，使读者得到启迪，又按照正确的思路把观点给读者讲清楚，使读者受到教育”[③]。可以说论证的作用，就是用来寻找、检验和确证认识的结果，并说服读者接受这个认识的结果。

如第三十一届中国新闻奖一等奖获奖文章《发现不了问题就是最大问题》，整体论点正确、论据扎实、论证有力，准确把握时度效，服务重点

① 范荣康 . 论如析薪 贵能破理：新闻评论的论证［J］. 新闻战线，1985（10）：29-32.

② 杨新敏 . 新闻评论学［M］. 苏州：苏州大学出版社，2007：139.

③ 邵华泽 . 同研究生谈新闻评论［M］. 北京：人民日报出版社，1999：186.

工作，回应社会关切，起到了凝聚共识、引导舆论的效果。[①]

【案例分析 4–1】

发现不了问题就是最大问题

安全生产既是底线，又是红线，更是生命线。近期，为有效预防和遏制各类生产安全事故发生，我省全领域、全覆盖、全方位开展安全隐患排查整治工作。仅“两节”期间，就检查企业近 10 万家，排查出隐患 5 万余条，停产整顿企业 200 家，暂扣吊销证照 74 家，关闭取缔 68 家。数字的背后是令人担忧的隐患，但能排查出这些隐患，又让人感到一丝心安。换言之，安全检查不怕发现问题，最大的问题是发现不了问题，最大的隐患是发现不了隐患。

目前，关于安全生产的各类自查、排查、督查已经常态化、制度化，为的就是提前发现问题，消除问题，切实维护人民群众生命财产安全。令人遗憾的是，从许多发生的安全生产事故来看，例行的检查并没有缺位，而事故却还是不幸发生了，那么在每次的检查中，缺位的是什么？是责任心，是发现隐患的能力与本领，或者二者兼而有之。

“防微杜渐，忧在未萌。”事故的发生看似偶然，其实是各种因素积累到一定程度的必然结果。任何重大事故都是有端倪可查的，都是经过萌芽、发展到发生这样一个过程。如果每次事故的隐患或苗头都能被发现并受到重视，那么每一次事故都可能避免。

追本溯源，在一些安全生产检查中，为何发现不了真正的隐患或苗头？一方面要问有没有压紧压实责任。责任心是安全之魂，安全检查如果只是为了检查而检查，蜻蜓点水、走马观花、摆摆样子、

① 参考中国记协网，网址：http://www.zgjx.cn/2021-10/25/c_1310261543.htm。

走走过场，不带责任心上路，那就是丢了安全之魂。“生命重于泰山。各级党委和政府务必把安全生产摆到重要位置，树牢安全发展理念，绝不能只重发展不顾安全，更不能将其视作无关痛痒的事，搞形式主义、官僚主义。”习近平总书记的重要指示，为我们抓牢抓实安全生产工作划定了底线红线。安全检查绝不能搞形式主义，要时刻葆有责任之心、谨慎之心，要坚守“人民至上、生命至上”的宗旨信念，发扬“啄木鸟”精神，盯死角、清盲区、扫隐患，正视并解决存在的问题。

另一方面要问有没有遵循专业精神。消防、建筑、食品安全、交通运输、危化品储存等，到底存不存在隐患、关键问题出在哪里、有可能造成怎样的后果，这些都有赖于专业人士的火眼金睛和专业研判。为此，我省提出，要改进安全生产检查方式，把领导重视和专业化检查有机结合起来。近日，运城市就邀请专业安全机构，帮助 60 家重点高危企业健全隐患排查治理和风险分级管控“双重预防机制”，推进安全生产治理现代化。安全生产检查中及时发现问题，并精准施策，离不开社会专业力量的支持，这也是推进社会治理体系和治理能力现代化的题中之义。

安全生产永远在路上，“安全第一”永远是一条铁律。从这个层面上说，发现不了问题或者认为自己没有问题，是最大的问题；看不到差距或者认为自己没有差距，是最大的差距。要时刻紧绷安全生产这根弦，善于在细微处发现漏洞，将问题解决在萌芽之初、成灾之前。只有筑牢安全生产防线，才能夯实高质量发展根基。①

这篇评论观点鲜明，逻辑清晰，论证有力。评论一开头，就从全省排查安全隐患的几组数字切入，“检查企业近 10 万家，排查出隐患 5 万余条，停产整顿企业 200 家，暂扣吊销证照 74 家，关闭取缔 68 家”，借此

① 陈力方 . 发现不了问题就是最大问题［N］. 山西日报，2022-10-12.

提出全文论点，即“安全检查不怕发现问题，最大的问题是发现不了问题，最大的隐患是发现不了隐患”。而后文章开始进行论证，逐层发出疑问：“在每次的检查中，缺位的是什么？”“在一些安全生产检查中，为何发现不了真正的隐患或苗头？”紧接着剖析原因，“一方面要问有没有压紧压实责任”“另一方面要问有没有遵循专业精神”，从现象到本质，将材料与观点进行统一，继而提出了建议，“时刻葆有责任之心、谨慎之心”“把领导重视和专业化检查有机结合起来”。最后再一次摆明论点——“发现不了问题或者认为自己没有问题，是最大的问题；看不到差距或者认为自己没有差距，是最大的差距”，进而呼吁“要时刻紧绷安全生产这根弦”，将问题解决在萌芽之时，“只有筑牢安全生产防线，才能夯实高质量发展根基”。

若要让一篇新闻评论具有说服力，除了了解论证的基本概念外，还要学会对论证方式的运用。新闻评论的论证方式有很多种，但最经常用的主要有三种：对新闻事实判断的论证、对新闻事实的解释以及对他人观点的反驳（有关反驳的介绍，详见本章第三节）。

对新闻事实判断的论证，是指依据推理形式和相关论据，对不为人知或存在争议的观点加以证明。也可以说“论证”是用大道理来论证小道理①，如《人民日报》评论文章《促进我国科技人力资源由大转强》②就使用了对新闻事实判断的论证方法。

【案例分析 4-2】

促进我国科技人力资源由大转强

前不久，习近平总书记在湖北省武汉市考察时强调：“党中央

① 丁法章 . 新闻评论学［M］. 上海：复旦大学出版社，1985：120.
② 高方 . 促进我国科技人力资源由大转强［N］. 人民日报，2022-07-12（5）.

十分关心科技人才成长，各级党委和政府要尽可能创造有利于科技创新的体制机制和工作生活环境，让科技工作者为祖国和人民作贡献。”温暖的话语，深厚的期望，给广大科技人才以巨大精神鼓舞。

创新是第一动力、人才是第一资源。中国科协创新战略研究院发布的报告显示，截至2020年底，我国科技人力资源总量为11234.1万人，位居世界首位，且结构不断优化，39岁及以下人群约占3/4，年轻化特点和趋势明显，女性科技人力资源增长迅速，性别比例更加趋于均衡。科技人力资源反映了一个国家或地区科技人力的储备水平和供给能力，其规模和素质是衡量一个国家综合国力和发展潜力的重要指标。我国科技人力资源日益丰富，将为建设世界科技强国、实现科技自立自强提供强大支撑。

作者首先引用了习近平总书记在湖北省武汉市进行考察时所说的：“党中央十分关心科技人才成长，各级党委和政府要尽可能创造有利于科技创新的体制机制和工作生活环境，让科技工作者为祖国和人民作贡献。”而后陈列出具体论据“中国科协创新战略研究院发布的报告显示，截至2020年底，我国科技人力资源总量为11234.1万人，位居世界首位，且结构不断优化，39岁及以下人群约占3/4，年轻化特点和趋势明显，女性科技人力资源增长迅速，性别比例更加趋于均衡”。接下来指出，“科技人力资源反映了一个国家或地区科技人力的储备水平和供给能力，其规模和素质是衡量一个国家综合国力和发展潜力的重要指标”，以此证明“我国科技人力资源日益丰富，将为建设世界科技强国、实现科技自立自强提供强大支撑”。

对新闻事实判断的论证在新闻评论写作中算是较为常用的方法，需要注意的是，在使用这一论证方法时，所使用的论据、道理不可以偏概全、断章取义，而且在使用时要展现逻辑的力量，而非直接略过剖析事理的过程，同时注意引证不宜过多，以免喧宾夺主。

对新闻事实的解释，即依据自己掌握的事实及知识的优势，对普遍认同、没有争议的事实加以解释。如在新中国 70 华诞之际，《人民日报》刊发的文字评论《初心铸就千秋伟业——为庆祝新中国成立 70 周年而作》，就引证了大量事例、名人言论等回首来时路，以论证“新中国的 70 年，前承几代人艰苦卓绝的探索和奋斗，后启一个民族走向复兴的变革和创新”。

【案例分析 4-3】

初心铸就千秋伟业

——为庆祝新中国成立 70 周年而作（下）

犹记 19 世纪末，孙中山先生浩叹，“中国积弱，至今极矣”；犹记新中国成立后，毛泽东同志豪迈展望，“一张白纸，没有负担，好写最新最美的文字，好画最新最美的画图”；犹记改革开放前夕，邓小平同志在日本新干线列车上感受到“催人跑的意思”，沉思“我们现在正合适坐这样的车”。

穿越革命和建设的洪流、激荡改革与发展的风云，70 年艰辛奋斗，极大改变了中国的面貌、中华民族的面貌、中国人民的面貌、中国共产党的面貌。党的十八大以来，以习近平同志为核心的党中央带领亿万人民，把历史性成就与变革写在广袤大地，让中华民族迎来了从站起来、富起来到强起来的伟大飞跃。今天，“复兴号”列车以 350 公里的时速领跑世界，神州处处有最新最美的文字，处处见最新最美的图画，我们比历史上任何时期都更接近、更有信心和能力实现中华民族伟大复兴的目标。①

① 任仲平．初心铸就千秋伟业：为庆祝新中国成立 70 周年而作（下）［N］．人民日报，2019-09-30（4）．

对新闻事实的解释较为贴合读者的惯常思维，所以在具体进行运用时，一定要注意论证中所列举事实与知识的代表性、典型性以及与论点之间的相关性，防止彼此间逻辑不畅以致整体杂乱无章。同时，亦要防止对事实、材料的大量罗列、堆砌，以赘述取代分析、说理过程。

第二节　论证使用的推理方式：演绎、归纳与类比

新闻评论要经过严密的逻辑推理来论证评论中的观点[①]，因此新闻评论论证的基本要求之一就是论证逻辑要严密。如果没有严密的逻辑论证过程，就无法充分利用论据去证明论点的正确性。[②]

从逻辑学的角度看，论证“是引用其他已由实践证明为真的判断来证成某一判断的真实的逻辑活动”[③]。新闻评论的论证过程，按照原《人民日报》评论部主任范荣康的看法：“不管新闻评论有什么特殊性，作为一种议论文体，它的论证过程，也就是逻辑推理过程。”[④]

毛泽东在《文章的“三性”和写作方法》中曾对论证过程的实质进行过概括：“人脑是能够反映客观世界的，但是要反映得正确很不容易。要经过反复的考察，才能反映得比较正确，比较接近客观实际。有了正确的观点和正确的思想，还要有比较恰当的表达方式告诉别人。”[⑤]换句话说，论证更多的是一个思维的过程，是一个靠逻辑力量以证实论点、安排论据、从前提推出结论、以论据支持论点的过程。

---

① 刘茂华，焦俊波 . 新闻评论：原理、方法与案例［M］. 上海：上海交通大学出版社，2017：202.

② 王振亚 . 新闻评论艺术［M］. 成都：成都科技大学出版社，1993：70.

③ 温公颐 . 逻辑学［M］. 北京：高等教育出版社，1958：298.

④ 范荣康 . 新闻评论学［M］. 北京：人民日报出版社，1988：229.

⑤ 毛泽东 . 毛泽东新闻工作文选［M］. 北京：新华出版社，1983：206.

新闻评论的基本方法就是逻辑论证，运用于新闻评论的逻辑方法，主要的和比较容易掌握的，是“形式逻辑”。所谓形式逻辑，从广义上讲，指的就是传统逻辑，包括归纳逻辑与演绎逻辑。而归纳与演绎，正是论证主要使用的两种推理方式。在进一步介绍演绎与归纳这两种推理方式之前，我们应首先了解的是，论证与推理两者间的关系。

论证与推理，既有区别又有联系，推理关注的是前提与结论之间逻辑关系的强弱，只需假定而不必断定前提的真假；论证更多关注的是结论的真实、合理性，只有断定为真的前提才能够成为论据。在新闻评论写作中可以只使用推理，展现思维过程，但更多的时候是利用推理来证明观点，将思维的结果展示给读者。

论证中用到的推理方法主要有演绎、归纳、类比。

一、演绎

演绎，即运用一般原理、规律、原则来推出个别具体的结论，也就是一般推出个别。在新闻评论中，如果前提（论据）是一个“一般”的道理，而结论（论点）是一个“个别的判断”，那么基本上可看作通过演绎逻辑来完成的论证，即运用一般原理、规律、原则作为论据来推出个别具体的结论，证明特殊事实的论证方法，由普遍性的前提推出特殊性的结论。换句话说，演绎是一种线性论证方法，只要前提正确、推理正确，那么结论自然而然也是正确的。[①]

来自澎湃新闻的《万得离职不能去 B 站？“竞业限制”不能滥用》[②]，该评论以“万得月薪 2 万元员工跳槽哔哩哔哩被索赔 200 万元，二审改判”事件为“由头”，就竞业限制问题做了一段典型的演绎论证。

① 王明光，黄先义，顾杨丽．当代新闻评论写作［M］．重庆：重庆大学出版社，2015：43.

② 吴元中．万得离职不能去 B 站？“竞业限制”不能滥用［EB/OL］.（2022-02-18）. https://m.thepaper.cn/newsDetail_forward_16741070.

【案例分析 4-4】

万得离职不能去 B 站？“竞业限制”不能滥用

王先生从万得信息技术股份有限公司（以下简称万得）跳槽到上海哔哩哔哩科技有限公司（以下简称哔哩哔哩），万得认为他违反竞业限制协议，申请仲裁要求退回竞业限制补偿款 6796 元，并支付竞业限制违约金 200 万元。仲裁和一审都认为王先生违反竞业限制约定，不过一审判决王先生退回补偿款及支付违约金的数额为 24 万元。

王先生不服，向上海市第一中级人民法院提出上诉，获改判。二审认为，是否违反竞业限制不应拘泥于企业营业执照登记的营业范围，而应综合审查公司的服务对象、员工所从事的工作内容等加以判断。据此，判定王先生继续履行竞业限制协议，但无须返还补偿款及支付违约金。

高级管理人员、高级技术人员以及一些特殊岗位人员，掌握着企业的技术秘密、商业秘密等公司独有资源。如果不对他们进行约束，任其跳槽、被竞争对手“挖墙脚”，会损害企业利益并造成行业内的不正当竞争。因此，《劳动合同法》规定：用人单位与劳动者可以在劳动合同中约定保守用人单位的商业秘密和与知识产权相关的保密事项。对负有保密义务的劳动者，用人单位可以在劳动合同或者保密协议中与劳动者约定竞业限制条款。

如果王先生确实跳槽到与万得存在竞争关系的企业，并利用在原企业掌握的相关秘密为新公司服务，涉嫌违反竞业限制约定是板上钉钉的。然而，上海一中院审理发现，虽然万得和哔哩哔哩都是互联网企业，登记的经营范围也有雷同之处，但实际经营范围与受众并不相同。万得主要从事金融信息服务，受众为相关金融机构或者金融学术研究机构；哔哩哔哩主营业务是文化社区和视频平台，以年轻人为主要用户。两者存在显著差距，不构成事实上的竞争关系。

为这一判决点赞！

上述案例中，作者首先由《劳动合同法》的规定，提出一个大前提，即“用人单位与劳动者可以在劳动合同中约定保守用人单位的商业秘密和与知识产权相关的保密事项。对负有保密义务的劳动者，用人单位可以在劳动合同或者保密协议中与劳动者约定竞业限制条款”。而后建立了法院审理判决的小前提：“虽然万得和哔哩哔哩都是互联网企业，登记的经营范围也有雷同之处，但实际经营范围与受众并不相同。万得主要从事金融信息服务，受众为相关金融机构或者金融学术研究机构；哔哩哔哩主营业务是文化社区和视频平台，以年轻人为主要用户。两者存在显著差距，不构成事实上的竞争关系。”所以结论为：“判定王先生继续履行竞业限制协议，但无须返还补偿款及支付违约金。”

演绎论证作为必然论证，是把已经包含在前提中的内容揭示出来，只要前提（论据）正确，演绎而来的结论（论点）必然正确，论据与论点之间的关系是必然性的，也就是我们之前所说的“一般到个别”。

演绎推理常用的形式是三段论，即由两个直言判断得出一个最终结论。演绎的过程，就是一个完整的“三段论”过程，一般包括大前提、小前提、结论三个部分。大前提可以看作一般认识、一般性原理；小前提是可以同一般认识、事实相联系的已知的个别事物；结论则是通过大前提、小前提推理而得的观点、认识。“三段论”的推理形式常常比较灵活、富于变化，小前提可以被省略，大前提可以在结论后面出现，但无论是哪种变化，作为论据的大前提是万万不可以省去的，不然就是失去理论论据，从而变为一个表示判断的句子。[1] 而在演绎推理中作为大前提的一般认识，

① 周永固 . 新闻评论学原理［M］. 武汉：武汉大学出版社，1997：202.

无非是通过归纳从对个别现象的认识中推导出来的。

演绎论证最为典型的例子，当数梁启超《变法通议》中的“自序”部分。作为一本向国民宣扬维新变法主张的著作，《变法通议》从理论上深入阐述了维新变法的必要性及其保种、保国、保教的作用，成为晚清政坛上名声最大的宣传著作，是维新变法时期宣传改良思想的最高旗帜。《变法通议》对“学校”“科举”“学会”等问题进行了深刻探讨，其《变法通议》之“自序”开头第一段，就是一个典型的演绎结构。[①]

《变法通议》之“自序”开头一段从丰富的自然科学知识和社会历史知识中归纳推理出“凡在天地之间者，莫不变”这样一个结论——这是一个归纳推理过程。然而这一段最终论证意图，则是从“凡在天地之间者，莫不变”这个大前提，加上虽然在文中省略但无人怀疑的“法在天地之间”这个小前提，得出“法必变”这个结论——这是一个演绎推理过程，展现了一个完整的“三段论”。

从在广东的万木草堂求学到在北京参与戊戌变法，已经间接获得了大量西方自然科学知识的梁启超，在《变法通议》之“自序”的第一段中从天体运行、地球演化、生物进化，再到人体的医学知识，用具体、生动、丰富的图景向人们展示了一个纷繁变化的世界。正是这样一幅可能让人晕眩的变化图景，颠覆了中国人原本“超稳定”的世界观。这样“法也得变”的结论，就获得了一个演绎推理的大前提。

【案例分析 4–5】

家具多为“缩小版”，样板间要“伪装”多久？

不少消费者说，买房时在售楼处看样板间觉得挺好，但实际交

① 马少华．什么样的新闻评论倾向于演绎推理［J］．新闻与写作，2018（4）：107-110.

房后在空间感方面却差好多。为了探究样板间的“奥秘”，上海市消保委暗访该市部分新盘的售楼处，发现这些样板间的家具很多可能都是“缩小版”。2 月 15 日，上海市消保委提醒消费者注意，楼盘样板间家具或多为“缩小版”，甚至有床长仅 1. 63 米。（2 月 15 日澎湃新闻）

样板间家具多为“缩小版”，这是许多购房者早就有的感受。有业内人士曾介绍，那些“缩小版”家具被戏称为“道具”，其使命就是让房间看起来大、空间功能齐全，这种操作在业内并非秘密；但几乎很难有开发商会在样板间标明所用家具为“缩小版”——样板间是楼盘的脸面，其真假好坏直接影响商品房的销售，谁会“搬起石头砸自己的脚”？

……

引人深思的是，样板间是房地产发展到一定阶段出现的产物，使用“缩小版”家具的现象已存在许多年，这种不正常的现象何以成为“正常的存在”？这些年有声音指出，基于房地产是许多地方的支柱产业，不少地方政策、地方监管部门对开发商似乎太宽容。商品房要卖出去才能成为支柱产业，由于预售制度长期不动摇，开发商便耍起各种“小聪明”，频打监管“擦边球”。藏在样板间的“猫腻”，包括采用“迷你家具”、薄款墙体，制造假景迷惑等，让很多购房者收房后觉得严重“货不对板”。

我国从毛坯交付时代迈向全装修时代已有几年，如今到了揭开并治理楼盘“样板间骗局”之时。样板间是开发商对商品房的一种包装。根据我国相关法律法规，商品包装严禁弄虚作假，严禁以商品包装为噱头诱导或者误导消费者购买，不得利用过度包装进行不正当竞争，玩包装“花活”可能触犯法律。样板间不仅可视为对商品房的包装，也是购房者买房的参照实例，岂可任由“样板间骗局”横行？

> 对于样板间的设置应有规范性、强制性要求以及严格监管，不能仅靠消协点名。在全装修时代，样板间不宜仅是展示样板，还必须是交付样板，陈设的家具应是正常大小，墙体应是正常厚度，装修装饰标准应与预售方案中所列的清单内容保持一致，与购房合同约定的交付标准保持一致，与项目实际交房状况保持一致。总之不能有任何“伪装”，而监管应有一套严格的防“伪装”策略。[①]

在新闻评论写作中，演绎推理的“三段论”有时会隐藏在行文逻辑中，上述这则关于“样板间使用缩小版家具”的评论文章虽没有按照“三段论”的形式展开，但倒数第二段实则包含着演绎的思维和论证过程。

作者将我国法律对于商品包装行为的约束作为一个大前提，将“样板间是开发商对商品房的一种包装”作为小前提，最终推导出“样板间骗局”可能涉嫌违法的结论。这一论证过程体现了演绎论证从“一般到个别”的思维逻辑，作者从一般性消费商品的前提出发，随即提出“样板间是开发商对商品房的一种包装”的论点，这一论点的提出有效拓展了评论的空间，并基于法律法规的约束层面对样板间的问题做出了较为深刻的剖析。

二、归纳

归纳，是根据多个个别现象推出具有普遍意义的结论，即个别推出一般。如果前提（论据）是具体、个别的判断，而结论（论点）是“一般”的判断，则为归纳的论证方式。归纳论证可以分为完全归纳与不完全归纳。完全归纳论证是对一类事物的全部个体的属性进行归纳得出普遍结论的论证方法。不完全归纳论证是通过若干典型的个别事例概括出普遍性结论的方法。但无论是完全归纳还是不完全归纳，归纳的本质依然是从特殊归纳出普遍，而且由于结论明显是不确定的，所以归纳得来的结论尤其需

① 何勇海 . 家具多为“缩小版”，样板间要“伪装”多久？［N］. 羊城晚报，2023-02-16.

要多数人的认可。[1] 因为人类的认识经验告诉我们，较多相同的个别情况，只是有可能反映了事物的一般情况。

网易数读刊登的《谁杀死了平价雪糕》，在论证市场上的雪糕价格是否普遍偏贵这一问题时，就运用了归纳论证。

【案例分析 4–6】

谁杀死了平价雪糕

当代社畜要想实现雪糕自由，真的不容易。

去年 7 月，我们随机调查了广州 11 个城区 55 家便利店所有的雪糕价格，发现只有 7.3% 的雪糕价格中位数在 5 元以下，称得上平价。

许多雪糕都价格不低。92.7% 的雪糕的价格中位数超过 5 元，还有超过 10% 突破了 10 元，一只雪糕抵得上一杯奶茶钱。

所以，在便利店里老选到贵雪糕，真的不只是因为你运气不好，而是雪糕普遍价格就不低。[2]

归纳逻辑的开启者古希腊哲学家亚里士多德[3]，首先给归纳下了定义："归纳或归纳推理，就是通过另一个端项确立一个端项与中项的联系；例如 B 是 A 和 C 的中项，通过 C 证明 A 属于 B，我们就是这样进行归纳证

① 陈力丹．"重要的是从适当的方面迅速抓住问题"：谈新闻评论的写作［J］．新闻爱好者，2022（5）：7-10.

② 谁杀死了平价雪糕［EB/OL］．（2022-07-13）．https://www.163.com/data/article/HC5M5P7F000181IU.html.

③ 李帅，任晓明．亚里士多德归纳逻辑思想探赜［J］．重庆理工大学学报（社会科学），2016（7）：6-11.

明的。”[①] 在其著作《修辞术》中，亚里士多德将归纳等同于例证法，“根据众多同类事物的证明，在辩证法中称为归纳法，在修辞书中称为例证法”，即“通过一件或数件相类同的事件进行归纳，并在这种情况下得出普遍的结论”。将希腊文“归纳”翻译为拉丁文 indutic 的古罗马著名政治家、哲人、演说家和法学家西塞罗，同样给归纳下了定义：“通过引述几个相同的可供比较的对象来达到预期的证明，这种论证形式称作归纳。”

举例而言，我们见到一只黑乌鸦；而后又见到一些乌鸦，都是黑色的；我们从未见过不是黑色的乌鸦。从而得出结论“所有乌鸦是黑色的”，这就是归纳推理。[②] 归纳的特点是从个别推出一般，即通过对个别或若干事物进行分析从而得出一个一般性结论。为什么能够由个别推出一般？因为人类的认识经验告诉我们：较多相同的个别情况，有可能反映了事物的一般情况。

科学和常识都以归纳推理为基础。归纳推理的起点是“旁证”，或用休谟的话说，是“实际的事情”。归纳从观察的资料出发，在这些资料尚未得到更加深入的理解之前进行外推。回归到刚才“所有乌鸦是黑色的”例子，虽然经过观察理解后的乌鸦都是黑色的，但我们无法排除这种可能性：世界上还有许多未被发现的乌鸦是白色的，这些乌鸦永远躲在我们的脑后，从不进入我们的视野。也就是说，在归纳推理的每一处应用中，总是有不确定性的幽灵在游荡。既然如此，我们为什么不彻底地抛弃它呢？这是因为它是我们获得关于这个实在世界的一般性事实的唯一方法。[③] 如果没有归纳，那我们除了当下呈现于记忆和感官的事情之外，完全不知道别

① 苗力田．亚里士多德全集：第 1 卷［M］．北京：中国人民大学出版社，1990：234.

② 庞德斯通．推理的迷宫：悖论、谜题，及知识的脆弱性［M］．李大强，译．北京：北京理工大学出版社，2005：16.

③ 庞德斯通．推理的迷宫：悖论、谜题，及知识的脆弱性［M］．李大强，译．北京：北京理工大学出版社，2005：17.

的事情。[1]

综合来说，归纳的思维特点与演绎不同，归纳得出的结论并不是直接可观察到的，因此思维具有跃迁推进的特点；同时归纳的结论又是规律性的，即它是稳定出现的、具有普遍性的，因此超越于前提中的具体事物。

归纳论证（如图 1）在新闻评论中的应用较多，因为新闻评论所面对的多数是具体的、特殊性的新闻事实，将一些新闻事件放置在一起以归纳出新闻事实可能包含的问题是新闻评论的常用手段。[2] 所以在具体运用时，为最大限度地确保得出结论的真实性、规律性，在新闻评论中使用归纳论证方法时，不要只举一个例子（特例概括），要使用有代表性的例子，事件发生的概率或许至关重要；同时，也应慎重对待统计数字，以确保其代表性与普遍性，必要时考虑反例证。

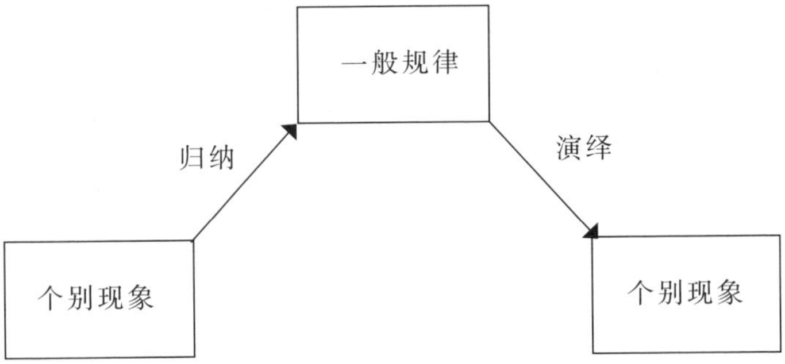

图 1　归纳、演绎逻辑示意图

【案例分析 4–7】

用“二次号”莫名被欠贷：别让用户为衍生问题买单

老用户停用弃用手机号后，号码由运营商收回，空置一段时间

① 休谟. 人类理解研究［M］. 关文运，译. 北京：商务印书馆，1972：43.

② 杨新敏. 新闻评论学［M］. 苏州：苏州大学出版社，1998：174.

后会再次投放市场，供新用户选择，这被称为“二次放号”。

可据媒体报道，不少新用户发现，使用“二次号”给自己带来了不少麻烦。这其中，有的用户无法注册12306平台购买火车票，有的用户频繁收到现金贷平台的催收电话，有的老用户尽管注销了原来使用的手机号，其利用原号码在第三方平台注册的账号也存在泄露风险。

手机号被老用户停用后，与手机号码绑定的手机软件常常还保留用户信息，导致下一位手机号主人使用时，常常会面临信息冲突问题——本质上，这是移动互联网时代以手机号码作为App注册的“网络ID”，在手机号码销户时面临的个人隐私保护和信息安全防护问题。

在当下，手机号码早已不仅仅是代表通信工具的虚拟数字符号。因为各类手机软件登录都跟手机号绑定，手机号跟用户大量基本信息捆绑，包括所在地、职业、消费、喜好等个人隐私数据。换手机号，那些附着其上的隐私数据不会自动跟着“改”。如果用户换号后忘记将其跟那些App账号解绑，那不仅会给“二次号”的新用户造成困扰，还会给企业新旧用户管理带来麻烦——因无法识别手机号码的“新老主人”，进而无法提供准确的差异化服务。

……

就当下看，因为手机号码资源就和网络IP地址一样，数量有限，“二次号”现象或许暂时难以避免。根据《电信条例》和《电信网码号资源管理办法》的有关规定，码号资源归国家所有，一般未办理停机保号业务且停机超过3个月的手机号，或者用户主动注销的手机号，将被运营商收回并再次利用，这也是二次号问题的来源。而目前，市面上流通的号码约50%是二次号，每年新增卡号中，也有20%以上是二次号。

但手机号收回衍生的问题与麻烦，显然不能转嫁给用户……对运营商而言，在盘活“二次号”的同时，有必要想办法全面清除老用户的历史数据，并就是否系“二次号”问题对新用户尽到告知义务。目前已经有运营商探索这方面的解决方式，如研发并推出了诸如移动认证服务、天翼账号能力，来给企业平台提供二次号识别服务，帮助 App 运营者完善 App 账号管理体系。

接下来，运营商不妨跟网络平台探索更灵活的联动解绑闲置账号机制。将销户信息和在网状态进行必要共享，而不是将解绑问题交由二次号新用户跟网络平台协调处理。

对网络平台来说，也要建立跟“二次号”入市对应的风控体系与账号解绑机制。一旦结合停机时间等信息探测到二次号情况，立刻通过多因子验证和客服介入，确保用户信息安全。非但如此，还要将手机号与“网络 ID”附加功能适度剥离，让网络身份验证回归对“人”的识别，而不是主要看“手机号”。手机号背后的“人”也即使用者变了，绑定的用户数据也不能不“变”。

另外，手机软件提供相应功能协助用户检查手机号码的注册状态与绑定情况，也是应然之举。

说到底，用“二次号”莫名被欠贷或没法注册 12306，诸如此类的用户困扰，显然需要多方正视和解决——这问题本也该解决有道，而不是无解。[①]

这篇评论文章通过引述几个类似的“二次号”使用过程中的问题——“无法注册 12306 平台购买火车票”“频繁收到现金贷平台的催收电话”“原号码在第三方平台注册的账号也存在泄露风险”，论述以手机号码作为 App 注册的网络 ID 背后可能存在的安全隐患——与手机号码绑定的手机软件常常保留用户信息，导致下一位手机号主人使用时，面临信息冲突问

① 丁慧 . 用“二次号”莫名被欠贷：别让用户为衍生问题买单［N］. 新京报，2020-10-21.

题。从多数同类事物中探究问题产生的根源，并予以归纳得出结论："二次号"问题频发的本质，是手机号码销户时面临的个人隐私保护和信息安全防护问题。

【案例分析 4–8】

用科学家精神激发科技创新

有些科学成果会因为时间推移成为过去，而伟大的科学家精神总是长留历史的天空，更具穿透力。

若所有科技工作者弘扬科学家精神，仰望着浩渺的星空又关注着脚下的大地，一定会成就这个时代最美的风景。

近日，中办、国办印发《关于进一步弘扬科学家精神加强作风和学风建设的意见》(以下简称《意见》)，激励科学家群体勇攀科技高峰，鼓励全社会营造尊重科学、尊重人才的良好氛围。面对激烈的全球科技竞争，《意见》正是要以科学家精神的传承和优良学风的涵养，促进科学家群体更好推动科技创新。

一部科学史，其实也是一部科学家的精神史。拉开历史的长镜头，有些科学成果会因为时间推移成为过去，而伟大的科学家精神总是长留历史的天空，更具穿透力。从大众视野来看，许多科学家的工作因为专业、神秘鲜为人知，但他们身上元气充沛的求索精神，却总能直抵人心。从钱学森到屠呦呦，再到钟扬、黄大年，杰出的科学家身上总有一种极为相似的精神气场：他们胸怀祖国、服务人民；他们勇攀高峰、敢为人先；他们追求真理、严谨治学；他们淡泊名利、潜心研究；他们集智攻关、团结协作；他们甘为人梯、奖掖后学……他们将爱国、创新、求实、奉献、协同、育人的新时代科学家精神镌刻在大地上，铸就中国科技创新的丰碑。

没有挺得起腰的科学家精神，很难有站得住脚的科学成果。“希望广大院士弘扬科学报国的光荣传统，追求真理、勇攀高峰的科学精神”，习近平总书记对广大院士的寄语，也是对广大科技工作者的殷切期盼。今天，我们迎来了世界新一轮科技革命和产业变革同我国转变发展方式的历史性交汇期，核心技术“卡脖子”的问题日益突出。如何突破核心技术、摆脱受制于人的局面？如何实现从跟跑到并跑再到领跑的转变？这既是时代之问，也为广大科技工作者提供了绽放光彩的机会。这就需要广大科技工作者进一步弘扬科学家精神，瞄准世界科技前沿，引领科技发展方向，肩负起历史赋予的重任，勇做新时代科技创新的排头兵。

弘扬科学家精神，需要整个科学界来维护。这些年来，无论从论文数还是专利数看，中国科研事业都可谓蒸蒸日上。但与此同时，一些学术不端行为，一些浮夸浮躁、投机取巧的行为也不时出现，比如人为夸大研究基础和学术价值，无实质学术贡献者“挂名”等。这些行为不仅侵蚀了科学家精神，也伤害了中国科学界的公信力。科研诚信是科技工作者的生命线，认真是科学家的底色。只有严守科研伦理规范，守住学术道德底线，才能守护好科学家的品格和尊严，催生真正一流的科研成果。

弘扬科学家精神，也需要全社会精心培育。科学家精神代表着一个社会的精神高度，也是一个社会共同的精神财富，没有全社会的共同培育，科学家精神也难拔节生长。当我们期待科学家心无旁骛、“板凳坐得十年冷”，也要给予他们“数十年磨一剑”的科研环境；当我们寄望所有科技工作者都能在专业上一丝不苟，也要相信专业的人办专业的事，减少对科研活动的微观管理和直接干预；当我们希望科研回归本真，同样要在考核中破除“唯论文、唯职称、唯学历、唯奖项”的倾向。总之，科学的事业，呼唤更加科学的管理。只有尊重科技创新规律、科研管理规律和人才成长规律，推动科技管理体制更加适应建设世界科技强国的需要，我们才能厚植科学家精神，培育更多世界一流的科学家。

科学是没有止境的事业，某种程度上，科学家精神也体现为一种对于未知、对于人民的热爱。航天英雄杨利伟曾说，永远记得第一次在太空俯瞰这颗水蓝色星球的样子，“我仔细端详这美丽的星球，生怕错过一处风景，我深知这是亿万中华儿女梦寐以求的美景”。相信，若所有科技工作者弘扬科学家精神，仰望着浩渺的星空又关注着脚下的大地，一定会成就这个时代最美的风景。[①]

上述案例的论点为弘扬科学家精神“需要全社会的精心培育”。为此，评论员概括列举相关事例，事例中体现“板凳坐得十年冷”、一丝不苟、科研回归本真等精神品质，通过归纳的方式论证科学家精神与社会环境的关系，事例与论点结合紧密。综上事例，得出各事例间的一般规律，即结论：没有社会环境的共同培育，科学家精神也难以拔节生长。最后围绕社会如何培育才能够弘扬科学家精神这一问题稍作强调。

【案例分析 4–9】

杜绝山寨食品当依靠社会共治

桌上一盒零食，里面有“小白兔奶糖”“奥密奥饼干”等，热情的亲戚抓了一把塞到袁成程手里；临走时，亲戚又拿出一盒“六个甄核桃”作为回礼……这是今年春节期间在北京打工的袁成程回到湖南老家，走亲访友时遇到的一幕。春节期间购买礼品走亲访友是我国传统习俗，然而在农村一些地区，部分商家仿冒名牌、生产销售山寨礼品和“三无”产品的情况屡见不鲜。

① 用科学家精神激发科技创新［N］. 人民日报，2019-06-13.

“六个土核桃”“康帅傅”“奥利粤饼干”“太白兔奶糖”……来自农村的山寨食品令人防不胜防。山寨食品不仅扰乱了市场秩序，损害了消费者权益，更可能带来不可预知的“安全风险”。乡村食品安全问题已不容忽视，必须引起高度重视。

若想进行精准打击，首先须精准分析、精准摸底。何以至此的拷问，任何时刻都不过时。天津商业大学的研究者曾对数百位农村消费者进行问卷调查，发现 50% 的消费者因“仿制逼真，难以区分”购买过山寨食品，26.6% 的消费者因“价格低廉”而购买山寨食品。这说明农村地区的消费者存在着品牌意识缺失、法律意识淡薄的问题。另外，农村地区人口分散，监管力量较弱、整治工作开展不力也是客观存在的事实。种种因素叠加之下，就给山寨食品泛滥提供了可乘之机。

从法律的角度来说，2022 年年底，最高人民法院出台的《关于为促进消费提供司法服务和保障的意见》就指出，要发挥司法对于促消费的功能和服务保障作用，对食品和药品生产、运输、仓储、销售全链条所涉制假售假行为进行严厉打击，确保人民群众“舌尖上的安全”和“针尖上的安全”。法律在不断完善，但距离“落实到位”还有很长的一段路要走。山寨食品是本不该存在的食品安全隐患，那对其进行精准打击、严格治理，应有更加主动的作为。

如何对山寨食品进行严打？还需要构建社会共治格局。一则，应加大日常的监督检查力度和行政处罚力度，尤其是对农村等重点地区，尽可能地提升违法成本，以形成必要的震慑力；二则，应完善全链条的溯源机制，明确生产和流通责任；三则，对消费者来说，需提升自我保护意识和法律素养，一旦权益受损，积极收集证据并投诉举报；四则，对市场主体和行业协会来说，也需积极承担食品安全责任人的相应责任，积极主动发挥作用，加大诚信经营的宣传力度、完善行业伦理，形成更广泛的规则约束体系。

山寨食品已不是偶然和个例，而是屡见不鲜的社会现象。对其进行打击，不能依赖一个方面，而必须依靠方方面面的力量，树立社会共治理念，形成齐抓共管的局面，最大限度地确保农村地区的食品安全。[①]

【案例分析 4-9】使用了归纳论证方法，体现了从特殊到一般的思维过程。评论开头以叙事的方式引入我国农村地区走亲访友的现实背景，重点描述了“商家仿冒名牌”“生产销售山寨礼品”等客观事实。第二段中，作者通过列举“六个土核桃”“康帅傅”“奥利粤饼干”“太白兔奶糖”等多个具体的山寨食品名称，进一步将其归纳总结为农村地区存在的山寨食品现象。在归纳过程中，若干不同的山寨名称共同反映的是一般性现象，在之后的段落中，作者通过调查数据和客观现实指出，农村地区的山寨食品需要加强监管，最后再一次强调了“山寨食品已不是偶然和个例，而是屡见不鲜的社会现象”。

三、类比

类比论证是根据两个或两类事物在一系列属性上的相同或相似，推出它们在其他属性上也相同或相似，即“从个别到个别”。

所谓类比，通俗来讲就是两个对象在一系列属性上相同，已知其中一个对象还具有其他属性，由此推出另一个对象也具有同样属性（如图 2）。“相同特点”是类比论证能够成立的前提，正如《文心雕龙》中的“比兴”篇，对于类比，“夫比之为义，取类不常……比类虽繁，以切至为贵，若刻鹄类鹜，则无所取焉”[②]，即“比”的类型很多，但要“以切至为贵”，要把对比的对象的本质特征表现出来，这里的“切至”含义之一就是对比的

① 龙敏飞．杜绝山寨食品当依靠社会共治［N］．光明日报，2023-02-06.

② 刘舍人．文心雕龙［M］．上海：上海启新书局，1924：176-177.

事物无论是形还是质都要贴切[①]，类比中的例证必须在本质上相似，不然就会不伦不类。

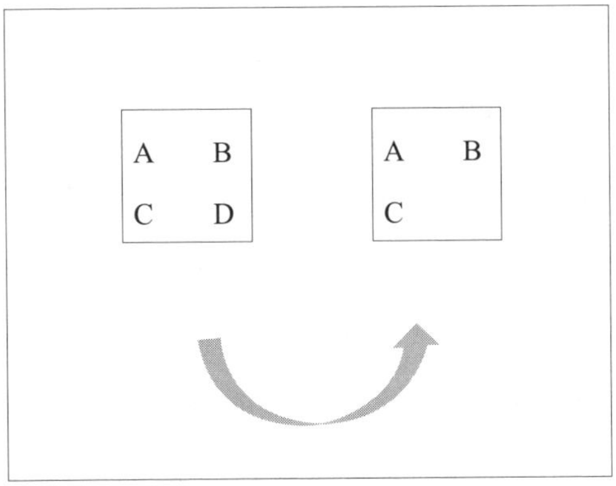

图 2　类比关系示意图

（由左边方框包含 A、B、C、D 属性类比推出右边方框也可能具有 D 属性）

类比中两个对象的“同样属性”是为了提高结论的可能性而提出的，也就是结论的强度取决于“同样属性”的相关性，即基于类比的论证的前提可以提高结论的可能性。举例来说，同一个厂商生产的两部手机增加了它们质量相同的可能性。正因如此，其中一部手机运行得不好，就让我们有理由认为另一部手机也运行得不好。又如鲁迅先生在《拿来主义》一文中，以尼采不是太阳，也没有无尽的光和热，类推到中国也不是太阳，也没有无尽的光和热，不可能一味地给予。

【案例分析 4–10】

毛星云离世遭讽，青少年沉迷游戏怎能甩锅开发者

（学生习作，王婧伊）

2021 年 12 月 14 日，腾讯方面向媒体确认，旗下天美 F1 工作

① 黄侃．文心雕龙札记［M］．上海：上海古籍出版社，2019：252.

室员工毛星云于11日上午意外身故。毛星云，1991年生人，毕业于南京航天大学，任职于腾讯，主要从业方向为游戏开发，在互联网游戏领域享誉极高，出版多部编程著作。

在全网哀悼的同时，一些不和谐的声音出现："游戏开发的，死了就死了吧，害人不浅，老天爷收的""他的离去要是能拯救中国无数家庭和孩子该是多么大的功德"（来自某新闻平台评论区）……这些幸灾乐祸的声音针对毛星云"游戏开发者"这一身份，以攻击死者的方式宣泄着家长们对"电子海洛因"的憎恶。

且不论这种攻击素昧平生的死者的宣泄方式是否道德，"因为给小孩做了游戏所以游戏开发者都该死"这一逻辑本身就十分奇怪。电子游戏与电视剧、电影、综艺、小说等形式一样，同属正当的文化娱乐项目。故而游戏开发者这一身份与导演、编剧、作者、画家一样，只是正常的商品生产者与文化创作者。如果一件商品的质量出现了问题，消费者可以找到这件商品的生产者讨要说法，但不应该指责这类商品存在的合理性，更不该对这类商品的全体生产者报以否定态度。

上述案例通过类比论证的方式开展判断。

首先，将电子游戏与影视剧、小说等进行类比，论证电子游戏并不是"电子海洛因"，其属于正当的文化娱乐项目。由此递进，电子游戏开发者也可以与影视剧、小说的创作者进行类比，都是正常的文化商品生产者，其存在都是合理合法的。因此，消费者不应当指责电子游戏以及电子游戏开发者存在的合理性。

英国哲学家斯泰宾在其著作《有效思维》中提及，使用类比论证的目的是劝说他人对于结论接受，类比确实能够在思维中起到有效的引导作用，但也会存在类比"推过头的危险"。在本节开头我们讲过，类比的结论力度要看比较对象之间的"相同特点""同样属性"，再为相似的事物，总会存在一些不同之处，这个“不同之处”“不相似的点”就在类比适用的范围之外，也就是它“失灵”的那个点，即“推过头的危险”。类比推过头就会“不灵”，世界上不会存在两个一模一样的事物，所以所有的类比早晚都要不灵，谨慎的思维者总是提防着出现不灵的那个点。[①] 正如谷振诣教授在《论证与分析——逻辑的应用》一书中所言：“类比属于创造性有余而有效性不足的一种推理类型。”所以在新闻评论中运用类比方法，要尽力去找寻对比对象的“相同特点”。

【案例分析 4–11】

对“职业拍客”需要甄别限制吗

当前，在一些城市，市民随手拍机动车交通违法，经有关部门核实后能拿到一定的物质奖励……

“你去擦皮鞋都行，莫赚这个钱，缺德啊你。”这是旁观者对长沙“职业拍客”的评论。

……

那么，对“职业拍客”究竟该不该有所限制？该怎样限制？“职业拍客”让人联想到前些年的“职业打假”现象。1994 年颁布的《中华人民共和国消费者权益保护法》设立了“退一赔一”规则后，很快就出现了一批职业打假人，“职业打假”同样引起了广泛争论。但在法律评价上，有关部门很好地秉持了依法对待原则。同样，对待“职业拍客”，我们同样应当坚持法治思维：不必过多地纠缠于“动机”问题，只要拍客依照相关规定举报违法并被核实了，就应当承认其社会贡献并给予物质奖励。但是，如果拍客拿着相关视频资

① 斯泰宾．有效思维［M］．吕叔湘，李广荣，译．北京：商务印书馆，2008：119.

料对交通违章者实施敲诈勒索等行为，则属于违法，严重者可能构成犯罪……①

上述案例采用类比论证的方式，将“职业拍客”与具有相同性质的“职业打假”类比，陈述“职业打假”的法律评价、动机、社会贡献，从而论述“职业拍客”存在的合理性。在依法的前提下，不必过多思考“职业拍客”的动机，只需要客观评定其社会贡献并给予物质奖励。同时，在论述“职业拍客”的合理性之余，评论员进一步指出了拍客的法治界限。通过与职业打假的类比，评论员论述了坚持法治思维管理职业拍客的合理性。

诚如前文所言，论证是靠逻辑力量说服读者的，逻辑性的严密与否决定着文章的成败，演绎、归纳和类比，是新闻评论中较为常用的几种形式逻辑，那么这三者在说服力上有什么不同？

演绎推理是确然判断，结论不超出前提。演绎论证作为必然论证：是把已经包含在前提中的东西揭示出来，只要前提正确，演绎而来的结论必然正确。

归纳推理和类比推理是或然性判断，结论超出前提。即使有多个前提正确，也不能保证结论正确（尽管有时正确的可能性很大）。在这些论证中，结论不可避免地脱离前提。演绎推理也可能错误，一是前提错误，二是违反推理的形式规则。

新闻评论论证中所使用的演绎与归纳两种推理方式，两者之间既相互独立，又相互联系。独立之处在于演绎所产生的结论（论点）不能超过前提（论据），即“个别包含在一般之中”，而归纳的结论（论点）一般都是超过前提（论据），即“较多相同的个别情况，有可能反映事物的一般情况”。一如梁启超对这两者之间关系的概括：

① 柴春元．对“职业拍客”需要甄别限制吗［N］．检察日报，2020-09-23.

> 归纳法与演绎法之相异安在？演绎法者，据总以推分，归纳法者，由分以求总。今举其例。如云：凡绕日者，皆行星也。地球绕日者也，故地球行星也。此演绎法也。如云：金星者，行星也，绕日者也。木水火土星乃至天王海王星，皆行星也，绕日者也。今地球亦与彼七星，全同一现象也。故地球亦行星也，绕日者也。此归纳法也。培根以为演绎法之三段式，不过语言文字之法耳，既寻得真理而叙述之，则大适于用。若欲由此以考察真理之所存，未见其当也，是以特创归纳法。如吾心中欲提示一原理，未敢遽自信也，乃即凡事物诸现象中，分别其常现之象及偶现之象，而求其所以然之故。反复试验，参伍错综，积之既久，则能因甲知乙，必见有一现象与他现象常相伴而不可离者……质而言之，则归纳法者，先求得确实之大前提，然后由之以得确实之断案而已……故演绎法只能推论其所已知之理，而归纳法专以研穷其所未知之理。①

虽然在理论上，演绎与归纳可以很明显地被辨别出来，但在实际应用中，两者常常是“互帮互助”，以令评论的结论更为明确。② 毕竟在新闻评论写作中可以使用推理，展现思维过程，但更多的时候，则只是利用推理来证明观点，将思维的结果展示给读者。

第三节　反驳

反驳是根据已知为真的命题，来确定某一命题虚假性或某一证明不成立的思维形式。它不是增强自己观点的说服力，而是削弱对方说服力的论

① 梁启超．子墨子学说［M］．台北：台湾中华书局，1986：68-69.
② 李匡武．形式逻辑［M］．广州：广东人民出版社，1962：219.

证方法。从这种意义上说，反驳是一种特殊的论证。[1]

鲁迅认为“辩论之文”要“历举对手之语，从头至尾，逐一驳去，虽然犀利，而不沉重，且罕有正对‘论敌’之要害，仅以一击给与（予）致命的重伤者”。[2] 如在演绎论证中，反驳对方的观点，只需要发现对方的前提不可靠，或者违反了论证规则，只需其一就可以；而论证自己的观点，则不仅要保证前提可靠，而且论证也要完全符合规则。在归纳论证中，证明自己的观点需要搜集性质相同、尽可能多的论据；而反驳他人的观点，只需要指出一个反例就够了。

【案例分析 4-12】

近七成老年人再就业意愿强？应对老龄化需两条腿走路

（学生习作，訾予思）

人力资源服务商前程无忧发布的《2022 老龄群体退休再就业调研报告》（以下简称《报告》）显示，68% 的老龄群体在退休后有强烈的就业意愿。《报告》发布也引起了热议。不少网友认为老年人再就业无非是迫于经济压力，也有网友认为鼓励精力充足的老年人再就业、追求晚年人生价值也是一件好事。而结合我国的实际情况不难发现，这两种观点恰恰指向不可偏废的两手措施：既要保证“老有所养”的底线，也要关注“老有所为”的需求。

……

进一步思考，老年人再就业的阻力还来源于社会观念。人们认为让老年人工作是对尊老、孝顺的违背，是一种压榨，但这样的结论也许过于武断。一分为二地看，迫于经济压力不得不再就业的老

① 戴俊潭 . 新编新闻评论教程［M］. 济南：山东人民出版社，2015：157.
② 鲁迅 . 两地书［M］. 上海：鲁迅全集出版社，1941：46.

年人，需要社会保障体系的进一步发展，需要国家和社会共同向着“老有所养”的目标努力；而基于社会参与需求希望再就业的老年人，则需要尊重“老有所为”的选择。武断地反对鼓励老年人再就业，实际上是年轻社会的旧观念不适应老龄社会的新现实的体现。

积极应对老龄化，无论是从我国已经进入深度老龄社会的现实来看，还是从人们对老龄社会的认知来看，都需要用“老有所养”和“老有所为”两条腿走路。老年人再就业意愿强，既是反映现状，也是暴露不足，更是一种社会观念的进步。

上述案例的核心对象是老年人再就业问题，“由头”是一则最新发布的老龄群体退休再就业调研报告。作者在开篇的叙事部分概括了该调研报告发布后网友们所持有的两种代表性观点——一种观点是支持老年人再就业，认为老年人再就业可以实现晚年人生价值；另一种观点则认为鼓励老年人再就业是对老年人的压榨，违背了尊老爱老的社会价值观。作者认为老年人再就业有利于进一步实现老年人的人生价值，因而支持老年人再就业的意愿，在倒数第二段作者通过反驳“鼓励老年人再就业是对老年人的压榨”这一观点进一步强化了论证效力。具体来看，作者指出这一观点表现出传统社会观念的局限性，在作者看来，一些网友认为老年人再就业是对老年人的压榨主要考虑的是迫于经济压力的部分老年人群体，然而这部分老年人并不能够代表老年人的全部。此外，迫于经济压力的老年人再就业意愿强烈恰恰需要引起社会的重视，应从“老有所养”的层面完善困难老年人群体的生活保障体系，而不应因此就否定老年人的积极就业意愿，相反，因为适应时代变迁的现实需要，应当尊重老年人的就业意愿。总体来看，作者首先肯定了这两种观点存在的合理性，然后通过反驳“鼓励老年人再就业是对老年人的压榨”这一观点，强化了自身所持观点的论证效果，最后进一步指出“老有所为”和“老有所养”是两种应对老龄化的政策导向，“老年人再就业意愿强”是一种社会观念的进步。

反驳对方可以从论点、论据以及证明方式三者之一入手，这三方面只要有一个被驳倒，那么自己观点的正确性就足以被论证。

一、反驳论点

反驳论点就是证明对方论点的虚假性。反驳对方论点有两种方法，即直接反驳和间接反驳。直接反驳是用事实论据的归纳或用理论论据的演绎证明，直接导出对方论题虚假。间接反驳是通过证明和对方相矛盾的论题为真或从对方论题导出荒谬结论的方法，间接导出对方论题虚假。

二、反驳论据

论点是站立在论据基础上的，也就是说论据不必然驳倒论点，就可使论证失效。毕竟如果指出了论据的不足或者虚假之处，那么论点也就不成立了。论据上的虚假有事实本身的虚假以及对事实的错误运用以至本真的事实变成“假”的事实，但无论是哪种“虚假”形式，一旦论据被有效驳斥，对方论点就会因缺乏论据支持而站不住脚，其真实与否就会被读者怀疑。

三、反驳证明方式

反驳证明就是证明对方论据和论点之间没有或缺少足够的推断关系，即由论据推导不出结论，对方犯了“推不出”的形式谬误。但我们应该知晓的是，与反驳论据一致，反驳证明方式只是意味着对方的论证过程出现了错误，并不能全然断定对方的论题就是虚假的，我们只能确认对方论题尚未得到证明而已。

反驳中还有另外一种较为常用的方法——归谬法。

所谓归谬，根据谷振诣的观点，可定义为：“为了证明一种主张为假，先假设它为真，然后有效地演绎出一个结论。接着检验这个结论而不是原有的主张，看它是真是假。如果是假的，则原主张为假。人们把这种演绎方法称为归谬法。”[①] 也就是我们通常所说的“诱敌深入”“欲擒故纵”。

归谬本身是演绎的方法，它是由一个更大的前提，推导出一个荒谬的结论，而这个荒谬的结论具有反驳的效果。

详细来讲，要把涉及两个事物的归谬法还原成演绎推理的形式，就必须从两个具体对象的相似属性中抽象出一个普遍性判断。这个普遍性判断揭示了藏在两个相似对象中的共同属性的本质。而之所以需要从两个具体事物的共同属性中抽象出一个普遍性判断，是因为只有普遍性判断才可能成为演绎推理三段论的大前提，它才可能包容小前提和结论。反驳的目标，恰恰就是那个前提，不是为了证明结论，而是为了反驳前提。那个被反驳的前提，就是对方的观点，或者是对方观点所依赖的前提，一旦前提错误，那么对方结论自然就会不攻自破。

使用公式表述即为：

欲证明：A；

假定原命题不成立：非 A；

证明在这种假定情况（在非 A 情况）下，结论只能是 a；

证明 a 是错误的（矛盾、荒谬、不可实操……）；

结论：A 是正确的。[②]

但是，要超越具体对象的个别属性，抽象出普遍性判断，这是一个很有些难度的认识过程，即使作者和读者可以理解这个认识过程和认识层次，这样的理解，也已经失去了类比推理更接近具体事物本身的优势——生动性。所以，在文面上，要保留那些具体对象，尽管它们可能只是抽象原则的标签。

① 谷振诣，刘壮虎．批判性思维教程［M］．北京：北京大学出版社，2006：30.

② 莫罗，韦斯顿．高效论证：美国大学最实用的逻辑训练课［M］．姜昊骞，译．成都：天地出版社，2021：105-106.

归谬具备类比的思维，休谟在《自然宗教对话录》一书中，就曾对类比用了一次归谬法，展开来讲就是：

> 假设世界像房屋一样有一个造物主，那么当房屋不尽完美时，我们知道去责怪谁：建造房屋的木匠和砖瓦匠。但这世界同样不尽完美。因此，似乎可以得出结论，这世界的造物主也不完美。但你会认为这个结论是荒谬的。然而，避免这种荒谬的结论的唯一方法就是否定产生它的这种假设。因此，这世界并不像房屋那样有一个造物主。①

造物主的“不完美”是休谟所面对的基督教徒所不能接受的，也是与他们心中“造物主”的“存在”相矛盾的。也就是说，休谟用结论——造物主的“不完美”，否定了前提——造物主的“存在”。这正是归谬法先将一个观点接受为前提，由此推导出“错误”或“矛盾”的结论，从而否定那个观点的论证步骤。

套用公式即为证明“世界并不像房屋那样有一个造物主”，而假定“世界像房屋一样有一个造物主”，从而通过对假定的论证“这世界同样不尽完美”，得出结论“这世界的造物主也不完美”，可是在宗教教徒眼中，造物主不可能是不完美的，如此有力论证了自己的观点，即“这世界并不像房屋那样有一个造物主”。

值得注意的是，它是通过“房屋”与“世界”两个事物的类比关系（实际上，休谟并不承认这种类比关系有效）来展开的，并没有上升到抽象的普遍性判断，也不依赖演绎推理三段论的形式。由此可见类比推理与归谬法在理解和解释上的关系。这个案例也启示我们：不同的推理论证形式之间，可能有相通之路。

---

① 韦斯顿．论证是一门学问：如何让你的观点有说服力［M］．卿松竹，译．北京：新华出版社，2011：88.

例如，英国学者安东尼·韦斯顿的《论证是一门学问——如何让你的观点有说服力》中的案例：

昨天，美国奥吉布瓦人（北美印第安人的一支——译者注）首领亚当·诺德韦尔在罗马打了一个非常有趣的比喻。他是从加利福尼亚出发的，当他身着部落服装走下飞机的时候，他代表美国印第安人宣布，像克里斯托弗·哥伦布发现美洲一样，他凭借“发现权”占领意大利。

他说：“我宣布，今天是意大利的发现日。哥伦布有什么权力发现美洲？当地居民已经在那里生活几千年了。既如此，我现在也有同样的权力来到意大利，并宣布，我发现了你们的国家。”①

这其实正是归谬法的效果。该案例以哥伦布“发现美洲”作为前提，来推出“我发现了你们的国家”这个荒唐的结论，由此反证哥伦布“发现美洲”的荒唐性。

将其再转换一下叙述形式：

诺德韦尔没有任何权力代表另一个民族宣称对意大利拥有主权，更别提什么“发现权”了（因为当地人已经在意大利生活了很多个世纪）。

哥伦布凭借“发现权”宣称对美洲拥有主权与诺德韦尔宣称对意大利拥有主权类似（美国土著也在那里生活了很多个世纪）。

因此，哥伦布没有任何权力代表另一个民族宣称对美洲拥有主权，更别提什么“发现权”了。②

---

① 韦斯顿．论证是一门学问：如何让你的观点有说服力［M］．卿松竹，译．北京：新华出版社，2011：36.

② 韦斯顿．论证是一门学问：如何让你的观点有说服力［M］．卿松竹，译．北京：新华出版社，2011：37.

转换叙述形式后，这就是一个典型的类比论证的表述了。

它符合“根据两个对象在一系列属性上是相同的，而且已知其中的一个对象还具有其他属性，由此推出另一个对象也具有同样的其他属性的结论”。

在这个类比论证中，论证者对于诺德韦尔所说的话的判断，是作为前提的，因为诺德韦尔宣称对意大利拥有主权的荒唐性更为明显。而对哥伦布所说的话的判断是作为结论的。因为，对哥伦布“发现美洲”的评价，至少在当代仍存在不同的认识。两个人所说的话之间的相似性，可被视为“共同的属性”，即类比推理的基础。

在前一个表述中，哥伦布所说的话则是作为假定正确的前提，而诺德韦尔所说的话是作为从前者推出的结论。由于这个结论的荒唐性，可以反证哥伦布所说的话——这个前提——的荒谬性。虽然两种表述的形式和路径不一，对哥伦布的话的判断都是认识的终点，即否定了哥伦布的话。因此可以看出，这两种推理形式具有相同的效果。而这似乎提示了归谬法与类比论证在一定条件下的等效关系。

【案例分析 4-13】

素食馆只招素食者合理吗

近日，一公司招聘要求员工只吃素的消息登上热搜，引发网友关注。该公司后续回应：“公司就是干素食行业的，各种素食餐厅、素食馆，总不能招一个抽烟喝酒吃肉蹦迪的来吧。”（3 月 15 日　上观新闻）

面对“要求员工吃素”的招聘要求，网友对此各执一词。一些网友认为，招聘本是企业与应聘者之间你情我愿的双向选择。公司在招聘阶段有自己明确的招聘要求，既可以提高招聘效率，又不存在欺骗，称其“歧视”，难免有些上纲上线。另一部分网友则表示，员工“吃素”与否显然并不对其工作内容造成影响，公司招工增设“吃素”门槛，有违背招工公平的嫌疑。尽管该公司回应中表达了其旗下产品的素食属性，但若是真的照此逻辑，母婴用品公司是不是可以要求所有员工必须有生育经历？一个简单的类比，不难看出该公司看似“愿者上钩”的态度，实际上却存在一定的傲慢。

近年来，就业话题备受社会关注，互联网上不时曝出一些公司在选人、用人方面的“奇葩”操作。比如，有的公司将员工血型、星座、MBTI 测试结果纳入应聘考量。再如，有企业以“与老板属相不合”为由拒绝录用应聘者。近日，还有公司因员工“倒茶太满”而将其辞退。这些典型的职场偏见、歧视现象，每每一经曝光，都能引起网友的广泛关注和讨论，但问题并没有得到实质性的解决。在互联网“金鱼记忆”的冲刷下，这些“雷声大雨点小”的不了了之，助长了个别用人单位的嚣张气焰，让他们对求职者的私人边界不断试探。

此类事件之所以层出不穷，归根结底在于法律层面对就业歧视的内容界定尚不清晰，这也给了个别公司打“擦边球”的空间。要想根治用人企业的“任性”，仅靠求职者自我意识的觉醒显然不够，问题的关键还在于要加强用工就业方面的监管。一方面，对网络曝光中的职场不公事件，有关部门应当对其真实情况进行核查、跟进，按照相关法规对涉事公司进行处罚，保障求职者权益。另一方面，也要加大对用工企业的不定期筛查，对存在的违规现象及时查处。此外，还可通过定期公布相关案例的方式，提升应聘者的自我保护意识。[①]

---

① 刘硕 . 素食馆只招素食者合理吗［N］. 广州日报，2023-03-17.

上述案例中的第二段使用了较为典型的归谬法，文中第二段作者对网友所持的观点——“员工‘吃素’与否显然并不对其工作内容造成影响”，做了进一步的论证。作者按照归谬法的逻辑方式，首先假定公司招工增设“吃素”门槛具有合理性，然后举出与拟反驳的观点相类似的观点——“母婴用品公司要求所有员工必须有生育经历”，显然，后者是一种荒谬的结论，由此反驳了“素食馆只招素食者”的主张。如前文所述，归谬法包含着类比的思维，在本案例中，“素食馆只招素食者”和“母婴用品公司要求所有员工必须有生育经历”具有一定的相似性，我们可以从这两种观点中抽象出的一般性普遍判断是“公司员工的身份特征必须与公司经营内容有高度一致性”，这一普遍判断本身是无法成立的，故而作者拟驳斥的观点也是荒谬的。

综合来说，归谬法与演绎、归纳和类比之间有什么关系？马少华老师在《再谈归谬法中的演绎与类比——答同学问》[①] 推文中做了如下说明：

从对方的一个观点中抽象出一个潜在的前提，这是归谬法中的常用办法，但这个抽象的过程就是归纳。

两个用来类比的事物的共性，就是包含着它们各自本质特点的“类”，它就是演绎推理的前提。但一般类比时，人们只在具象层面进行思考，不会抽象出它们潜在的抽象前提。

当一个归谬法比较标准的时候，其中包含的类比就不明显（或者没有，或者人们意识不到）。而当一个归谬法中包含着两个事物的差异较大时，其中类比的因素反而会特别突出。

① 马少华．再谈归谬法中的演绎与类比：答同学问［EB/OL］.（2020-11-18）. https://mp.weixin.qq.com/s/O02UVJMzg8oQzxwcffQCOw.

> 包含着类比的归谬法，是以同一个演绎推理的大前提，但换用了另一个事物作为小前提，因此结论表现为诉诸另一个对象的反证。演绎的特征，反证的特征，都是归谬法的特征。

归谬法在实际运用中，往往是反驳对方一个具体的观点，但却需要把对方的观点抽象为一个普遍命题，作为一个演绎推理的大前提，作者自己添加一个小前提，结果推出一个荒谬的结果。如果这个小前提是换用了另一个对象，而结论是对另一个对象的判断的话——其中必然包含着类比关系。

然而，我们有时用归谬法时会忽略这个大前提的存在，而只是简单地进行小前提和结论之间的比较，所以会有“气势胜过说理”的感觉，虽达到了归谬效果，但经不起细细推敲。

第四节　论证的类型与途径

从论证过程的不同特点来考虑，可以对论证进行四种分类：依据论证的复杂程度，可以分为简单论证与详细论证；依据论证有效性的强弱可以分为必然论证与或然论证；依据是否对论点进行直接正面论证可以分为直接论证与间接论证；依据从论据到论点的推理形式可以分为演绎论证、归纳论证。

演绎论证与归纳论证在前文中已经做了简单说明，在此不再赘述。下面我们将对简单论证与详细论证的概念、规则，必然论证与或然论证的关系，以及直接论证与间接论证这两种论证途径进行介绍。

首先，就简单论证与详细论证的概念来说，从逻辑学上讲，简单论证是论据与论点之间只有一层支持关系的论证，即整个论证过程用一个推理就可以完成，而且只会得出一个结论。但通常实际论证的情况往往复杂得多，它们常常会有多个结论。详细论证就是拥有多个推理层次，产生多个结论，论据与论点之间有多层支持关系的论证。而从简单论证与详细论证的概念上，其实也可以总结出，论证就是对推理的综合性运用。

作为一次性用论据确定论点真实与否的简单论证，在具体应用时，有以下六个运用规则：

第一，明确性。简单论证要求明确地表达出结论，所以要确定好前提和结论，并要直观地列出是通过哪些前提、理由得出的结论。

第二，理顺思路。在论证过程中要向读者清晰地展示思路，展现前提和结论间的逻辑推理，找到前提的最佳排列顺序。

第三，可靠性。简单论证要求前提是可靠、真实的，要求人人皆知且为大家认同，具有可靠来源。如果不能确定一个前提是否可靠，就需要做一些调查，或者对这个前提本身进行论证。如果不能为前提做充分的论证，那么就需要尝试其他前提。

第四，语言要具体、简明。要避免抽象、模糊和笼统的措辞。

第五，实际性。论证依靠实际的内容，而非过激言论。

第六，一致性。措辞要前后一致，关键词不可随意变换。

与简单论证相对应的详细论证，也有一套运用规则：

第一，研究话题明确。详细论证要做的不是告诉别人首先想到了什么观点，要做的是得出一个考虑周全的观点，并且能够用强有力的论证来支持这个观点。当研究和推进论证时，很有可能会发现意料之外的事实或观点，要做好证据和论证得出的观点让你不舒服，甚至被对方说服的准备。[①] “真正的思考是一个没有既定结论的过程”，当开始的时候，不知道自己在哪里结束。

第二，对基本前提进行专门的论证。详细论证是建立在简单论证的

① 韦斯顿．论证是一门学问：如何让你的观点有说服力［M］．卿松竹，译．北京：新华出版社，2011：90.

基础上的，将简单论证中的基本前提组合起来就是详细论证中的论据，所以，为了更清晰地表达自己的思想、观点，先行对基本前提进行专门论证是进一步论证的基础。

第三，考虑反对意见。要不断地问什么论证能够有效地驳斥结论。

第四，顾及其他解决方案。仅证明它能解决问题还不够，还需证明它优于该问题的其他解决方案。

必然论证与或然论证则直接反映了论证有效性与推理形式之间的关系。所谓必然论证，是指当前提（论据）正确，且推理形式有效时，那么结论（论点）就一定正确，即论据和论点之间具有必然联系，为真的前提必然能推理出为真的结论。它包括运用一般原理、规律、原则作为论据来推出个别具体的结论，证明特殊事实的演绎论证，以及对一类事物的全部个体的属性进行归纳得出普遍结论的完全归纳论证。

以完全归纳论证举例：

直角三角形内角之和为 180 度；

钝角三角形内角之和为 180 度；

锐角三角形内角之和为 180 度。

而直角三角形、钝角三角形、锐角三角形都为三角形；

那么统一推理可得：三角形内角和为 180 度。

用公式表示：

S_1——P；

S_2——P；

S_3——P；

……

S_n——P；

从 S_1 到 S_n 都可归类为 S，是 S 的全部对象，所以可得结论：S——P。

【案例分析 4-14】

《李白之死》爆红：以情感共鸣破除国风创作的《蜀道难》

（学生习作，魏景琦）

近日，国风画师昔酒 xj 的作品《李白之死》走红网络。该作品以李白在人生最后脑海中的“回马灯”为主线，描绘其诗赋中的各种场景，并以巧妙的方式呈现其传承下的民族情感，令人动容。

有人说，《李白之死》的火爆是偶然的，运气因素占很大比例。对此，笔者的看法恰恰相反：《李白之死》，或者其他走红网络的国风作品，它们的火爆都是必然的。原因在于，作者没有将文化作为作品包装的外表，而是真正地尊重文化、尊重读者，让情感共鸣和传递成为传播的根本动力。

上述案例使用了必然论证，认为国风作品的火爆是“必然”的。然而，在新闻评论事实中，除非已经存在的事实，对“必然”的判断需要谨慎。特别是前文又提到了“或者其他走红网络的国风作品”，因此，必然判断用于次数有些绝对了。正确的做法是围绕《李白之死》这一作品展开论述。

或然论证则与必然论证相反，当前提（论据）正确时，它只能为结论（论点）提供一定程度的可靠性。也就是说，前提正确时，最后的结论只是有可能真实，而不能保证结论的完全正确，但前提的正确性却是必要的，即前提与结论之间的联系不是必然的而是或然的。从或然论证的这种特性中也能看出，由于为真的前提得出的结论是或然的，所以或然论证中其结论的正确性更多依靠前提条件。广义上的或然论证包括通过若干典型的个别事例，概括出普遍性结论的不完全归纳论证，以及根据两个或两类对象在一系列属性上相同或相似，推出它们在其他属性上相同或相似的类比论证。

或然论证的结论虽然只是有可能为真，但在新闻评论中，除了必然论证外，或然论证是被大量运用最多的，毕竟人们在提出某种设想或者假说的时候常常会运用或然论证来说明自己的论点。如界面新闻的评论文章《告别建筑工地，超龄农民工何去何从？》[①]，作者针对《工人日报》报道的"超龄农民工正在逐步告别建筑工地"一事发表了自身看法，其中，在论证农民工未来的生存状态时就使用了或然论证的方法。

【案例分析 4–15】

告别建筑工地，超龄农民工何去何从？

此次进一步规范建筑施工企业用工年龄管理的举措，清除了灰色就业地带，起到了对弱势劳动者群体的保护作用。但也可以预见，将有一些超龄农民工面临着新的生存困境。

高龄加剧了超龄农民工再就业的难度，产业结构转型、新兴产业也挤压着超龄农民工的就业空间。所以，当下超龄农民工何去何从、能否有配套措施予以兜底，也将成为检验管理者决策智慧、行业社会责任感的试金石。

从岗位安排来看，超龄员工不能从事建筑施工作业，而工地其他辅助性岗位，比如保洁、保安、仓管等是不受影响的，施工方可以在能力范围内为超龄农民工提供更为周全的安排。

① 李潇潇 . 告别建筑工地，超龄农民工何去何从？[EB/OL] .（2022-03-19）. 界面新闻，https://www.jiemian.com/article/7230623.html.

现实中，对有意愿有能力在城市再次自谋职业的超龄农民工来说，只有少数人拥有小学以上学历或者经过职业技术培训。

对此，各地也需为这一部分人创造更多福利空间，帮助他们打破身份藩篱，加强养老保险异地转移执行。唯有此，他们才能对接到合适岗位，获得稳定收入，过上有尊严的生活。

……

此外，如果就业衔接体系、多元化就业渠道建立完备，在加工制造、餐饮、废品回收、农产品交易等行业，超龄农民工返乡后也大有可为。

可以看到，一些地方已率先做出尝试，为积极引导农民工在“家门口就业”，地方政府面向高龄农民工在县、乡镇、村设立服务性、公益性岗位，也取得了稳就业的效果。

这篇例证中所做的“预见”以及“超龄农民工返乡后也大有可为”，就是在提出设想的基础上，通过现实论据列举，进行论点真实性的印证。

根据论证的途径，还可以将论证分为直接论证与间接论证。

直接论证，是从正面寻找论据直接证明论点的方式，之前所述演绎、归纳以及类比均为直接证明方式。所谓的正面寻找论据直接证明论点，也就是从论据直接证实、推出论点，即逻辑学上讲的真 → 真、真 → 假、假 → 真、假 → 假这种同向的思维方式[①]，直截了当地去证明自己观点的正确性或对方观点的错误性。这种直接论证方式，可以起到增强论点说服力的效果。

间接论证，是指通过确定与论点相关的其他论点虚假进而间接证明自己的论点为真的方式，即通过确定其他判断的真假来确定论点的真实性。举例而言，间接论证就是真 → 假 → 真、真 → 假 → 假、真 → 真 → 假、

---

① 王才宽．直接论证与间接论证及其他：逻辑杂议之四［J］．青岛教育学院学报，1992（Z1）：16-21，98.

假 → 真 → 真等几种形式，是通过否定他人观点或肯定自己观点来证明自己正确或对方错误的一种论证方式，其论证思路存在一个转折。间接论证可以分为通过确定与论点相矛盾的论点的虚假来证明自己的论点为真的反证法，以及通过确定除论点所指的那种可能以外，选言判断所包含的其余可能都是虚假的，来证明自己论点为真的排除法。总体而言，反证法和排除法较少应用于评论。

实战演练

请结合本章内容思考：反驳他人的观点容易还是论证自己的观点更容易？

第五章

效率与效果：新闻评论的结构优化

本章要点

◎ 认识新闻评论结构及其重要性

◎ 掌握新闻评论开头和结尾结构优化的方法

◎ 辨别并掌握新闻评论论证部分结构优化的方法

新闻评论是一种新闻体裁，故而讲求有效表达。而提升表达效率的关键就在于新闻评论的结构优化。结构是谋篇布局见诸文字的外在形式，是对评论的总体构思和规划，包括逻辑思路和层次的安排，[①] 在深层决定了新闻评论的表达效率。没有好的评论结构，读者就难以在短时间之内被吸引，并理解评论作者的观点，无法达成较强的说服力和传播效果。

在新闻评论中，结构指的是文章各个部分之间以及部分与整体之间的关系安排，包括开头、结尾、段落层次、过渡、照应等。大致而言，新闻评论由标题、开头、论证、结尾四部分构成。新闻评论是对观点的表达，思想和观念是其核心，结构的安排和优化都是为更好、更有效地表达作者论点服务；而结构是隐藏的逻辑关系，是评论中诸要素之间系统性的功能性联系，并不是简单的混合与堆砌。因而有必要在评论写作中对结构加以斟酌，即让评论结构符合人们的一般认知规律，并能高效反映作者的认知过程和事实自身发展的过程。[②]

那么，结构和表达效率的关系究竟如何？如何优化新闻评论各部分的结构？何时选择何种结构优化方式呢？本章我们将通过结合具体案例说明新闻评论的结构之于效率表达的重要性，并具体分析开头、结尾和论证部分如何优化结构的策略与运用。由于新闻评论标题的字数少、不属正文等特点，在本章并不涉及标题拟制的相关问题，而是在第七章作具体分析和讲解。

---

① 贾奎林，张雪娜 . 新闻评论应用教程［M］. 北京：北京大学出版社，2009：126.

② 刘茂华，焦俊波 . 新闻评论：原理、方法与案例［M］. 上海：上海交通大学出版社，2017：128.

第一节　结构在新闻评论中的作用

结构的本质是一种关系，反映的是文章中不同要素之间的关系，比如事件关系、空间关系、总分关系、并列关系、递进关系等。在新闻评论中，结构意味着各部分之间要有一定的关系，并能使读者清楚地看到这种关系。而这种“关系”即结构，是作者对事物的认知结果的外在显现，所以对读者来说，结构是理解全篇的“指示图谱”。因而实际上，结构作为文章内部的一种秩序，其本身就是表达效率的体现。所谓“看不下去”和“留不下印象”，都是传播效率的失败。

我们一般所说的新闻评论的结构，实际上是指其“表现结构”，也就是落实到纸面上的结构，而不是思考的结构。思考的结构是个人化的，具有偶然性；而表现结构需要体现普遍性、规律性，特别是效率性。因为新闻评论不是一般的议论文，具有新闻性、政治性、群众性等显著特点，[①] 评论的表现结构才至关重要。

虽然中国古人倡导“文无定式”“文不喜平”等观念，当代也有学者提出新闻评论贵在变化、贵在创新，但变化的丰富性并不是新闻评论的价值追求。学者马少华在《新闻评论教程》中指出，过于复杂、过于变化的结构，本身就是读者接受的门槛，有碍于传播效果，因此新闻评论的结构应该简单、清楚，与读者之间有明确的“约定感”。[②] 简而言之，新闻评论虽追求创新和变化，但结构不能过于复杂和脱离读者的认知习惯，而只有这样，才能降低读者的阅读障碍，让读者在熟悉的结构中关注作者的观

① 王明光，黄先义，顾杨丽．当代新闻评论写作［M］．重庆：重庆大学出版社，2015：58.

② 马少华．新闻评论教程［M］．北京：高等教育出版社，2007：100.

点，形成较好的传播效果。

正如前文所讲，只有结构符合读者的认知习惯，能够被读者所接受，那么优化结构才可能提升评论的表达效率。因而，作者在创新和优化结构的时候，必须要深思熟虑：什么样的结构才能简洁高效地表达观点，且符合读者的认知习惯，给读者留下深刻印象。

【案例分析 5–1】

导师自主决定硕博士毕业，监督规范也得跟上

针对有人大代表“给予导师决定博士生、硕士生能否毕业的自主权”建议，教育部近日表示，建议对完善高校研究生科研成果评价标准具有很大启发，教育部将充分采纳。这一消息引发关注。①

研究生能否毕业，该不该由导师说了算？

近日，针对人大代表提出的“改革我国对博士生、硕士生毕业考核体制，给予导师决定博士生、硕士生能否毕业的自主权，释放研发能量”的建议，教育部作出答复。在答复中，教育部表示，该建议对完善高校研究生科研成果评价标准具有很大启发，下一步将“充分采纳”，今年下半年还将出台《研究生导师指导行为准则》，明确规定研究生导师的指导职责。②

上述两则案例论述的是同一新闻事件。两则案例相比，第一则案例呈

① 导师自主决定硕博士毕业，监督规范也得跟上［EB/OL］.（2020-09-27）. https://baijiahao.baidu.com/s?id=1678965340359782893&wfr=spider&for=pc.

② 王天定 . 研究生能否毕业，该不该由导师说了算？［N］. 新京报，2020-09-27.

现新闻事实时更加精简，表达效率更高。第二则案例则展露过多与论题无关的事实，应当要依据受众的接受语境尽可能少地叙述事实。

第二节　新闻评论的开头和结尾

一般来说，提出问题、分析问题、解决问题，是新闻评论结构的程序，即新闻评论的开头、论证和结尾部分。而这几部分一般又可分为内外两层："外层"结构反映开头、结尾和论述三个部分之间的关系；"内层"结构反映论证部分的不同内容之间的关系。[①]

实际上，内外层的说法更符合新闻评论写作的逻辑和阅读思路。作为一种新闻文体，新闻评论讲求表达效率，开头和结尾往往都是呈现作者对评论对象的判断结论，是最能简要彰显作者态度和观点的部分。因而，本节将开头和结尾放在一起讨论，而在最后部分将单独讨论论证部分的结构。

一、新闻评论的开头

新闻评论的开头是评论的纲领部分，起到提出问题或表明观点的作用，直接影响到读者的阅读兴趣，关系到文章的传播效果。新闻评论和一般的议论文写作不同，遵循新闻写作的效率原则。通常，评论作者将对评论对象的价值判断结论写在前面，因为判断结论是新闻评论最核心和最主要要传达的内容。对新闻评论来说，已经被读者接受的前提是认知的开始，而写作表达上的开始是作者做出的判断。

许多学者都对如何写好新闻评论的开头加以研究。范荣康在《新闻评论学》中列出"开门见山"的六种方法，分别是从新闻"由头"说开

① 马少华 . 新闻评论教程［M］. 北京：高等教育出版社，2007：101.

去、先摆情况、先把问题摆出来、先把要批驳的论点摆出来、把结论摆在前头和从经典著作中引出一段话来展开。[①] 于宁、李德民在《怎样写新闻评论》中对其加以总结，概括为摆事实、亮观点和提问题。[②] 贾奎林和张雪娜则结合结构和论证方法，做了更详细具体的说明，总结了六种新闻评论的开头方法：一是点明论题，提出作者的看法和主张；二是以新闻事件为"由头"，引出论题；三是说明原委，回溯来由，交代写作动机；四是摆出靶子，进行驳论；五是用设问句直接点名论题；六是用引语、经典、故事开头。[③]

美国新闻学教授哈利・W. 斯通塞弗（Harry W. Stonecipher）在《社论与劝服性写作》中提出，社论包括主题陈述、评论、结论或解决方案三部分，但他认为社论不一定完全按照这一顺序，比如可以将观点置于开头，也可以在开头用故事性的叙事引起读者注意力，而选择的关键在于开头的信息必须足够具有刺激性。[④]

综观学者们对新闻评论的开头写作的建议，其共性在于开头需要将最核心的由头、评论对象、观点摆出来，特别是评论的核心"观点"，以达到引起读者兴趣的效果。虽然并不是所有时候都要观点先行，但在评论开头，作为"由头"和作为评论对象的事实叙述都不能过长，也不能与论点产生偏差，且观点不能出现得过晚。否则，新闻评论往往会给读者带来与新闻报道相似的无趣和重复的感觉，降低评论的表达效率和传播效果。

因此，新闻评论的开头的具体写法大致可以分为两类：一是观点先行，辅助事实作为读者的认知背景；二是事实先行，但事实输入后立即表明观点。在这里，事实的处理办法可以是先简单概括，然后再文中详述，

① 范荣康．新闻评论学［M］．北京：人民日报出版社，1988.

② 于宁，李德民．怎样写新闻评论［M］．北京：中国新闻出版社，1988：189.

③ 贾奎林，张雪娜．新闻评论应用教程［M］．北京：北京大学出版社，2009：133-134.

④ STONECIPHER H W. Editorial and persuasive writing：opinion function of the news media［M］. New York：Hasting House Publishers，1979：42-107.

也可以是只叙述与论点最相关或最具冲击性的部分，其余部分在后面补充。实际上，虽然事实出现在开头不可避免，但结论置于前面也是相当普遍和更合乎效率原则的选择。而且，作为评论对象和对事实的判断，是能够出现在一个表明论点的判断句中的，不仅做了背景介绍，还高效地表述了观点。

【案例分析 5–2】

隧道成网红打卡地，审美也是一种刚需

夜色下的成都天河西二街隧道里，车辆川流不息，晚饭后人也逐渐多了起来，有人散步，有人拍照，人群的声音和车流声交织在一起……据报道，由于打卡拍照的人很多，天河西二街隧道成了一条网红隧道，盛产“港风大片”。但伴随而来的，是有些人倚靠在非机动车道的护栏上拍照，车流擦肩而过，让人不由得捏把汗。

需要强调，占用非机动车道拍照，不仅妨碍交通，还有人身危险，这当然不对，必须给予制止。但是细看报道，我们却可以发现另一层问题：为什么非机动车道上跑起了小汽车？这也是显而易见的安全隐患。这些乱入的小汽车也是“入侵者”，它们是造成危险的主要因素，而不是依规通行的电瓶车，更不是旁边人行道的行人。

所以，对于这件事情，还是要具体看待。如果一些市民或游客，只是在人行道上拍照，只要不造成拥堵、干扰他人通行，就无可厚非，不能一棍子打死。要知道，人们对城市的审美，也是一种刚需。饭后在此散步、聊天、拍照，也是生活的一部分。它和道路、汽车、大楼一样，也都是城市的组成部分，甚至更加必要和难得。①

① 樊成. 隧道成网红打卡地，审美也是一种刚需［N］. 光明日报，2021-08-12.

上述案例的核心论点为：需要辩证看待在非机动车道拍照一事，拍照是人们对城市审美的刚需。但是开篇用了太多篇幅描述城市傍晚的夜景以及小汽车乱入非机动车道的违规现象，文头叙事过于冗余，不利于表达效率的发挥。

二、新闻评论的结尾

结尾是新闻评论结构中的重要内容，其并不是评论的陪衬和点缀，而是新闻评论的整体提升。这也是新闻报道和新闻评论的区别之一，重点在于传播事实性信息的“倒金字塔”结构是“重开头，轻结尾的”，而作为一个传播说服性信息的文体，新闻评论结尾的论述更不能松懈。

新闻评论结尾的重要性是心理学意义上的，因为它处于整个阅读过程的最后，是作者影响读者最后的机会，决定了读者最终可能对评论所保留的印象。这和心理学中的“首因 - 近因效应”（primacy-recency effect）有关。首因效应也叫首次效应、优先效应或第一印象效应。它是指当人们第一次与某物或某人接触时会留下深刻印象，个体在社会认知过程中，通过“第一印象”最先输入的信息对客体以后的认知产生的影响作用。第一印象作用最强，持续的时间也长，比以后得到的信息对于事物整个印象产生的作用更强。而近因效应是指当人们识记一系列事物时对末尾部分项目的记忆效果优于中间部分项目的现象。这种现象是由于近因效应的作用。信息前后间隔时间越长，近因效应越明显。原因在于前面的信息在记忆中逐渐模糊，从而使近期信息在短时记忆中更为突出。

由于“首因 - 近因效应”，读者最容易记得的是开头和结尾出现的论证。因而，虽然是否把最强的论证置于文本的开头和结尾还要看具体情境和其他因素，但总的来讲抓开头和结尾是新闻评论提升表达效率的重要方法。评论的结尾也不是简单重复论点。刘茂华和焦俊波提出新闻评论的五种结尾方式，分别是概括提升、慷慨陈词、意犹未尽、褒抑鲜明和解决问题。[①]

① 刘茂华，焦俊波．新闻评论：原理、方法与案例［M］．上海：上海交通大学出版社，2017：142-145.

贾奎林和张雪娜则将结尾的方法概括为精辟概括式结尾、号召式结尾和含蓄式结尾。[①] 哈利·W. 斯通塞弗也指出，结尾应当是将不同论点捆在一起的“结”，而对旨在说明问题的社论，其结论可能是概括地强调被解释问题的重要性，或者提供一个可行的解决方案。[②] 其中，概括是最常运用的结尾方式，通过对本文论点做精辟概括，来深化理解；慷慨陈词、号召式和褒抑鲜明都是在结尾重申作者的观点，特别是情感态度和立场，以期与读者达成共鸣；意犹未尽和含蓄式的意思相近，往往借助文学表现手法和修辞手段，在论述的高潮以含蓄隽永的方式结束；解决问题类，顾名思义，是给所评论的对象加以实践指导。

但是，使用何种方式结尾以提升表达效率，是论证材料与文字表达的分配布置问题。一般来说，新闻评论的结尾应该在不重复已经陈述信息的基础上，因而，新闻评论的结尾应该在有利于人们记住论点的有力表达之中果断结束，画蛇添足反而会削弱评论的传播效果。当作者开始思考“我还能说什么”的时候，就是停止的时候了。为了给读者留下清晰深刻的印象，在结尾也可以重复前面几段中使用的一些短语，以促使读者采取行动；或者用单独的句子成段，陈述结论，形成“鞭炮”一样掷地有声的表述效果。

另外，结尾虽然起到总结提升的作用，但不应该是说教式的。这会引起读者的反感，损害评论的表达效率和传播效果。如果新闻评论的论证充分合理，且富有逻辑，那么结尾所提供的结论应当是由读者合乎逻辑地自然地得出的。而作者在结尾所需要做的，就是用一个合适的句子来表达所希望读者得出的结论。需要注意的是，在结尾部分一般不应该再提出新的观点。

---

① 贾奎林，张雪娜．新闻评论应用教程［M］．北京：北京大学出版社，2009：134-135.

② STONECIPHER H W. Editorial and persuasive writing：opinion function of the news media［M］. New York：Hasting House Publishers，1979.

【案例分析 5-3】

滑板场之争，管理不容缺位，理解更需到位

（学生习作，樊雅馨）

……12 月 10 日，一名男子嘶吼劝离在滑板场玩耍的小孩的视频在网上引起广泛讨论：视频中的滑板场位于宁波市慈溪爱琴海购物公园 RMT 滑板店门口，几个孩子在场地内的碾磨轨、坡道上玩耍，一个拿着滑板的男子站在高处嘶吼着劝小朋友离开，旁边有小孩的家长。这位嘶吼的男子在事后接受采访时表示，当时他和他的朋友来到这块专业的滑板场地玩滑板，与场地内的家长进行了沟通，但家长们不愿把孩子带走，他只能采取喊的方式。

……

当大众对滑板习以为常，让滑板变成一种生活方式时，做好管理，便不会再出现滑板区全都是学龄前的幼儿在满地玩耍，滑板少年们却受到幼儿家长驱赶威胁的现象吧。

上述案例视角为国内滑板场被无关人员占用，属于体育健康与社会管理类选题。在评论的结尾，作者认为应当“让滑板变成一种生活方式”，但仅从体育文化的角度收束论述而未更加强调滑板场被占用背后的社会管理问题，可能致使评论的思想高度和理论深度不足。

【案例分析 5-4】

农民工工资保证金新规实施：让“讨薪难”成为过去式

（学生习作，魏景琦）

2021 年 11 月 1 日，由人力资源和社会保障部、住房城乡建设部、交通运输部等七部门联合印发的《工程建设领域农民工工资保证金规定》(简称《工资保证规定》)正式实施，成为解决建设领域欠薪问题的一项重要兜底保障措施。

……《工资保证规定》的施行，让社会的目光再次聚焦到农民工这一社会群体上。我们或多或少都知道农民工群体的不易，但好像只有在每年春节的时候，我们才会将镜头聚焦到他们身上，看到他们讨薪难、无法返乡的故事。如果跳出农民工的限制，我们会发现社会中又有很多类似的人，他们由于各种因素而在社会发展中缺乏自保的力量，在社会生活中长期处于不利地位而未能得到社会关注。他们，被我们称为“弱势群体”。

任何人都不能苛求他人对社会上的弱势群体保有长期、持续的关注，因为对于大多数人来说，由于社会经历的不同，都很难与某一特定群体感同身受。人类社会为大多数人设置的弱势群体关怀义务，其实只是在个人生活范围内力所能及的道德要求。因此，对社会弱势群体普遍性的保护一定是社会制度的责任，这也是包括新规在内的各种法律法规能够直接带来的社会功能。

……再回看《工资保证规定》中的各项新举措，就不难发现它们其实都和每个人的社会生活密切相关。农民工保障本身就是社会责任，需要多方参与，当相关参与者的主体意识和责任意识在这一过程中被充分激发、社会信誉体系不断完善之后，惠及的绝不只是农民工，更是我们每一个人。尊重和保护每个个体是法治的基本要求，如果未来有更多类似《工资保证规定》这种充满人情味的规定出台，那么中国特色社会主义法治之路必将走向胜利。

上述评论由论工资规定入题，论点较为深刻。但最后以“人情味”收尾略显牵强。每一项规章制度本质上难道不都应以人为本吗？具体到农民工工资保证新规，读者可能更期待的是对其“新”亮点的解读，以及新规施行中需要警惕的问题。

第三节　新闻评论论证部分的结构

新闻评论的主题部分，即论证部分，要对开头提出的问题进行具体分析和严密论证，是新闻评论最为核心的内容。其结构就是新闻评论在论证中表现出的论证材料“论据”之间的关系。

学者马少华将论证部分的结构分为并列式与递进式[①]，这一观点也得到了许多学者认可。刘茂华和焦俊波在此基础上总结出使用频率较高的五种结构模式，分别为并列结构、递进式结构、比较论证结构、正反论证结构、解释型结构等。[②]可见，论证部分的结构也与评论写作的论证方法紧密相关，即作者采用的基本论证逻辑是归纳还是演绎、是立论还是驳论也会影响在文章主体部分的论证结构。而采用何种结构形式，主要依据的是事物内在的逻辑关系，以及作者认识和分析事物的方式方法。[③]因此，论证部分的结构优化需要作者对文章的评论对象、所用的事实素材做系统性认知，并斟酌谋篇布局，以实现论证结构的层次和逻辑。不论使用何种结构，都要满足结构严密又富有变化的要求，都是为了提升评论的表达效率。

由于论证部分的结构和评论的整体论证方法紧密相关，本节将结合论证方法对评论正文部分的结构加以具体分析，主要讨论以下七类结构：归纳概括型、因果解释型、演绎论证为主、类比式为主、递进结构、含详细论证的评论结构、简易评论结构（见表3）。其中，在归纳概括型和因果解

① 马少华．新闻评论教程［M］．北京：高等教育出版社，2007：107.

② 刘茂华，焦俊波．新闻评论：原理、方法与案例［M］．上海：上海交通大学出版社，2017：137-142.

③ 刘茂华，焦俊波．新闻评论：原理、方法与案例［M］．上海：上海交通大学出版社，2017：137.

释型的论证中，正文部分的材料主要采用并列结构组织。值得注意的是，这些论证结构无法涵盖所有评论中的论证部分结构，只是相对常见的结构；而在实际的评论写作中这些结构可能会复合使用，并需要根据情况作具体的调整。

表 3　新闻评论常见的论证结构

论证结构类型		特点	要求
并列结构	归纳概括型	从某一事件出发，联系更多的事实，归纳共同特征	选取典型和有说服力的事实；以过渡句相连
	因果解释型	将原因拆分为不同层次的多个分论点分别论述	注意因果关系是否成立；不能跳过因果推论的中间步骤而直接进行解释
演绎论证为主		从观点到材料，先结论后分析	需要使用能将大小前提两个判断联结起来的“中项”，避免逻辑断裂
类比式为主		从“个别”到“个别”，论证前提和判断对象都是具体的事物	需要表明作为前提和作为判断对象的事物共性或差异性
递进结构		后面的论证成立依赖于前者论证，反映评论者对事物的认识深度	不同段落之间需要存在环环相扣的内在逻辑
含详细论证的评论结构		从正反两面说理，让读者得出自己的观点	尽可能想象读者会持有的相反观点，并在文章中作为“补充”进行论述
简易评论结构		结构相对简单，通常与其他论证方法和结构来复合使用	注意论证的条理、论据是否合理有效、各部分间衔接的逻辑和流畅性

一、并列结构：归纳概括型、因果解释型

新闻评论中论证部分的并列结构是指论证材料之间并列的关系，即各自独立，共同支持论点，各论证单元相互并列且得出结论。这种结构反映

认识的广度和事物的多个侧面。[①] 并列结构是新闻评论中最常见也最容易掌握的论证结构。这种结构常见于归纳概括型和因果解释型为论证逻辑的评论中。

（一）归纳概括型

归纳概括型的评论结构是归纳推理的运用。当我们很难对一个新事物加以判断的时候，可以把此前发生过的诸多同类个别事物进行归纳，从而得出一般性的判断。这是一种围绕论述的重心，由个别到一般、由具体到概括的论证方式。

在这类评论中，作者并不是对单一的新闻事件做判断，而是从某一事件出发，将其与更多的事实相联系，归纳出这些事件共同的本质属性或特征。因而，在论证部分，不同的事实之间是并列关系，各自独立，共同作用于结论的推导。

需要注意的是，归纳概括型的论证部分并不是事实和各部分的简单堆砌。作者需要对所使用的材料做深入的分析和认识，并选取最具典型性和说服力的事实，用共性的推导令读者印象更深刻。此外，这些相互并列且各自独立的材料也需要用简洁的过渡句将其相连，串珠成串，让结构更加完整和流畅。

（二）因果解释型

新闻评论的“评论”在于对评论对象进行价值判断，而很多时候评论是在对新闻事件或社会现象的因果加以分析和判断。在全媒体时代，这种思路的评论越发重要，因为随着信息传播速度的空前加快，在当下复杂的社会背景下，新事物和社会问题都层出不穷，做好解释和因果分析在新闻传播领域变得尤为重要，因果解释型的新闻评论也具有重要的价值。[②]

---

① 马少华．新闻评论教程［M］．北京：高等教育出版社，2007：108.

② 刘茂华，焦俊波．新闻评论：原理、方法与案例［M］．上海：上海交通大学出版社，2017：142.

因果解释型的评论，其论证部分采取的也是并列式结构。这是因为因果解释也需要作者将原因拆分为不同层次或角度的多个分论点来分别论述，在逻辑上也是先分后总，在逐步论说分论点的基础上归纳出总论点。在这类评论中，作者一般会在开头引出待解释的问题或社会现象，紧接着进入因果分析的论证部分，并在其中分别阐释造成某一现象或问题的多个原因，进而回应议题和自然地给出最终结论。但是，在因果解释型的评论中，作者需要注意因果关系是否真的成立，不能强加原因，也不能跳过因果推论的中间步骤而直接进行解释。

【案例分析 5-5】

79 岁上海大爷被小伙让座，他说："不要！不要！不要！"

（学生习作，次仁拉姆）

……对于"老人婉拒小伙让座"这个事件，在现实生活中像这样修养高、素质强、有爱心、有风度的老人确实值得大家的尊重。对于年轻人给老年人让座或不让座这一现象，年轻人应该爱护尊敬老年人，但同时，老年人也不应该倚老卖老，利用年龄来对他人进行道德绑架。

上述案例中，作者希望对年轻人让座问题加以因果解释型分析。但是，"对于年轻人给老年人让座或不让座这一现象"与"年轻人应该爱护尊敬老年人"这两句话没有逻辑关系。让座与否和爱护尊敬老人与否或许不存在因果关系，因此无法进行因果递推，属于结构残缺。

二、演绎论证为主

演绎论证为主的论证是一种从观点到材料、先结论后分析的结构方式。简单来说，就是由一般原理推出特殊情况下的结论。其中，一般原理是论证的前提，作者是在两个作为前提的已知判断的基础上对新的事物做出新的判断，而这两个前提必须发生联系。[①] 实际上，这是一种三段论的论证：一类事物的全部是什么或不是什么，那么这类事物中的部分也是或也不是什么。[②]

因此，在这类新闻评论中，作者往往以鲜明的观点开头，然后以相应的材料作为论据证明论点。[③] 在具体的论证部分，作者会先提出大前提并证明，再提出小前提并证明，然后在评论结尾重复结论。需要注意的是，演绎论证成立的关键在于不仅存在大小前提，还存在把大小前提两个判断能够连接起来的“中项”。只有这样，演绎推理的论证才不是断裂的，而是合理的。另外，在实际的评论中，三段论并不一定是完整的，作者有时会省略不言自明的大前提或小前提。

【案例分析 5–6】

男孩举手 7 次才获理睬，不幸身亡教训惨痛

近日，一位男孩的妈妈发帖称，2020 年 11 月，其 8 岁的儿子在福州市鼓楼区某小学上课期间，感到身体不适，10 分钟内举手示意 7 次，但任课老师在孩子第 7 次举手后才表示让孩子忍一忍，先趴着。下课后，孩子由老师搀扶着走下楼梯。随后，摔倒在楼梯拐角处。孩子父亲赶到现场并拨打了 120，在医院里，男孩深度昏迷后不幸离世。

---

① 马少华．新闻评论教程［M］．北京：高等教育出版社，2007：82.

② 章士钊．逻辑指要［M］．北京：生活·读书·新知三联书店，1961：92.

③ 贾奎林，张雪娜．新闻评论应用教程［M］．北京：北京大学出版社，2009：128.

根据这些事实，学校是否要承担相应的法律责任？假如孩子患有基础疾病，能够减轻或免除学校的责任吗？

《民法典》第1200条规定，限制民事行为能力人在学校或者其他教育机构学习、生活期间受到人身损害，学校或者其他教育机构未尽到教育、管理职责的，应当承担侵权责任。法律规定的教育机构的责任类型为过错责任，即由受害人一方对教育机构未尽到教育、管理职责承担证明责任。

法律之所以如此分配证明责任，是为了更好地平衡保护未成年人以及促进未成年人全面发展两项利益，限制民事行为能力人对于自身的行为意涵和后果已经具备一定程度的认识能力和判断能力。如果法律将事实真伪不明情形下，教育机构尽到教育、管理职责的证明责任分配给教育机构，则对于教育机构过于严苛，这将导致教育机构不敢组织春游、参观等对学生综合素质和身心健康有益的集体活动。

本案发生在《民法典》颁布前，事发时男孩已经年满8周岁，属于限制民事行为能力人，故在案件审理过程中，应当由男孩的父母对学校未尽到教育管理职责承担证明责任。根据《学生伤害事故处理办法》以及《最高人民法院关于适用〈中华人民共和国民法典〉时间效力的若干规定》第1条第2款，学生在校期间突发疾病或者受到伤害，学校发现，但未根据实际情况及时采取相应措施，导致不良后果加重的，学校应当根据《侵权责任法》承担相应事故责任。

本案中，任课老师作为学校的事务辅助人，在发现男孩身体不适后置之不理，没有及时采取行动，未尽到相应的管理职责，延误了最佳救治时机，其不作为与男孩的死亡之间具有法律上的因果关系，学校应当向男孩的父母就男孩生命权遭受侵害产生的医疗费、死亡赔偿金、丧葬费等财产损害承担赔偿责任，与此同时，男孩父母还可以向学校请求精神损害赔偿。

如果男孩本身患有基础疾病，这些基础疾病就像自然背景一样是客观存在的，但并不会因此就必然减轻或免除学校的赔偿责任。除非学校能够举证证明即使其尽到了相应的管理职责，及时将男孩送医救治，男孩还是会因疾病发作而死亡，则学校的这一合法替代行为抗辩才能得到认可，否则学校应对男孩生命权遭受侵害而产生的财产损害和精神损害承担全部的赔偿责任。

最后，还须注意的一点是学校等教育机构并非孩子的监护人，也不对孩子承担人身照顾和财产管理的职责，但对孩子在校或在其他教育机构期间的人身、财产安全承担相应的保护职责。本案中，父母才是男孩的监护人，但学校依旧须对男孩在校期间的人身安全承担相应的保护职责。孩子举手 7 次是个扎眼的细节，该案提醒教职员工：孩子的健康比什么都重要。[①]

上述案例是一篇以演绎论证为主的新闻评论，作者分析了福州市一位 8 岁男孩因为在学校期间未能得到及时帮助而最终死亡的案件，并探讨了学校是否应该承担责任。该篇新闻评论通过引用《中华人民共和国民法典》《学生伤害事故处理办法》《最高人民法院关于适用〈中华人民共和国民法典〉时间效力的若干规定》等法律条款作为大前提，小前提是本案中的学生是限制民事行为能力人且是在校期间突发疾病或者受到伤害，涉事学校未根据实际情况及时采取相应措施，根据演绎推论，学校的不作为与男孩的死亡之间具有因果关系，因此学校应该对男孩的生命权遭受侵害而产生的财产损害和精神损害承担全部的赔偿责任。

三、类比式为主

类比论证是根据两个对象在一系列属性上是相同的，而且已知其中的

① 孙鸿亮．男孩举手 7 次才获理睬，不幸身亡教训惨痛［N］．南方都市报，2023-02-12.

一个对象还具有其他的属性，由此推出另一个对象也具有同样的其他属性的结论。[①] 这种论证方法是从“个别”到“个别”，论证的前提和判断对象都是具体的事物。

需要注意是，除了类比论证是从“个别”到“个别”，比较论证和比喻论证也是如此。但这三者并不完全相同，是有所区别、有所重合的。比较论证有两种情况：一是以相似处比较，二是以差异比较，其中前者与类比论证重合。而比喻论证和类比论证的区别在于，用来比较的两事物中是否有一事物起着打比方的作用。[②] 但是，这三者在论证部分，都需要表明作为前提和作为判断对象的事物共性或差异性，在此基础上对判断对象的其他属性做进一步的判断。

而在类比式的评论中，论证部分的结构可以分为三步走：第一步，提出类比的依据，即两者有本质的相似；第二步，分析作为前提的对象所具有的特点，指明是否合理；第三步，分析作为判断对象的对象是否具备该特点，并做出判断。但这里所说的“三步走”是评论作者的认知思考过程，而在实际的写作呈现中未必按照以上的顺序，有时也会省略被读者所广泛认可的部分。

四、递进结构

新闻评论论证部分的递进结构，是不同论证材料之间相互支持的传递关系，即前面的论证支持后面的论证，反映评论者对事物的认识深度，最终到达论点。实际上是由两个以上各自完整的论证前后相连，而每一层有确定的判断（结论）。其优点在于，让评论不仅有层次感，而且富有节奏，符合人们认识问题的思维规律，让读者比较容易掌握和接受评论的观点且

① 陶才碧．几种论证方法辨异［J］．华中师范大学学报（哲社版），1985（6）：75-77.

② 陶才碧．几种论证方法辨异［J］．华中师范大学学报（哲社版），1985（6）：75-77.

留下深刻印象。[①]

在递进结构中，前一个论证过程达到的结论，成为后一个论证过程的前提——“论证链”（Argument chain）。[②] 递进结构和并列结构的最大区别在于，并列结构各部分是各自独立的，而递进结构中后面的论证成立依赖于前者论证。

在这种情况下，主体论证部分各层次、段落之间的关系是环环相扣、逐层深入的。虽然我们在其他结构中也强调不同段落之间需要存在内在逻辑，并使用过渡句将其连接，但这更多是出于阅读流畅和符合认知逻辑的要求，而在递进结构中这种关系则是环环相扣的，如果缺少，不仅影响阅读的流畅，还直接影响论证是否成立。

无论是并列的还是递进的，从段落层次上看，如果把每一段当作一个相对独立的单位来看，一般每一段的第一句话，最好为一个明确的判断语，然后是对这一句的展开论述。这样，各个段落的第一句就成为全篇结构的梗概，容易形成一个结构清晰的印象。

【案例分析 5–7】

“潼关肉夹馍协会”岂能“碰瓷维权”

据澎湃新闻报道，近日，河南几十家小吃店的商户们称，他们卖的肉夹馍因带“潼关”俩字，被陕西“潼关肉夹馍协会”告了，要求赔偿 3 万至 5 万元不等。想要使用“潼关肉夹馍”这个商标，需缴纳 99800 元。“潼关肉夹馍协会”最新回应称：“是律师全权代理的，我们也不清楚。”

---

① 刘茂华，焦俊波 . 新闻评论：原理、方法与案例［M］. 上海：上海交通大学出版社，2017：139.

② 马少华 . 新闻评论教程［M］. 北京：高等教育出版社，2007：109.

……

一些经营肉夹馍的商户因为遭遇官司压力，怨声载道，有的商户甚至情绪崩溃，这些餐饮商户的日常经营也受到严重冲击。

从目前已有的信息看，“潼关肉夹馍协会”所谓的“维权”，其实站不住脚，更像是一种“碰瓷”。

因为，该协会注册成功的“潼关肉夹馍”商标属于方便食品的分类，并不适用于餐饮。

而且，被告的商户名，也没有使用“潼关肉夹馍协会”的商标图案，而只是店名和产品名称中有“潼关肉夹馍”字样，与侵权差了十万八千里。

商标名称与商标其实是两个概念，“潼关肉夹馍协会”可以有自己的商标，但这不代表它占有“潼关肉夹馍”这个名称，可以垄断全中国“潼关肉夹馍”的经营。

这就和沙县小吃一样，此前，沙县小吃同业公会也注册成功了“沙县小吃”集体商标，但公会没有，也不可能去把会员单位之外的沙县小吃店全部告上法庭，告了也很难赢。

为什么明知赢的可能性很低，“潼关肉夹馍协会”却要给那些肉夹馍商户发出气势汹汹的律师函，滥诉一气呢？这恐怕更多是一种欺骗和恫吓。

对方来势汹汹之下，有些不太懂法律知识或者不愿为打官司而奔波的商户，可能选择妥协赔偿，全国那么多潼关肉夹馍的商户，哪怕有 1% 的经营者面对维权赔钱认栽，那都将是一大笔钱。

此事被曝光之后，“潼关肉夹馍协会”把锅甩给律师，称是“律师全权代理的，我们也不清楚”。这样的解释显然是糊弄舆论。没有协会的授权，律师怎能拿到代理权？

不过，该协会的这一表态，似乎也让维权背后的利益链隐约现形——一个注册资金只有 5 万元的“潼关肉夹馍协会”，是不可能有财力和精力，去发起几百场诉讼的。所谓的维权，很有可能是协会和律师事务所的共谋。

从逍遥镇胡辣汤，到潼关肉夹馍，为何一些地方行业协会热衷于“碰瓷维权”？这是因为维权之心过于急切，还是以维权之名，行敲诈勒索之实？对于类似维权，恐怕不能简单叫停了事，相关部门该仔细查查背后的动机和利益链了。①

上述案例运用了补充和递进双重结构，通过层层严密的推理形成完整的论证链。协会是“碰瓷”而非“维权”是全文的主论点。为补充论证这一观点，评论员先从“目前已有的信息看”：被告商户没有使用协会的商标，且其餐饮从业范围也与商户所注册的方便食品类大相径庭，即被告商户与协会之间不存在侵权关系。其次，协会并不占有“潼关肉夹馍”这一名称，评论员用沙县小吃的事实案例进行归谬。在此基础上，评论员从赔偿费这一角度递进推理协会的动机，“1% 的经营者面对维权赔钱认栽，那都将是一大笔钱”“所谓的维权，很有可能是协会和律师事务所的共谋”，从注册经营范围、商标到名称再到赔偿费，层层递进，形成严密证据链，推导协会的实质为“碰瓷”，结构严整，逻辑清晰，以理服人。

【案例分析 5–8】

地理标志商标保护不应被滥用，地方特色文化保护亦需要“温度”

（学生作品，周子妍）

……国家知识产权局明确叫停，并指出两协会均无权收加盟费。若协会确实享有有效的商标权，其对恶意“搭便车”的侵权店

① 子枫．“潼关肉夹馍协会”岂能“碰瓷维权”［N］．新京报，2021-11-24.

家进行起诉是合法行为。但实际上，协会行为并不符合法律的具体规定。

其行为亦违背了法律创立的目的与宗旨。商标法的宗旨是“加强商标管理，保护商标专用权，促使生产、经营者保证商品和服务质量，维护商标信誉，以保障消费者和生产、经营者的利益，促进社会主义市场经济的发展”……

这也督促协会不要忘记其创立的初衷。这些协会属于社会组织，其创立本是为了保护地方特色文化这一公共财富……

协会不是没有诉讼之外的手段选择，是其罔顾公共利益才选择了没有温度的一刀切管理和广泛的诉讼行为，如樟树港辣椒协会就允许当地椒农免费加入协会……

上述案例采用了递进式结构形成严密的证据链。从“协会没有收会费”推至“协会不享有商标权”，再论述“商标法”的宗旨是加强管理和维护商标信誉，因此协会不应忘记创立初衷，可以选择诉讼之外的手段。案例层层递进，行文流畅、论证连贯。

五、其他结构：含详细论证的评论结构、简易评论结构

（一）含详细论证的评论结构：正反论证结构

以上所讨论的论证部分的结构，都是新闻评论常用且与具体的论证方法关系紧密的结构。除此之外，评论作者也可持自己观点，更加自由地组织事实材料，通过“主论证 + 补充”的详细论证方式来论证自己的观点，对可能会遭遇的质疑进行回应。

而作为补充的回应通常需要作者的论述中呈现与作者观点相反的意见，因此也有学者将这种论证结构称为“正反论证结构”。在这种逻辑下的论证，作者先提出观点，然后按照先反后正或先正后反的顺序进行论

述，从正反两方面说理，让读者得出自己的观点。[①]

在融媒体时代，这种论证结构有其独有的生命力。互联网给予了更多公众发表观点的机会和平台，读者能在社交媒体和网络上对社会现象、发布的新闻报道和新闻评论做出自己的评论。这就让以往看不见的读者评论可视了，评论的说服力也面临更多的可见挑战。因而，和以往的评论不同，现在的评论作者需要有“读者思维”，即在写作前想象可能会在评论区收到哪些相反观点的读者评论，并在自己的评论中作为“补充”进行论述。这不仅能让论述更加丰富，还可以通过“预判”让论证更具说服力。

（二）简易评论结构

除了以上比较细致的论证结构，理查德·科博（Richard Keeble）在其著作《纸媒新闻：批判性导论》中提出了简易评论结构。他指出，新闻评论的简易结构分为四点：一是在事实和问题的基础上，提出观点；二是给出观点的利用；三是引用能支持观点的事实；四是提出解决问题的建议。[②]

这种论证结构相对简单，通常与其他论证方法和结构复合使用。可以说，简易评论结构是所有新闻评论或者说议论文写作的大结构框架。但是，在简易评论结构中，也需要注意论证的条理、论据是否合理有效，以及各部分间衔接的逻辑和流畅性。

【案例分析 5–9】

盲盒监管要“小步快跑”

3 月 17 日，京津冀消协组织发布“盲盒”消费调查报告。报告

① 刘茂华，焦俊波. 新闻评论：原理、方法与案例［M］. 上海：上海交通大学出版社，2017：140.

② KEEBLE R. Print journalism：a critical introduction［M］. London and New York：Routledge，2005：174.

显示，目前，“盲盒”销售主要存在盗版、“三无”产品、抽彩式诱导消费等六大问题，88.54%的受访者支持尽快出台盲盒管理办法或规定。（3月21日《北京商报》）

盲盒产品盗版猖獗、隐藏款抽中概率不明、盲盒里拆出“三无”产品、盲盒价格高于实际内容商品价值……随着盲盒产业的不断发展，频频爆雷的盲盒赛道，一方面给消费者的合法权益带来了直接损害，另一方面，诸如上述消费体验，也让部分消费者对盲盒的兴致大打折扣，给行业发展带来消极影响。面对乱象重生的盲盒产业，增加盲盒产业的经营监管，已经是盲盒爱好者和经营方共同的呼声。

盲盒监管何以如此之难？其一，品类繁多，范围界定难。不同于其他产品的具体内容，盲盒经济的本质是一种带有娱乐性质的销售模式。商家利用消费者猎奇和赌博的心理，来吸引顾客消费与复购。在“盲盒+”的营销方式下，“万物皆可盲”的跨界运营，让盲盒领域流向更多产品品类，这也使得相关部门的监管范围不断扩大。其二，属性特殊，售后举证难。由于盲盒产品主推的就是“拆盒”玩法的刺激，盲盒产品一经拆开便无法进行二次销售，因此市面上几乎所有的盲盒产品都不支持退货服务。部分商家利用这一销售规则，将盗版、“三无”产品等违规商品以盲盒形式出售。消费者一方面难以辨别产品质量，另一方面也很难通过传统的售后通道进行维权。其三，多元交易，渠道监管难。当前，盲盒产品在线上线下双向展开，且由于部分盲盒的潮玩属性，盲盒产品的二手交易市场同样存在较大空间。多元化的交易渠道，也给行业监管带来更多技术难题。

针对盲盒监管存在的堵点问题，还需相关部门点面结合、多方出击，不给盲盒监管留下“盲区”。一方面，要全面织紧监管“法网”。盲盒产品的乱象问题，主要源于新兴产业发展与法律监管滞后之间的矛盾。对此，2022年8月市场监管总局公开征求《盲盒经营活动规范指引（试行）（征求意见稿）》意见，期待随着相关规范的落地，能为盲盒产业监管提供权威参考。另一方面，还要及时堵住漏洞。充分利用数据筛查，以“打地鼠”的方式对盲盒品类灵活扩容，将不断出新的盲盒内容纳入监管范围中。此外，有关部门还应为盲盒售后量体裁衣，综合商家和消费者双方考量，更好维护双方权益。①

上述案例使用了较为典型的简易评论结构，作者首先陈述了“盲盒”销售存在盗版、“三无”产品等乱象，在此基础上提出“增加盲盒产业的经营监管”这一核心论点。在接下来的结构布局中，作者概括了盲盒监管难度之大的三重因素——品类繁多，范围界定难；属性特殊，售后举证难；多元交易，渠道监管难。在论述每一层因素时作者还引用了相关事实，支持和证明了上述监管难度之大的现实情况，文章最后提出解决“盲盒监管堵点”的现实可行方案。总体来看，上述案例遵循了提出论点、论点展开、论据支持、给出建议的简易论证结构思路，这种结构方式条理清晰，在日常新闻评论的写作实践中的应用也较为广泛。

① 刘硕．盲盒监管要“小步快跑”［N］．广州日报，2023-03-22.

实战演练

新闻报道：

让创新创业成为校园最美风景

打破国外技术封锁的高端红外智能热像仪，可实现胃部无麻、无痛、无创、无盲区检查的磁悬浮胶囊胃镜机器人，临床级直肠癌诊疗评估一体化AI系统……4月9日，第八届中国国际“互联网+”大学生创新创业大赛冠军争夺赛在重庆大学举行，最终6支团队从国内外340万个项目中脱颖而出，荣获冠、亚、季军。

一个个充满激情的团队，一项项脑洞大开的成果，让校园里创新创业的青春活力得到充分彰显。连续举办8届的比赛，已在以赛促学、以赛促教、以赛促创方面形成品牌效应，为促进教育教学、科技创新转化和人才集聚发挥着重要作用。本届大赛吸引了1450万名学生报名参赛。参赛者们在一年多的时间里，经历了校赛、省赛、国赛的激烈竞逐，最终一批“敢闯会创”的青年走到最后，集中彰显了上千万创客学生的智慧与风采。

创新是社会进步的灵魂，是高质量发展的最大动能。当前我国正在大力推进经济社会高质量发展，迫切需要通过创新创业培育新引擎。青年学生富有想象力和创造力，是创新创业的生力军。高水平组织创新创业竞赛活动，就是搭建一个激发创新动能、释放创业潜力的舞台和平台，引导青年学子自由探索创新，努力拓展认知边界，在互相交流中碰撞出创新之火、科技之花，为加快实现高水平科技自立自强、尽快突破“卡脖子”难题汇聚青年力量。

抓创新就是抓发展，谋创新就是谋未来。本届竞赛中，涌现出一大批有情怀、有担当、有能力的创新创业团队，带来的项目成果令人耳目一新，有的蕴藏着广阔的前景。例如，勇夺冠军的南京理工大学“光影流转——亿像素红外智能计算成像的开拓者”项目团队，成功解决了视场与分辨率之间难以调和的矛盾，研发出首台亿像素、多模态超分辨红外探测系统，并实现了仪器全部国产化研发。这项成果打破了一些国家对核心器件的垄断，突破了西方国家的长期技术封锁，具有广阔前景和深远意义。此外，本届大赛开设“青年红色筑梦之旅”赛道，不少参赛团队把科研与扶贫结合起来，积极投身到老区乡村振兴中，用青春书写无愧于时代的华章。

应当看到，创新不是“独角戏”，而是“大合唱”。在创新多极化趋势日益凸显的当下，开放为创新提供了重要基础。正因此，本届大赛积极加强国际交流合作，搭建全球性创新创业竞赛平台。数据显示，本届大赛与 2021 年相比，参赛项目数和参赛人数分别增长了 44% 和 62%。牛津大学、剑桥大学、帝国理工大学等世界百强大学共有 2873 个项目报名，达到国际项目总数的 37%，不同国家的大学生创新创业实现跨时空交流。开放添活力，创新增动力，以开放聚创新之势，在为海外青年提供创新平台的同时，也必将让创新成果更好造福各国人民。

奋斗正青春，创业正当时。用竞赛搭建创新人才交流的桥梁，营造以赛促创的校园环境和文化氛围，定能激励广大青年学生在创新创业的赛道上百舸争流、千帆竞发，为早日实现高水平科技自立自强凝聚磅礴力量。①

请分析这篇新闻评论的结构。

注意：需要对这篇新闻评论的开头、结尾和论证部分的结构分别加以分析，并评判该篇新闻评论的表达效率；此外，请指出这篇新闻评论在结构方面的优缺点以及改进方式。

---

① 辕固．让创新创业成为校园最美风景［N］．光明日报，2020-04-12.

第六章

发现有价值的话题：新闻评论的选题来源与主要类型

本章要点

◎ 了解新闻评论选题的性质与类型

◎ 掌握新闻评论选题的多种来源

◎ 了解影响新闻评论选题的因素

◎ 明确新闻评论选题的判断标准与要求

一篇好的新闻评论必然离不开好的选题。《人民日报》原副总编辑、复旦大学新闻学院原院长米博华认为："一个人的创作才能，首先体现在选题环节上。能不能优质高产地创作言论，取决于作者能不能发现大量的选题，特别是高质量选题。"[①] 可以说，选题是新闻评论的起点与基础。选好题，一篇新闻评论才有明确的写作目标；选对题，一篇新闻评论才有社会价值与指导意义。什么样的选题才是高质量选题？从哪些渠道获取选题？新闻评论的选题受哪些因素影响？新闻评论选题有哪些类型？本章将主要介绍新闻评论的选题，通过梳理其性质、来源、过程与类型，明确新闻评论选题的重要性与具体要求。

第一节　新闻评论选题的性质

新闻评论的写作一般要解决"写什么"和"怎么写"两个问题，所以写作前往往要先进行选题环节。新闻评论的选题，一般是指选择新闻评论所要评述的事物或论述的问题，它规定着新闻评论的对象与范围。[②]

也就是说，新闻评论选题的对象包括事件与问题两种。如果是以新闻事件作为评论的对象，那么选题即"选事"。首先需要看客观世界中有哪

① 米博华．选题：不动笔的写作［J］．新闻与写作，2016（8）：87-88.
② 丁法章．当代新闻评论教程：5 版［M］．上海：复旦大学出版社，2012：121.

些事件要评论，然后分析这些事件中有没有值得进行讨论的，再看这些值得讨论的事件值不值得、是否必须进行评论。如果并非针对事件性新闻发表评论或进行判断，那么选题即“选问题”。这类选题的对象并非特指某一具体事件，一般是指社会生活中值得关注与思考的问题，往往针对的是普遍性问题或现象。

世间万事万物纷繁复杂、层出不穷，不是所有事物与问题都需要评论。值得评论的选题要么是需要对工作中普遍存在的薄弱环节进行理性思辨，要么需要对群众普遍关注但迷惑不解的问题进行澄清解释，要么需要对似是而非、违反科学的现象进行辩证唯物主义教育，要么需要对典型的新人、新事或者新风尚予以评述。[①] 赞美、鼓励那些美好积极的事物与揭露、批评那些丑恶的阴暗面同样重要，两者都能在认知与行动方面产生影响。总之，值得评论的选题一般都蕴含着重要启示或者新鲜观点。

一篇新闻评论的成败与选题息息相关。因为新闻评论的写作是为了解决实际生活中的问题，为受众带来认知层面的信息，对受众的思想、实际生活产生积极作用。选中好的选题才能有效推进后续的谋篇布局、分析论证等写作程序，然后进一步吸引读者阅读、发挥评论的指导作用。新闻评论选题的过程就是要从社会生活的诸多新闻事件与问题中选择合适的评论对象，确定恰当的论述范围，然后提炼出具有价值和意义的论题。[②]

其中，选择评论的对象、范围与提炼论题两者之间存在区别与联系。选择评论的对象与范围主要受新闻事件本身的影响，需要从外在的、客观的角度出发进行选择；提炼论题则涉及对已选定事件的认识层次和认识视角，因此更多地受主观因素的影响，而非新闻事件本身。

两者的联系在于，对于同一个认识对象，我们可以提炼出许多不同的论题。评论的对象本身属于客观存在的事物，在选择环节只有“是”与“否”两种选择。但是论题与主观意图息息相关，是主观世界对客观世界

① 费滟杰，刘畅 . 新闻评论的选题范围［J］. 理论观察，2009（2）：156-157.

② 戴俊潭 . 新编新闻评论教程［M］. 济南：山东人民出版社，2015：113.

的一种反映，不同的媒体机构、不同的评论者在思维方式、认知程度和评论角度等方面都存在差异（如图 3），这意味着论题的提炼可以从多元广阔的视角入手，去发现其中任何有待于证明的命题、需要解释的问题以及可以分析的现象。

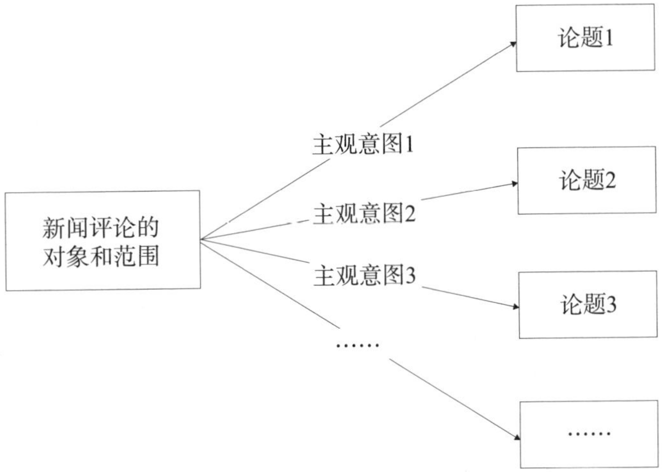

图 3　新闻评论的对象和范围与论题的关系示意图

【案例分析 6–1】

《蛋壳“破裂”，谁为租住双方“托底”？》（郁风，荔枝新闻，2020-11-24）

《蛋壳公寓爆雷，租客无家可归！租房却背上网贷》（澎湃新闻，2020-12-07）

《长租之痛，房东也有话要说》（澎湃新闻，2020-11-24）

《蛋壳公寓爆雷只是表象，金融风险才是问题》（金融界，2020-11-25）

以上四篇新闻评论所选择的评论对象和范围都是“蛋壳公寓事件”，

但所提炼出的论题却各不相同，从标题中我们可以直接看出不同之处。第一篇新闻评论关注的是“租住双方”，也就是从租客和房东两个方面总体去谈租房这一现象。第二篇关注点在租客，去谈蛋壳公寓爆雷后租客无家可归并背负网贷的艰难处境。第三篇聚焦于“房东”，从房东自身的视角讲述他们的心声。第四篇则指出了蛋壳公寓爆雷中的金融风险问题。

第二节　新闻评论选题的来源

新闻评论选题的对象是客观存在的，因此选题必然来源于客观现实。客观现实繁复而庞杂，新闻评论的选题来源也十分多元。邓拓认为报纸社论的选题可以找到五个方面的根据：一是党中央和国务院的决定和指示，二是地方各级党委和政府提供的情况和意见，三是党和政府主管部门提供的情况和意见，四是记者提出的新闻报道题目和线索，五是读者来信反映的情况和问题。[①]这五条依据基本为新闻评论的选题来源指明了方向，总体来看，选题来源主要包括党和国家的路线、方针、政策，社会基层出现的新情况、新现象以及常规新闻报道等。

一、从党和国家的路线、方针、政策中获得选题

党和国家的路线、方针和政策是新闻评论的重要选题来源，评论写作者应重点关注中央与地方经常召开的党与政府的各种工作会议，颁布的各种法律法令、条文条例，以及领导人在各个场合的重要讲话等。路线、方针、政策不仅是选题的重要源泉，而且也能帮助新闻评论保持正确的政治方向，赢得读者的基本信任。更为重要的是，从党和国家的路线、方针、政策中寻找选题能为新闻评论带来更高的立场与视角，从而让一篇评论不

① 邓拓．邓拓文集［M］．北京：北京出版社，1986：317.

囿于某事、某地，而是能够高屋建瓴地把握全局，对国家和社会带来更广泛且深刻的影响。

要想真正有效且全面地把握路线、方针、政策精神，还需要评论写作者秉持与时俱进、不断学习的精神，用心体会各类法律法令、会议报告的内容与精神，紧跟时代的步伐。工作会议、法律条文或者领导人的讲话往往很长，有不同侧面的重要内容，一篇新闻评论肯定不能面面俱到，也不能写得过于冗长，所以需要结合作者的实际情况，选择自身比较熟悉的话题和内容进行评论，这需要作者紧密结合人民群众的实际情况，也就是需要进一步了解社会基层的新情况和新现象。

二、从社会基层的新情况、新现象中发现选题

如果说党和国家的路线、方针、政策能够为新闻评论提供较为宏观层面的选题，那么社会基层的新情况和新现象则是新闻评论微观层面的选题来源。评论者需要深入基层与实际，贴近群众与现实，展开调查研究，了解并关注实际生活中存在的问题以及人民群众的心声。

正如中国当代著名杂文评论家、新闻工作者储瑞耕所言："好的言论，当从现实生活中撷取一朵朵、一片片带着露珠的鲜花和嫩叶，编织成理性的花环，再奉献给广大读者。"[①] 作为评论材料的"花"与"叶"首先应当是"鲜"与"嫩"的，即评论的对象与论证的材料是新鲜的，而不是陈年旧事；其次应当是从实际生活中寻找到的，而非一味从书本、报刊中择取。寻找到来自现实生活中的"鲜花"和"嫩叶"，才能为后续的概括、提炼、论证等环节奠定好基础，最终编织出"理性的花环"。

所以不接触实际是很难写好评论的，评论写作者应有强烈的社会责任意识，需要对社会现实生活中的负面、消极与阴暗的一面有负责精神，肩负起社会担当。[②] 不贴近群众往往发现不了问题，只有主动去进行调查询

① 储瑞耕．编织"理性的花环"［J］．新闻战线，1993（9）：14-15.

② 褚亚玲．储瑞耕的新闻人使命论［J］．青年记者，2014（14）：45-46.

问，才能真正了解群众的诉求与心声，从而真正发现有社会意义、评论价值的选题。

值得注意的是，成功的新闻评论选题，总是能够体现宏观视野与微观问题的结合，人民群众关心的问题就是党关心的问题，群众迫切需要解决的问题也是党应该解决的问题，这两者从根本上讲是一致的。实践证明，只有准确领会党和国家的路线、方针、政策，才能更好地透过现象看本质，真正观察到社会实际问题，听到人民群众的呼声，从而助推社会问题的解决，维护人民群众的根本利益；也只有深入社会基层，发现社会基层的新问题、新现象，才能在新闻评论中实现理论与实践的紧密结合。新闻评论绝对不是纯理论和纯概念层面的文字，不是抽象的泛泛而谈与无病呻吟，而是理论与实践结合的产物。从选题层面触及现实，发现社会生活与实际工作中迫切需要解决的问题，了解人民群众对于各种现象的褒贬态度，然后将科学的理论知识与具体鲜活的事例相结合，这是获取优质选题的前提条件。

三、从新闻报道中获得选题

新闻评论的一项重要任务是对已经发生或者正在发生的新闻事实进行评论。这类选题一方面要求时效性，需要紧跟新闻事实的动态进展；另一方面也要求准确性，尤其是对正在发生的新闻事实的评论，评论的视角受事件本身的发展情况限制，更需要谨慎小心，以免传达错误信息。

每天在各种媒体渠道上被报道的新闻事件那么多，并不是所有新闻都需要去评论，一般值得且有必要评论的都是重大、能受到广泛关注、能反映严重问题的新闻事件。这类新闻事件一般都蕴含着值得评论的、有教育意义的观点，评论这样的新闻事件能够满足社会价值层面的需求。特别是有一些被报道的新闻事件本身意义重大，但由于各种因素不被重视，此时予以评论，便能在一定程度上将其推向大众视野。类似于停水、停电这样的非重大新闻事件，它本身与百姓的生活息息相关，或许有被报道的必要，但是这类事件不具有普遍意义，一般只能就事论事，很难从价值层面提供具有典型性的观点，因此并不具有评论价值。所以评论价值不等同于新闻价值，评论价值包含新闻价值，新闻价值是评论价值的基础。

从新闻报道中找选题，意味着新闻事件在可靠性方面具有媒体的背书，并且已经通过媒体传播构成了文本的语境，所以在陈述事件的事实性信息方面就没有那么多负担。这也是新闻报道成为新闻评论选题主要来源的重要原因。[①] 但在数字媒体时代，对于新闻信息真假的判断十分重要，新闻评论的作者应该对于新闻报道中的细节和信息进行详细考证，避免因为新闻事实本身的不准确，而导致新闻评论的偏差和错误信息的二次传播。同时需要注意的是，新闻评论与新闻报道不同，新闻报道是讲事实，新闻评论则讲道理。新闻评论不能只是将新闻报道的事实重复写作或者重新排列组合，而需要写出自己的观点，进行观念层面的论述。

【案例分析 6-2】

一起努力，改变对殡葬从业者的刻板印象

清明期间，一位名叫李敬芳的90后入殓师火了，因为她穿上寿衣直播，讲解殡葬相关知识。在接受媒体采访时，她说希望能有更多人了解这个行业，“不要把我们当瘟神”。

这位90后入殓师的故事具有一定代表性，能够反映当前殡葬从业者面临的社会现状。一方面，她的主业是帮逝者化妆、刮净胡子、修剪指甲。她说，第一次服务逝者的时候，心惊胆战，手也发抖，而在化完妆之后，逝者一家人给她鞠了个躬。另一方面，这名入殓师是位母亲，有个10岁的女儿，她没有明确告知女儿自己的职业，

① 马少华. 新闻评论的非事件性选题［J］. 新闻与写作，2017（11）：103-104.

女儿只知道妈妈是位化妆师。

逝者家属的敬意与社会的另类眼光之间是一种强烈的冲突，或者更直白点说，很多殡葬从业者没有获得他们应有的尊重。“不要把我们当瘟神”的潜台词是，有人把他们当瘟神。在另一位入殓师陈晓凤的直播间里，不时也会出现诸如“你干这个活肯定嫁不出去，换工作吧”“你们赚的都是死人的钱”“晦气”等网民评论。更别提“不能说‘再见’”“多年不参加亲友喜事”。应该说，干这行的人不仅需要努力避免本能的恐惧，还要对抗外界的眼光。长此以往，他们可以说是在陈旧社会观念的 PUA 下被边缘化了，仿佛从事着一种见不得光的职业。

然而，随着社会老龄化程度不断加深，殡葬业的人才缺口也越来越大。教育部于 2022 年将现代殡葬管理专业纳入当年的职业教育专业目录增补清单，隶属于公共管理与服务大类，专业层次为高职本科，学生毕业后将获得管理学学位。培养层次虽然在提高，但对从业者本人及家人的歧视无疑会阻碍行业的发展，也不利于社会需求的满足。换句话说，在职业教育已经遭受一定社会偏见的情况下，殡葬本科能招收到多少学生？恐怕前景不容乐观。所以，根子还在社会要把殡葬当作一个正常职业来看待。

让殡葬从业者获得实实在在的尊重需要引入新的社会观念。这些年，随着社会观念的进步，我们已经能够熟练地运用“另一个世界”“星星”与孩子聊死亡，但生命教育不应该有两副面孔，一面是浪漫的、轻松的，而一面是恐怖的、不幸的、歧视的。当然也要看到，社会对殡葬业的偏见和歧视固然应该消除，但行业自身也有不少亟须规范之处，只有两头用力，才能塑造新的行业面貌。违规“殡葬一条龙服务”作为行业乱象的一个代表，常利用信息不对称和逝者家属的悲伤情绪牟取暴利，有的从逝者在医院时就开始下手，影响极坏，很容易使社会对殡葬从业者的认知从“给生者以安慰，予死者以体面”滑向“盼着人死的丧门星”。对此类现象如何治理，是相关部门需要讨论、拿出态度和方案的。只有两方面“里应外合”，才能真正使殡葬从业者获得尊重。[①]

上述案例选题来自新闻报道，《南方都市报》基于媒体报道的具体对象——“90 后入殓师”，撰写了这篇涉及殡葬从业人员的新闻评论。现实中，殡葬从业群体容易引发社会争议甚至是误解，有关殡葬从业者的讨论内容关乎行业歧视、死亡观念、职业道德等诸多话题，这一选题本身具有较大的探讨空间和深刻的社会意义。文章从目前殡葬从业人员面临的社会困境入手，点出殡葬业的人才缺口问题，并从社会观念与行业规范两方面提出问题的解决路径。评论文章总体思路层层递进、从浅入深，并且从多视角展开论述，体现了全面又不失深刻的评论思维。

第三节　影响新闻评论选题的因素

从本质上讲，人的选择是一种价值判断。无论是日常的一日三餐，还是高考后的志愿填报、毕业后的工作选择，人们都会带着一定的价值尺度去判断事物对于我们的价值。新闻评论的写作也是如此，确定选题就意味着评论者要确定某一个选题的意义、价值和目标，判断这个选题该不该做、值不值得做。所以说，选题是一个价值判断的过程，它本质上是对论题的一种价值判断。

综合来看，可以将选题视为两种过程：一是作者的认识结构与新闻事实之间的契合过程，作者接触新闻事实时总是受到自身的认知与情感结构的影响；二是对媒体定位与受众需求之间契合点的寻找过程，特定的媒体

① 一起努力，改变对殡葬从业者的刻板印象［N］. 南方都市报，2023-04-05.

与特定的受众都是价值判断的主体，会影响作者的选题判断。这两种过程体现了影响新闻评论选题的多种因素。

一、具体因素

每一篇新闻评论都有具体的目的，但是所有新闻评论都要立足于社会现实，致力于改进现实、改造人们的主观认识。所以一般来讲，新闻评论的选题最好既满足新闻价值，也满足社会价值。在这里，新闻价值是说一篇新闻评论的评论对象中蕴含明确且充足的知识或信息，满足读者的信息需求；社会价值是说一篇新闻评论的评论对象中具有值得阐发的、对读者有教育意义的思想观念，能够激发出有力的意见表达，从而在社会上产生一定的影响力。两者都满足的选题才具有评论价值。这一过程主要受以下三个因素的影响。

（一）作者个人的价值观、认知结构与情感结构

作者本人具有的价值观、认知结构与情感结构会影响其观察的视野与思考的角度，也就是影响作者能看到什么现象或问题、怎么看待这一现象或问题以及会对其做出怎样的评价。皮亚杰提出的认识建构理论认为，人的认识是基于活动而由主客体双重建构出来的。[①] 人在社会化的过程中接连产生对于现实世界的认识，同时也基于不断更新的认识形成内在的认知结构，它是人们感知世界、加工信息的参照框架。性别、年龄、个性特点、文化与教育背景等因素都在不断塑造着作者的认知结构，让其在选题过程中依照自己的主观意图进行选择和判断。

比如有些作者自身就比较关注教育领域，对其最新动态了如指掌，也就更容易发现教育领域的选题，同样也会倾向于从各领域都广泛关注的对象中发现其中蕴含的教育问题。所以选题一方面是作者对作为客观事物的评论对象进行评论价值的判断，另一方面也是作者自身的独特思考与评论对象的结合。

① 宋惠芳．皮亚杰建构理论的启示［J］．马克思主义研究，2000（4）：58-63.

（二）媒体定位与受众需求

媒体机构都有自身的定位。从内容主题来看，有综合性媒体，也有商业、教育、健康、时尚等专业类媒体；从受众范围来看，有全国性媒体与区域性媒体；从语言风格上来看，有严肃派、诙谐派、冷静派等不同风格的媒体。相异的定位会影响媒体对于某一事件或问题的评论价值的排序。健康类媒体的评论内容必然是与健康相关的，而不会选择评论经济现象或者时尚界近况。针对同一个新闻事件，不同定位的媒体也肯定是从各自倾向的视角去挖掘不同的论题，前文的“蛋壳公寓”案例就说明了这个问题。因此，不同的媒体机构各自面向特定的受众，作者在选择评论对象时必然需要根据自身定位和受众需求进行判断，呈现出具有一定稳定性的倾向。

（三）新闻运作规律与媒体操作节奏

新闻评论的选题往往会受到特定时期媒体报道的重心和社会关注倾向的影响，这体现了新闻的运作规律。比如每年三月都会召开的全国两会让各大媒体进入“两会时间”，会上全国各地的代表委员从教育、医疗、就业等多个领域讲述人民群众的所思所盼所想，以民主的方式凝聚共识，吸引了全国人民的关注。所以在这一时期两会成为诸多媒体的报道重心，以两会展开的系列专题评论层出不穷。

媒体操作节奏则与媒体的评论目的有关，比如一些传统党报和机关报的新闻评论以宣传和指导导向为主，因此会倾向于有这类功能的非事件性选题。而财经领域形势变幻莫测，多数财经类媒体需要及时紧跟最新情况以快速为读者提供形势解读，整体操作节奏快速紧凑，所以选择的选题一般时效性要求较高。

二、判断选题的标准与要求

选题是新闻评论写作过程的第一道工序，选题的质量直接影响新闻评论的质量，因此我们需要从诸多可评论的对象中依照一定标准选择那些真正值得做的选题。新闻评论不同于新闻报道，也不同于一般的理论性文章，高质量的新闻评论能指出现实生活中的重大事件和具有普遍意义的问题，也能提供理性的见解，为问题的解决做出贡献。明确这一要点，就基本能明确判断选题质量的标准，总体可以从以下三方面入手。

（一）贴近现实，富有新意

优秀的选题总是与现实生活密切相关，触及社会中的大小问题，关系人民群众的根本利益，能引起社会与受众的广泛关注和普遍共鸣。如果一篇新闻评论的选题和人民群众的生活毫不相干，那么也就不会引起人们的阅读欲望。

富有新意既指新现象，也指新角度。新现象就是选择现实生活中最近出现的重要情况或者问题，根据新近发生的事实材料展开评论。它分为三种情况：一是以前从未出现过的新情况、新问题；二是已经发生过的事件有了后续；三是新出现的事件能够反映以往已存在的情况和问题，为其提供新的事实材料补充。把握新现象就要把握时效性，随时了解当下存在的问题，努力跟进客观形势的变化，迅速反应、及时发言。新角度是说，哪怕新闻评论的对象并不是最近发生的情况或问题，但如果写作者能从中发现新的思考角度，提出新颖独特的观点，也是很有价值的。

富有新意并不意味着每一篇新闻评论都要选新现象、新角度，这在实际生活中很难做到。新闻评论的写作总会遇到一些“永恒的问题”，这是不可避免的，因为真理需要反复表达与宣传，这对社会来说是很有意义的。但这并不是说作者就只能循着前人的路子故步自封、老调重弹，评论任何一个老问题也要用心去写作，在已有的评论基础上站得更高、说得更深。不论是更新可论证的内容与素材，还是创新表达方式与语言风格，都符合富有新意的要求。而有一些评论的选题让人觉得陈旧，并不是因为选择的评论对象和范围陈旧，是因为论题过于老套，用旧观念套新事物，效果并不好，所以无论评论的对象和范围是新还是旧，角度的新颖是非常重要的。

【案例分析 6–3】

警惕网络热词催生粗俗的语言文化
（学生习作，周振翀）

12 月 6 日，国家语言资源监测与研究中心发布了“2021 年度十大网络用语”。其中，“yyds”“绝绝子”等词赫然上榜。然而对于该榜单，许多网友表示“看到绝绝子我就头疼恶心”“越来越反感 yyds 了”。为什么这些网络热词惹人憎恶呢？

评论员曹林把当代网友离开了“梗”就不会说话的情况称为“文字失语症”。在豆瓣上有一个名为“文字失语者互助联盟”的小组。小组里的“患者”们表示，不管什么时候都喜欢用“梗”来进行交流，如果不用“凉凉”“绝绝子”“无语子”等现成的网络名词，就无法准确表达自己的真实想法。事实上，“文字失语症”正是一种网络语言文化走向粗俗的体现。此时网络言论就像工厂流水线上的产品，由一个又一个现成的组件组装而成。例如用一个名词加上“yyds”，就已构成完整的表义单元。

上述案例以“2021 年度十大网络用语”为切入点，深入探讨“网络热词催生粗俗的语言文化”的语言现象。该案例选择了宏观背景下的普遍现象，并分析成因，论题具有较好的社会价值。在该评论中，作者认为网络语言走向粗俗化是“文字失语症”出现的成因之一。在此基础上，若作者进一步思考文字失语症的其他原因，可以帮助读者开辟新的阅读视角，选题也更有新意。

（二）典型准确，操作可行

典型准确是说新闻评论的选题要体现一定时期内社会生活中最具有普遍意义的、主要的、具有代表性的典型事例或问题，并且对于选题的思考角度也需要和选题本身相匹配，不能因为判断失误而误导读者。因为新闻评论的读者一般希望通过阅读评论而了解某些事件或问题的意义，从中得到答案，解决疑惑，所以选题应该是广大人民群众都普遍关心的，而不是仅仅一小部分人关心的。典型的选题一般重要程度和关注度较高，具有很强的争议性，有进行公开讨论的必要，但往往抓不住话题的核心。比如2022 年北京冬季奥林匹克运动会期间谷爱凌的成功让谷爱凌母亲的教育方式变成这一时期社会广泛关注的话题，由此成为探讨教育话题的一个典型事例。针对谷爱凌母亲的教育方式、谷爱凌家庭的教育背景等方面的争议接连不断，由此反思家庭教育的重要性。

操作可行是说新闻评论的选题能够让后续的写作流程有序开展，是可操作的，操作方法也是可行的。这主要表现在媒介性质、传播工具的形式以及信息表现方式三方面。[①] 媒介性质也就是影响因素中所说的媒介定位，在此不再赘述。传播工具的形式主要体现在时效性的要求，比如杂志的新闻评论相较报纸而言对时效性的要求更低，而网络媒体全时性更新，对于时效性的要求则更高，所以使用不同的传播工具时对于选题的判断会出于不同的时效性考虑。信息表现方式是指有些新闻评论的选题需要适应媒介的传播形式，比如以文字为信息传播方式的媒体在选择新闻评论选题时比较灵活，选择范围很宽泛，但是以视听作为信息传播方式的媒体在选择新闻评论选题时就要考虑信息的可视化呈现，包括媒体素材的丰富程度和观感等，所以会受到比较多的制约。

① 戴俊潭 . 新编新闻评论教程［M］. 济南：山东人民出版社，2015：113.

【案例分析 6–4】

低价面中有无价善意，公益的价值链条由你我衔接

（学生习作，张紫璇）

河南郑州开烩面馆的孙老板自幼父亲早亡、母亲痴呆，吃百家饭长大，故而店中常售卖低价面以帮助有困难的人，回馈社会。11 月 21 日，他被一名疑似同行的男子拦住去路，对方张口谩骂“8 块的面，你害了多少人？你献什么爱心？”该男子还动手扇孙老板的脸。在警方协调下，该男子于次日道歉，但类似的威胁骚扰自孙老板售卖低价面以来便源源不断。

……烩面馆孙老板的遭遇进一步折射出了我国公益发展的社会环境仍不成熟。我们总说现代社会物质更富足、思想更文明，但部分人的道德世界似乎更贫瘠荒凉、更自私冷漠。近年来，对公益行为先入为主的嫌恶心理或行为屡见不鲜……诚然，时有“诈捐”等以公益谋私利的事件消解民众对好人好事的信任，但若放任以偏概全、恶意揣度之风盛行，“公益”一语将不再含有人道主义光辉，而是被大众刻板地认为与“私利”关联。当民众开始不自觉地倾向污蔑好人、阻碍好事，那公益传递善意的价值链条便会被这些言语和行为撕裂。

针对面馆老板因出售低价面而遭威胁这一具体事件，作者上升到整个社会层面对该新闻事实进行论述，思考立意具备普遍性价值。然而，将出售低价面的善心之举直接归属于“公益”会有些唐突，且二者属性无法完全匹配，选题视角稍有偏颇。

（三）大中取小，以小见大

选题视角最理想的状态是能够将宏观视角与微观视角相结合，从大处着眼，从小处着手。

大中取小意味着在宏观视野中关注个人命运，即从大问题中选定一个侧面凝练论题，让论题具体而集中。论题最好是选择贴近日常生活、体现时代精神的那部分，从而以相关性、接近性的特征吸引受众注意力。以小见大意味着从个体感受延伸到宏观社会背景，即从小事件中发现其背后存在的具有普遍意义的大问题，从而拓展出大主题。如果只关注小事件而忽视大视角，或许能触及人民的日常生活，但无法从中获得有价值的观点；如果只关注大视角而忽视小事件，则只能纸上谈兵，对实际生活很难带来实质性影响。

【案例分析 6-5】

制造低俗卖点不应成为国产手游的“路径依赖”

（学生习作，李易泽）

近日，网易旗下一款新兴手游《哈利·波特：魔法觉醒》被指责存在性暗示与恋童癖倾向。该游戏在播放角色受攻击的动画效果时，女性角色会眯眼、吐舌，而男性角色并无这类动作。对此，游戏工作室在致歉信中声明，男女角色受攻击后均有概率出现该异常效果，但女性角色骨骼更突出导致效果更明显，并非刻意区别对待。

……这次风波也暴露出游戏生产领域内多数人依然在男性中心主义视角下思考问题。作为走在互联网前线的弄潮儿，不可能看不到近年来女性玩家数量的迅速增长，也不可能没有看到女性玩家强劲的消费能力。《闪耀暖暖》《恋与制作人》等一系列女性向游戏的井喷恰证明了一众游戏公司对玩家结构变动的敏锐观察。但拥有如此庞大的女性受众，《哈利·波特：魔法觉醒》依然保留这种带有性别歧视色彩的低俗内容，可见该游戏工作室把女性玩家想象成一群温驯、易骗且不会反抗的“羔羊”。

但现实给这些幻想有力的一击，这次玩家的反应证明，固守男性中心主义视角、囿于过时生产思路，靠制造低俗刺激讨好极少部分用户，赚“快钱”的思路无疑是竭泽而渔、饮鸩止渴。不断成熟的国内手游玩家拥有优秀的辨别能力，他们所喜爱的，往往是《阴阳师》《原神》这类跳出流水线生产模式、敢于在玩法和内容上做出创新的游戏。

上述案例的论题为年轻群体颇为关注的手游中女性角色存在性暗示动作，论点则是低俗内容不应再成为国产游戏的卖点之一，论题严密切合论点。同时，作者从单一的“低俗卖点”视角上升至“国产游戏固守男性中心主义视角”这一高度，从性别主义的维度论述新闻事件引起风波的原因，选题的论述层次进一步加深，立意也更为深刻。

【案例分析 6–6】

素食主义从来都不是值得提倡的生活风尚

（学生习作，李易泽）

近期，多家视频平台联合推出了公益纪录片《素食行者》。本片旨在宣传素食生活，并多次提及素食主义和健康生活、动物保护等理念息息相关，甚至提出“肉食的真相就是死亡的真相”这类博人眼球的激进言论。由于素食主义自带的话题度和参演明星效应，《素食行者》引发了强烈的公众争论。

素食主义者用于说服公众的重要理由是“食素是更为健康的生活方式”，但这根本是立不住脚的。应当明确，食素在反对食荤的同时也反对着荤素搭配的均衡膳食。人们日常接触的食用性植物并不能够满足人体对元素的全部需求，优质蛋白、锌等微量金属元素都要通过摄入肉制品来补充。为弥补这一缺憾，大批素食主义者需要长期购买价格高昂的营养品。

即便如此，事实也证明了营养品并不能取代正常的营养摄入，长期坚持素食主义难以避免地损害着人体。一位在“照片墙”（Instagram）长年分享自己纯素食生活的网红 Mikkonen 始终忍受着免疫力低下、脱发、骨质疏松等健康问题，在近期被曝光后承认参演《素食行者》的多位女星在社交媒体上都有食荤的记录，其言行不一本身就无声地嘲笑着这部纪录片。即便演员们辩称自己在拍摄过程中“改邪归正”，也并不会降低这件事的滑稽程度：素食主义的理念内核是环境保护和动物保护，而这些食素的明星们迄今依然频繁向公众展示过自己的动物皮毛制品，也并未能实现低碳出行。可见他们从未真正认可过素食主义的理念，他们所做的不过是宣传“素食主义”这样一个标签而已。

提倡素食主义的并不局限于这部纪录片的相关人员，网络社交媒体上大量“精英人士”都曾公开宣传素食主义，却又如出一辙的言行不一。归根结底，这些“精英”只是用食素来将自己与普通群众区分开，凸显自己品格高尚、心怀大爱，从而满足廉价的道德优越感。为自己贴上素食主义者的标签对他们而言不过是一种手段。

宣传者只是为了满足自己的精神饥渴，从不会考虑自己究竟误导了多少人，也不会考虑被误导的人们要为这种选择做多少无谓的付出。如今甚至在国内部分社交媒体上兴起了怀孕期间纯素食和母乳期纯素食的风潮，素食者连自身的营养需求都不过是堪堪满足，又如何能为婴儿提供充足的养分？但宣传者不会关心，因为这无法影响他们的道德评价。

因此无论其如何被包装，我们都应当清楚，素食主义不过是一种生活选择，甚至是一种需要承受高昂代价的选择。它既无关道德，也称不上明智。诚然，我们应当尊重每一个人的选择，食荤、食素是人的自由。但作为一种后果严重的公众误导，美化宣传素食主义是一个健康社会不可以容忍的。

上述案例的核心论点为：不要盲目跟风素食主义。文章整体论证比较规范，选题立意方面可以不用局限于素食主义本身，可以再深刻一些，比如围绕素食主义背后的消费主义动机展开进一步的剖析。

【案例分析 6–7】

三百家火锅店关停，是起点还是终点？

（学生习作，郑槐泠）

2021 年 11 月 5 日晚，一向奉行快速扩张策略的海底捞发布公告称，将在年底前逐步关停 300 家门店。此前海底捞向来奉行快速扩张策略，可见，“关店三百家”的调整背后是海底捞因门店快速扩张造成收入未达预期的经营失误。

……

新媒体时代下各类网红火锅店花样百出，火锅市场在受消费者追捧的同时呈现市场集中度低的特点。因此，海底捞应首先着眼于提高单店的市场竞争力，加强创新力度，抵御浪潮般的“网红店”们冲击。也就是发挥原有管理模式和供应链体系的核心优势，在保证品控的基础上，打造差异化竞争策略，给消费者带来单店“相似而不相同”的海底捞。

另外，一线城市新店“扎堆”也带来了门店间的竞争内耗，降低了门店平均翻台率和获客规模。海底捞 2021 年的中期业绩报告显示，其在三线城市的同店日均销售额为 8.42 万元，高于一线城市的 7. 9 万元。对此，海底捞需在适当收缩集团扩张业务的基础上，调整门店选址标准，布局下沉市场，寻求新的增长空间，避免在一线城市“硬碰硬”。

上述案例主要讨论海底捞关店风波的自身原因和市场原因。然而若仅局限在海底捞的经营策略会削弱选题的深度，作者可以从具体新闻事实上进一步总结普遍性规律，从海底捞上升到餐饮行业这一中观维度的概念。如作者可以就餐饮行业整体的竞争内耗总结原因和提出对策。

第四节　新闻评论的选题类型

新闻评论的选题内容包含很多方面。从地域来分，有本地的和外地的、北方的和南方的、中国的和外国的等；从人群来分，有年轻的和年长的、男性的和女性的、身强力壮的和老弱病残的等；从领域来分，有政治的、经济的、文化的、军事的、生态的等；从社会议题来分，有教育的、医疗的、法律的、“三农”的、科技的等。每一个新闻评论的选题都能在不同的分类角度中找到自己的定位。一般来讲，我们普遍将新闻评论的选题对象作为分类的角度。

在选题的性质中我们讲到新闻评论的选题对象包括事件与问题两种，选题也包括选事件和选问题两类，它们分别对应事件性选题和非事件性选题。除此之外，还有一种特殊的选题——周期性选题。

表 4　常见的新闻评论选题类型

选题类型	含义	特点
事件性选题	“选事件”，以突发性新闻事件或者记者新近报道的新闻事实为评论对象	重视时效性
非事件性选题	“选问题”，以与公众的工作生活紧密相关的、能够引发普遍关注的社会现象或者问题为评论对象	对时效性要求不高，对作者的思考与判断能力要求高
周期性选题	以重大节日、纪念日和主题日等周期性活动为评论对象	有固定时间周期，具备可预期性；对创新性要求高

一、事件性选题

事件性选题是指将突发性的新闻事件或者记者新近报道的新闻事实作为评论对象的选题，即“选事件”的选题。这类选题一般需要紧跟正在发生或者已经发生的新闻事件，对于时效性的要求较高，以及时满足读者的信息需求与心理期待。因此，它对作者的快速判断能力和写作能力都有比较高的要求。

当然，并非所有新闻报道的事件都需要评论，有必要评论的新闻事件一般有两种类型。第一种类型是新闻报道的事件蕴含阐释的价值，或者作者的报道意图有必要予以解释，这时就需要通过评论帮助读者理解这篇新闻报道的报道对象和内容。这类选题要么是新闻事实本身具有重大的意义但不容易被读者理解，要么是对社会生活有积极或消极影响的新闻事实仍在萌芽，需要通过新闻评论提醒人们注意其潜在影响，要么就是新闻事实的素材具有多义性，所以需要进行准确、清晰的解释。第二种类型是新闻报道本身的深度不够，需要通过新闻评论对其内容与主题进行深化，帮助读者进行深层次理解，从而做到“以小见大”，突出新闻事件的普遍意义。

事件性选题的新闻评论由少变多，已经逐渐成为新闻评论的主流类型。但由于事件性选题重视时效性，难免会出现多家媒体“一蜂窝”式同时涌上去展开同题的评论写作，在速度上形成竞争。对速度的一味追求一方面会让内容来不及仔细打磨，容易形成浅层次的重复表达；另一方面作者也会容易在没有掌握事件全貌的情况下判断失误，损害了新闻评论的质量。

【案例分析 6–8】

男子骗保假死事件：别被“妻子殉情论”模糊了焦点

近日，“丈夫伪造坠河现场骗保，妻子留绝笔信带儿女自杀身亡”一事引发广泛关注。

14 日上午，死者湖南新化女子戴某花和两个孩子下葬。“水洗多生罪垢，忏除累世愆尤”，花圈上的挽联诉说着无尽的哀伤，也暗示出这一事件中的不甘。

……

这起悲剧的事实不难查清……这一事件在传播中遂被冠以“男子骗保案”，虽然距离事实更近一层，但是仍然走偏。

何某当然有骗保行为。但是现有证据显示，女子并不知道何某在“骗保”。导致戴某花自杀的事实，既有丈夫何某的“死亡”，也有网贷公司的逼债，还有家人（丈夫家族）的不理解和埋怨。这起悲剧的核心，不是“殉情”，也不是“骗保”，而是一个女性所感受到的综合性的、难以排解的绝望。

……

戴某花所感受到的无助和绝望，在乡镇妇女中有相当的普遍性。她们尚没有足够的意识和能力来关照自己的心理状况，对变化的世界及其风险，也缺乏必要的应对办法。[①]

① 张丰．男子骗保假死事件：别被“妻子殉情论”模糊了焦点［N］．新京报，2018-10-15.

上述案例选择社会关注度较高的“男子骗保假死事件”作为评论对象，将评论的视角从浅层的“妻子殉情”转移至新闻事件背后更深层和更具普遍性的乡镇妇女的心理健康与风险承担能力。从个案中提炼共识，将舆论的关注点拨回正轨，尽可能减少悲剧的重演，这是论题凝练的价值所在。

【案例分析 6–9】

婴儿戴“头盔”，健康问题不该审美化

（学生习作，朱蕾）

最近，有媒体报道了一款声称可以辅助矫正婴儿头形的“头盔”，让许多父母心动。该“头盔”售价 2.8 万元，卖家称 3—8 个月大的婴儿每日需佩戴 23 小时，4—10 个月后，异常头形即可得到改善。在相关宝妈分享的帖子下，评论区对此几乎清一色地支持：“以后小孩会感谢父母的”“要是早一点知道这个，我也给自己的宝宝戴”“身为扁头狠狠羡慕了，扁头太丑了”。

……

但不可否认的是，即使大家都知道这种以健康为代价的审美是畸形的，我们仍能感受到弥漫在空气里的容貌焦虑。在风险并不大的情况下，无论是为自己或为孩子，多数人还是愿意尝试各种手段，即使需要付出一定的代价。联系先前媒体报道的“9 岁女孩因班主任太漂亮而患上抑郁症”，可以想见，容貌焦虑的侵蚀范围之广、程度之深。

在上述案例中，矫正婴儿头形的头盔是选题，容貌焦虑是论题。婴儿佩戴矫正头盔存在健康隐患，而网络舆论却是清一色的支持。在矫正头盔“大行其道”的背后，是弥漫至婴孩的容貌焦虑。评论员清晰地抓住了矫正头盔折射的本质问题，选题一针见血、有的放矢。

二、非事件性选题

非事件性选题是指将与公众的工作生活紧密相关的、能够引发普遍关注的社会现象或者问题作为评论对象的选题。与事件性选题相反，这类选题不是要针对某一个具体的新闻事件进行判断，而是需要通过积累与思考，在众多的新闻事实或者社会生活的普遍现象中发现共同的、突出的问题，所以一般是“选问题”的选题。非事件性选题对于时效性的要求没那么高，因此评论的节奏比较缓慢。

但非事件性选题是不可替代、不可或缺的，因为它一般是广泛且长期存在于社会现实中的问题，往往能反映更深层次的问题，阐述的观念能有更为长久的价值，这样的新闻评论选题可能更具有生命力。但是发现生活中的问题并非易事，这要求作者更细、更深地去观察与思考，拥有广阔的思维能力，从别人“熟视无睹”的现象中发现问题。[①] 所以作者需要有足够的敏锐度、判断力和独立思考能力，进行长期的积累和沉淀，展开深刻的思考。如果整个社会的思考范围受限于事件性新闻所触及的思考范围，那么社会的公共思考就会局限于“已然”的、突出性的事实，从而很难投射到那些潜在的、未能成为“事件”但影响我们生活的事物。[②] 非事件性选题需要作者看到更为复杂和广阔的社会，把握时代的脉搏，从而贡献更丰富的评论议题，拓展公众的思考空间，让人们有更多“看到附近”“关注身边”的可能性。

【案例分析 6–10】

儿童患者少了，别让儿科医生“荒”了

按理说，“病人荒”应该是医疗卫生事业的最高追求，但是今年

① 费滟杰，刘畅．新闻评论的选题范围［J］．理论观察，2009（2）：156-157.
② 马少华．新闻评论的非事件性选题［J］．新闻与写作，2017（11）：103-104.

以来儿科“病人荒”却连番上新闻，成为困扰儿科医生职业生涯的大问题。11 月 11 日，安徽宿松县人民医院儿科 10 名医护人员，因绩效考核过低，以科室名义联名打报告，要求集体转岗，引发舆论关注。实际上，今年以前，儿科医生和病患数量之间的“供需”不平衡，是以另一种面目呈现的——“儿医荒”。原因也很明显，儿科属于典型的“哑巴科”，家长爱之深，对医生责之切，从业风险高；小患者能做的检查少、能用的药少，科室创收难，效益差；小儿常见病集中，对写论文、评职称没多大助益，职业前景黯淡……“医生超负荷工作病倒，儿科被迫停诊”的事，不是孤例。

疫情突然而至，完全扭转了供需状况，却没有改变儿科医生境遇。受疫情影响，今年尤其是上半年，许多基层医院门诊量、住院量大幅下降，儿科也不例外。“病人荒”意味着业务量下降，绩效进一步减少。原因也可以想见，客观上，居家隔离减少了病毒细菌的接触传播，主观上，公众卫生防护意识提高，戴口罩、勤洗手、多通风等生活习惯改变，也起到了一定保护作用。

……

儿科患者多也愁，少也愁，为什么“受伤”的总是儿科医生？解答这个问题，还需要透过表面的市场供需问题，看到深层的原因。儿科医生出走，不是常规意义上的活多了怕累、活少了嫌不挣钱，而是原本就很薄弱的职业生存空间，禁不起风险考验，“荷包”里也没有多少坚守的底气。[①]

在上述案例中，评论主体是儿科医生薄弱的职业生存现状，属于值得社会普遍关注的非新闻性选题。但是，评论员在第一段落引用了当时新近发生的安徽儿科医生转岗事件，通过新闻性的选题提高了公众对于这个

① 儿童患者少了，别让儿科医生“荒”了［EB/OL］.（2020-11-11）.https://baijiahao.baidu.com/s?id=1683061385816372907&wfr=spider&for=pc.

问题的关注度。上述案例将事件性选题与非事件性选题有机结合，转化关联。

【案例分析 6–11】

商标护城河护不住商标

（学生习作，侯一达）

2020 年 1 月 6 日，网红奶茶品牌“茶颜悦色”官微发表声明，将以不正当竞争为由诉讼“茶颜观色”。另有今日头条诉“今日油条”，此类近似商标侵权案件频发，著名辣酱品牌“老干妈”提出一种解决方案，即商标持有者提前注册与之相近的一系列防御性商标，筑起商标护城河。但这一护城河并不能全面地保护商标，只是一种无奈之举。

上述“茶颜悦色”“老干妈”等商标简短的文字描述背后是品牌方数年积累的商业信誉，而他人仅需更改商标中的部分文字便可短期内借用原品牌的信誉“狐假虎威”，在此基础上出售商品或提供服务。近似商标侵权成本极低，危害较大。如若带有近似商标的商品质量不过关，既会损害消费者合法权益，也会贬损原商标的信誉。

上述案例在“由头”部分罗列多个新闻事件，引出评论的关注重点为我国的品牌商标保护问题，反映我国品牌商标易遭到侵权的普遍现象，属于非事件性选题。此外，作者有机地对线索进行关联，从“茶颜观色”诉讼案件、“今日油条”诉讼案件等事件中寻找到共存的商标侵权问题，选题视角新颖。

三、周期性选题

周期性选题是指将重大节日、纪念日和主题日等周期性活动作为评论对象的选题。这类选题不同于具有偶发性和突发性特征的一般事件性新闻，它往往是以固定的时间周期出现的，有自己特殊的规律，因此具有可预期性。

周期性选题有其存在的必要性。有些节日、纪念日有深远的意义，对于读者来说是重要的时间节点，所以必然会对媒体的评论有所期待，比如元旦、建党节和国庆节等重要节日，各大媒体一般都会予以评论。又如植树节、教师节、记者节等节日，不同媒体会依据自身性质与读者兴趣来判断是否需要进行评论。有一些周期性选题和当下的社会发展情况密切相关，能够通过两者的结合阐发具有价值的言论，所以也有评论的必要。而要想将周期性选题做好、做出彩，避免周期性重复，就需要着意于创新性，结合当下的时代精神写出新意。

2018 年，在汶川地震十周年之际，《新京报》针对这一选题组织了一组新闻专题报道，其中一篇社论题为《汶川十年：为了普通人稳稳的幸福》，这就属于周期性选题的新闻评论。像这样的周期性选题的评论会被人们看作为了“应景”而写出的文章，但它并非媒体提出的议程，而是符合社会生活周期的，也遵循人们的接受规律。因为像汶川地震这样的社会灾难性事件获得的关注度极其广泛，发生的日期被每个人都牢牢铭记在心中，每一年的此月此日都难免会勾起人们的回忆与悲痛情绪，更何况是十周年这样具有特殊意义时间周期，读者对这种周期性选题会心有期待，因此在这种情形下展开相应的新闻评论是恰当的、合适的。《新京报》的这篇社评立足于在地震中幸存、有一定关注度或争议的人们的生活现状，讲述他们日渐趋于平静的生活，同时将这份“稳稳的幸福”延伸到国家应急救援管理体制的变化、中国社会志愿精神的发展[①]，上升到国家对国民的守护与中国社会的成长，从普通人的视角升华到国家与社会层面，兼具温度与高度，写出了时代精神。

① 汶川十年：为了普通人稳稳的幸福［N］. 新京报，2018-05-12（A02）.

【案例分析 6-12】

愿我们都优雅地老去

又是一度重阳节。在这个尊老敬老的传统节日前夕，“假靳东”的新闻上了热搜：江西赣州一位 61 岁的女士，迷恋短视频平台上的“靳东”——当然，是假冒的——而后离家出走，北上吉林。一个极端的故事，引起广泛的共鸣，因为其背后有着巨大的共性。这位六旬女士，戳中了社会的痛点，有人从中听到了“老年悲歌”。

中国社会存在老龄化趋势已是不争的事实。在这个数字化的新时代，除了医疗、养老等传统命题，我们还面临互联网不断向高龄人群渗透的挑战……

互联网陪伴老人们度过了时光，但很多时候，也成为骗局滋长的温床。银发上网族在思维和反应上跟上这个快速迭代的现实世界已有些吃力，在虚拟世界里摸爬更是荆棘重重。十多年前，忽悠大爷大妈们相信并掏钱购买保健品的故事被搬到了互联网上，搬到了短视频中。那时，保健品销售们通过陪老人聊天，带他们去郊区游玩，获得信任后再兜售产品，如今除了笼络感情变成“在线”，其他本质上都一样。“在线”的方式让时间成本更低、更隐秘、更不容易辨别。

“假靳东”的故事及其背后银发上网族日益增多，他们对移动互联网依赖日益加深的现实，提醒我们要“看见”这一群体的孤独。我们每个人都有已经老去或正在老去的父辈。赣州那位六旬女士，或许就是我们之中某一人的母亲。与其键盘侠式地感慨她的妄想甚至愚钝，不如抽时间陪一陪身边的老人，哪怕只是一个电话问候。[①]

① 言咏．愿我们都优雅地老去［N］．经济观察报，2020-10-24.

上述案例发布节点为重阳节，并根据节日的特殊属性，关切银发群体的孤独。评论中分析了“假靳东”行骗成功的根本原因是银发上网族缺少来自现实世界的关心陪伴，剖析老龄化加重与数字化加深之间的矛盾。同时，采用类比论证的手法，将如今的“假靳东”骗局与十年前的保健品骗局关联，进一步说明老年群体的孤单长存久矣。作为周期性选题，上述案例从银发上网族与互联网骗局的角度着手，颇有新意，又引人深思。

实战演练

请结合本章内容思考：为什么现代社会需要周期性选题?

第七章

“题好一半文”：新闻评论的标题拟制

本章要点

◎ 新闻评论标题的独特性与重要性

◎ 鉴别新闻评论标题的标准

◎ 掌握新闻评论标题制作的基本方法

◎ 警惕新闻评论标题的陷阱与雷区

新闻评论在本质上属意见传播，新闻评论的标题是核心论点的集中体现，是意见传播的起点，亦是读者看到的第一眼。俗话说“题好一半文”，好的新闻评论标题既能够提升观点表达的效率，也能反映出作者的思维能力。数字时代，各类融合新闻产品和信息聚合平台的出现对于标题拟制提出了更高要求，如何抓住读者的眼球？如何通过标题集中体现论点？如何把握标题中感性因素与理性因素的关系？本章内容将结合具体案例介绍新闻评论标题拟制的方法、路径与误区。

第一节　定睛之笔：新闻评论标题的特点

在结构呈现上，新闻评论的标题主要以单行题为主。新闻评论的标题不同于新闻消息、新闻特稿等新闻文本类型的标题，后者往往使用复合型标题，具体表现为“引题＋主题”“主题＋副题”“引题＋主题＋副题”等类型，而新闻评论的标题最常见的类型是单行题。新闻评论标题的这一拟制惯例与新闻评论强调观点表达效率这一核心要求密切相关。

在内容构成上，新闻评论的标题往往是主客观信息的结合。主客观信息的结合既是新闻评论标题内容构成的特点，同时也意味着新闻评论的标题可能包含着事实与观点、感性与理性等要素。

在句式特点上，新闻评论的标题常以判断句作为最主要类型。前文提到，观点的表达形式是判断，因此，以判断句式呈现的标题往往有利于观点的呈现和输出。但在日常新闻评论的生产中，判断句并不是唯一使用的句式类型，标题句式的选用还取决于新闻评论本身的内容特点和写作者个人的风格。

《“捡走泰山石将遭到处罚”具有警示意义》（杨玉龙，东方网，2020-12-06）

《“有困难请小声告诉我”，最纯粹的善良是给人体面》（罗志华，《新京报》，2019-09-17）

《“包包里有1亿个亡灵”：呼吁动保不能靠恐吓》（与归，《新京报》，2018-12-04）

《“狗头表情包”构成“辱警”？公权力行使不可任性》（学生习作）

上述案例皆采用了“前置判断的具体对象＋核心观点”这一策略。由于核心观点比较抽象，标题中的前置引语可以交代具体的新闻事实。“捡走泰山石将遭到处罚”“有困难请小声告诉我”“包包里有1亿个亡灵”“狗头表情包构成辱警”等具体事实为读者构建新闻评论论点的具体场景，同时增加标题的表现性。

【案例分析7-1】

新闻事件：

北京市民政局、北京市财政局联合发布新政，对本科及以上应届毕业生入职养老服务行业的，将分3年发放6万元入职奖励。目前，该新政尚未全文发布。广西柳州早在2016年就已发布此类政策。据不完全统计，2018年以来，已有安徽、湖北、广东、浙江、四川、福建、山东、江苏等省份的部分地市出台类似政策。

标题案例：

《多地发出应届生“入职红包”，养老行业人才困境能否用钱“解”》（姜慧梓、马瑾倩，《新京报》，2020-11-24）

《养老业留住青年，钱和职业认同都要到位》（杨悦，《南方日报》，2020-11-27）

《6 万元“入职红包”能否解养老人才困境》（《工人日报》，2020-12-09）

上述三则案例针对同一论题“多地对应届毕业生发放 6 万元入职红包”开展不同角度的评论。《新京报》的核心论点为人才困境的解决途径，《南方日报》与《工人日报》的核心论点为养老业与青年之间的薪酬和职业认同。在标题的表现形式上，上述均采用前置判断的具体对象并结合核心观点的方式呈现标题，将论点进行具象化处理。其中，《南方日报》的标题中“养老业留住青年”，“老”与“青年”形成对比，标题的冲突感增强，吸引读者注意力。

【案例分析 7–2】

新闻事件：

2020 年 5 月，在一场民间武术比赛的擂台战中，自称“浑元形意”太极拳掌门人的马保国被一位搏击爱好者在 30 秒内 KO 三次，被网友制作成鬼畜视频并引起热议。对此，马保国在短视频中表示：“现在的年轻人不讲武德，来骗来偷袭我一个 69 岁的老同志，这好吗？这不好。我劝这位年轻人好自为之，好好反思。”“好自为之”被引申为“耗子尾汁”，被网友频频使用。很快，名为“耗子尾汁”

的公司申请注册并成立。

新闻评论：

《“耗子尾汁”折射资本助推审丑异化》（杨悦，《南方日报》，2020-11-26）

《抢注“耗子尾汁”，难逃一地鸡毛》（徐汉雄，《楚天都市报》，2020-11-27）

《连“马保国热”也要蹭，不难为情吗》（戴之深，《现代快报》，2020-11-25）

上述三则案例围绕马保国“耗子尾汁”网络语录被抢注公司一事开展评论。《南方日报》与《楚天都市报》均使用“耗子尾汁”作为标题中的具体评论对象，通过当下社会热心性话题吸引读者注意力；而《现代快报》只是提到了“马保国热”，相比起“耗子尾汁”网络用语，“马保国热”辨识性较低，与论题的关联度较低。

此外，《楚天都市报》用“耗子尾汁”点明新闻评论的判断事实，用“一地鸡毛”点明新闻评论的论题，兼具信息与表达美感，具有较高的概括性。

第二节　新闻评论标题的主要功能

“题好一半文”是对新闻评论标题的要求，同时也提示了新闻评论标题在整个新闻评论中的重要地位。新闻学家郭步陶认为，优质的新闻标题就是“把评论中最重要之点完全揭出来，放在题目以内，使看报的人，一看题目就被它吸引住了，非把这篇评论看完不可”[①]。在新闻评论标题的历

① 郭步陶．编辑与评论［M］．北京：商务印书馆，1933：174.

史演进中，写作者往往将表达论点、提示论题和吸引阅读视为新闻评论标题的三大核心功能。

新闻评论的标题有时就是文章的核心论点，因而新闻评论的标题功能之一即是表达论点。具体而言，论点的表达又可以分为完整表达和不完整表达。所谓完整表达往往通过判断句直接亮明作者持有的核心论点，不完整表达则常以不完整的判断句部分揭示论点。

新闻评论标题的另一大功能是提示论题，此类标题往往不直接表达论点，而是将评论的对象、范围、关系等要素标示出来。常见的提示论题的标题以疑问句形式呈现，主要以“为什么”“何以”等词语作为标题中的关键提示，此类标题通过设问标明评论的问题，后续内容展开则往往以揭示现象背后的原因或寻求解决方案为主。

【案例分析 7–3】

“表达论点”式标题：

《我国经济长期向好的基本面没有改变——深刻认识和把握新发展阶段》（本报评论部，《人民日报》，2020-12-08）

《叫停“刷脸取纸”并非杞人忧天》（蒋萌，人民网，2020-12-07）

“提示论题”式标题：

《全网恶心，如何杜绝外卖员恶意“加料”？》（胡欣红，澎湃新闻，2021-12-02）

《“迟交”拾得物被罚款让人情以何堪？》（吴玲，东方网，2020-12-08）

《公厕取纸为何要搞“人脸识别”？》（斯涵涵，东方网，2020-12-07）

《城管局长被指强拆校门，真相到底如何》（于平，《中国青年报》，2020-06-16）

《“最美酒托”参与反诈宣传又何妨》（学生习作，金子旭）

在以上七则新闻评论的标题中，前两则标题属典型的“表达论点”式标题，《人民日报》这则《我国经济长期向好的基本面没有改变》明确完整地体现了作者的核心论点，人民网《叫停“刷脸取纸”并非杞人忧天》这则标题也表明了作者对于“刷脸取纸”这一社会现象的否定态度。后五则新闻标题则全部都以疑问句形式呈现，发挥“提示论题”的主要作用，疑问句的使用一方面揭示了评论的对象，另一方面也提醒读者后续评论内容会以原因分析和策略提供等思路展开。

除了表达论点和提示论题，新闻评论的标题还肩负着吸引阅读的重要功能。一则有趣幽默或角度创新的新闻评论标题更容易吸引读者阅读，此类标题在形式上并不以明确的判断句或疑问句为类型特点，其表现形式往往更加灵活。

第三节　拟制标题的基本规范

新闻评论作为新闻文体，比其他文体更为重视信息的传播，特别是重视传播的效率。其体现在标题上有两层含义：一是标题自身的结构就是有效率的；二是标题有效率地传播内容的功能。这就要求标题的制作者不仅要从传播者的角度单纯考察信息的“单位成本输出量”，还应该从受众的角度考察接受的效果。

新闻评论标题的效率性要求是指标题需要最大限度地反映文章内容的最重要信息。如果说人们在论据、论证中需要的是被说服，那么他们在标题中最需要的则是记住这一标题。能够体现效率性要求的标题，常是主客观信息的结合。

【案例分析 7–4】

治理 App 广告“乱跳转”就该有“硬标准”

“手机 App 开屏广告，‘摇一摇’就‘乱跳转’”“走着路打开软件，手机不小心晃一下就自动跳转”……如今，App“摇一摇”功能日益普及，增强了使用的便捷性，但部分应用出现“乱跳转”现象，给用户带来了困扰。近期，在工信部指导下，中国信通院、电信终端产业协会联合多家行业重点企业制定并发布实施相关标准，以规范“乱跳转”问题，切实保护用户合法权益。（2 月 1 日《人民日报》）

久被诟病的“弹窗广告”，在相关职能部门进行多轮整治后，已有所收敛，可“摇一摇”式开屏广告又冒了出来。稍有摇晃，手机就会自动进入广告详情页面、跳转打开广告相关软件甚至直接进入软件下载页面，给消费者带来新的困扰与烦恼。①

上述评论案例中的标题体现了效率性，“治理……就该……”短句组合方式分别点明了评论的核心对象（App 广告“乱跳转”问题）以及核心论点（治理“乱跳转”的硬标准），这一标题也同时较为有效地概述了评论文章的主体内容。另外，标题中的“乱跳转”与“硬标准”在词语搭配形式上产生了对称感，这种有意识的标题编辑方式也更容易给读者留下较为深刻的印象。

① 吴睿鸫. 治理 App 广告“乱跳转”就该有“硬标准”[N]. 羊城晚报，2023-02-02.

新闻评论的标题还需要具备表现性，即用具象信息表达抽象说理内容，其目的主要是贴近人的情感和感性经验。表现性要求与效率性要求是矛盾与同一性的体现，在新闻评论标题拟制中，写作者既要确保观点的鲜明表达，同时也应注意形式美感，并处理好表现形式与表达效率间的关系。

第四节　标题拟制的方法与技巧

一、经典模式——前置判断的具体对象＋核心观点

以“前置判断的具体对象＋核心观点”组合的模式是新闻评论标题最常见的拟制方法，这一经典模式适用于核心论点较为抽象的情景，通过以引语方式前置判断对象可降低阅读门槛，通过交代具体事实从而提升读者的接受度。

【案例分析 7-5】

玲娜贝儿“翻车”，饭圈化运营埋下祸根

迪士尼的“顶流”玩偶形象玲娜贝儿最近又上热搜了。

不同于前几次和游客的积极互动，这次话题#玲娜贝儿下头#比较负面，玲娜贝儿被吐槽“真把自己当女明星了”“两幅面孔”。在视频中，玲娜贝儿拒绝游客的请求，对方比心，玲娜贝儿直接做出丢掉的动作并挥手示意顾客离开。

一些网友认为玲娜贝儿近期的一些行为敷衍冷漠，不尊重游客：

“真的是像极了没作品又爱作死的 idol”，同时质疑迪士尼对演员培训管理不到位……

玲娜贝儿人偶，虽然说不出话，但肢体语言相当丰富，之前和游客的热烈互动被称为“无实物表演”。其实，消费者对玲娜贝儿的消费并没超出一般偶像消费的价值范畴，仍是一种符号消费，最终指向一种寻求自我认同的情感消费。①

上述案例标题采用了“主位 + 述位”结合的表现方式。评论的主位是玲娜贝儿的“翻车”，述位则是饭圈化运营方式导致了玲娜贝儿的“翻车”。通过运用“前置判断的具体对象 + 核心观点”这一经典标题拟制模式，上述案例高效地点明了评论的角度，从原因层面对玲娜贝儿“翻车”事件进行剖析，一目了然。

【案例分析 7–6】

黑衣人“抢甘蔗”事件：执法不能外包

12 月 6 日，一组“黑制服抢甘蔗”的视频在网上热传。十多名身着统一的“静通市容”的黑制服的人员，将一名骑车带着一捆甘蔗的老人团团围住，然后两三下把老人的甘蔗全部夺走，画面里老人绝望的哭喊声让人揪心。

事发地南通海门区三星镇镇长袁卫涛回应记者称，视频中着制服人员属政府购买服务的第三方市容管理公司，工作人员行为规范跟要求理念格格不入，缺乏温情。已约谈公司，对责任人暂停工作，并启动问责程序。并将于 7 日登门拜访当事人，向其道歉。

这些黑衣人有执法权吗？如果没有，他们有什么权力用暴力方

① 玲娜贝儿“翻车”，饭圈化运营埋下祸根［N］. 新京报，2021-12-09.

式哄抢老人的甘蔗？这不是“缺乏温情”的工作态度问题，而是执法权不容“外包”的是非问题……[1]

上述案例标题将评论判断的具体对象前置，新闻评论的选题为“黑衣人抢甘蔗”，论题为“执法不能外包”。将具体对象与核心观点结合是新闻评论标题的经典表达方式，该评论通过交代具体的事实场景“抢甘蔗”，将抽象的核心论点具象化，降低理解门槛。

【案例分析 7–7】

落实“强制休息”需要骑手真正认识到超时工作之害

包括外卖小哥在内，依托互联网平台就业的网约配送员、网约车驾驶员、货车司机、互联网营销师等群体，都被称为新就业形态劳动者……12 月 1 日实施的《浙江省维护新就业形态劳动者劳动保障权益实施办法》（以下简称《实施办法》）给出了一些管理上的新规则。

……

《实施办法》要求平台企业发挥数据技术优势，合理管控劳动者在线工作时间，对连续工作超过 4 小时的要安排工间休息。

很多情况下，超长时间工作仅仅是个体的事，而且没有危险……但骑手、网约车司机、大货车司机的工作是有外部性的，他们如果超长时间工作，注意力、反应力都会下降，他们驾驶车辆，会威胁到其他人。所以，对骑手、网约车司机和大货车司机实施强制休息是合理的……[2]

① 沈彬．黑衣人“抢甘蔗”事件：执法不能外包［EB/OL］．（2021-12-07）．https://www.thepaper.cn/newsDetail_forward_15721632.

② 刘远举．落实“强制休息”需要骑手真正认识到超时工作之害［N］．南方都市报，2021-12-02.

上述案例标题清晰地展现了评论的对象与观点。评论的对象为强制休息实施办法，评论的观点则是让骑手等群体认识到超时工作的危害。分析政府政策的评论通常面临过于理论化而难以阅读的问题，上述案例将具体对象与核心观点前置，较好地降低了阅读难度并激发读者兴趣。

【案例分析 7–8】

“拍照搜题”App 下线，“AI + 教育”不是反教育

据教育部官网消息，近日，教育部办公厅印发通知，对加强教育 App 管理推动与“双减”政策衔接提出明确要求。通知指出，对于提供和传播“拍照搜题”等惰化学生思维能力、影响学生独立思考、违背教育教学规律的不良学习方法的作业 App，暂时下线。整改到位并经省级教育行政部门审核后，方可恢复备案；未通过审核的，撤销备案……

此次对“拍照搜题”类作业 App 进行暂时下线处理，并非不允许所有作业类 App 存在，而是要趋利避害……但是，AI+ 教育，必须促进教育，尊重教育规律，而不能反教育，刺激应试焦虑，培养孩子不良的学习习惯……[①]

上述案例中的标题既体现了“前置判断的具体对象 + 核心观点”这一经典标题拟制模式，又运用了同义（音）反复这一技巧。“AI+ 教育”和“反教育”组合在一起，复用“教育”二字，前者为正向相加，后者则体现为反面效果，一正一反，关键词复用进一步提升了视觉冲击力。

① 熊丙奇．“拍照搜题”App 下线，“AI+ 教育”不是反教育［N］．新京报，2021-12-14.

二、标题中体现对比与冲突要素

在标题中体现对比和冲突要素是拟制标题的另一种常见技巧。冲突性既是新闻价值要素的重要构成内容，同时也适用于新闻评论标题的拟制。通过提炼包含对比和冲突的要素，标题往往能够吸引读者的注意力，加深读者印象，进一步提升观点表达的效果。

【案例分析 7-9】

刑满释放人员变“励志网红”，炒作噱头不可跨过红线

近期，随着各网络平台刮起一股“纯狱风”，各种自称“刑满释放”的“励志网红”打着“浪子回头”的旗号四处招摇，其中不乏强奸犯、强迫卖淫犯出狱成网红，甚至炒作其服刑经历……

网上这股“纯狱风”刮得有些邪乎。俗话说，浪子回头金不换，一个人犯了错、违了法，只要不是十恶不赦，社会都应当包容接纳，欢迎其改过自新。现实中，这些年，在国家法律政策的鼓励下，很多罪犯服刑后顺利回归社会。但拿着“刑满释放”当噱头，赚取公众眼球，吸引粉丝流量，甚至把有性犯罪经历者包装成为所谓的“励志网红”，接受不明真相粉丝的“顶礼膜拜”，这是典型的价值观偏移，也是对法律道德的肆意背离……①

对比与冲突的色彩在上述案例标题中表现得较为突出，评论所涉及的新闻事件本身具有一定的冲突性，作者将新闻事件中的刑满释放人员和“励志网红”这两个关键词挑选出来组成标题，进一步强化了对比冲突效

① 柳宇霆．刑满释放人员变“励志网红”，炒作噱头不可跨过红线［N］．南方都市报，2023-01-18.

果，同时也起到了吸引读者的作用。标题中的后半部分则是对刑满释放人员变“励志网红”现象的批判性思考，作者明确指出应谨防炒作，体现了新闻评论应坚持的正确价值立场。

三、运用同义（音）反复，提升标题表达效果

同义（音）反复是指重复使用已出现的词语或语素，在听觉上具有回环复现作用，听起来语章和谐，具有一定的趣味性。此类复用现象能够形成视觉冲击，起到强化读者印象的作用。

上述《“拍照搜题”App 下线，“AI+ 教育”不是反教育》案例中的标题运用了同义（音）反复这一技巧。“AI+ 教育”和“反教育”组合在一起，复用“教育”二字，正向相加与反面效果形成对比，而关键词复用进一步提升了视觉冲击力。以下两则案例也是运用同义（音）反复提升标题表达效果的典型。

【案例分析 7–10】

平台经济需要救心丸更需定心丸

这几天顶层会议和权威表态力挺平台经济的声音，给很多平台从业者、投资者吃了一颗定心丸。先是顶层会议强调：要促进平台经济健康发展，完成平台经济专项整改，实施常态化监管，出台支持平台经济规范健康发展的具体措施。再是顶层的集体学习，重申坚持“两个毫不动摇”，强调发挥资本作为重要生产要素的积极作用。对密集释放的这些信号，舆论和市场都作出了积极反应。[①]

① 平台经济需要救心丸更需定心丸［EB/OL］.（2022-05-02）. https://m.thepaper.cn/baijiahao_17908106.

上述案例标题巧妙运用同音反复这一技巧。“救心丸”与“定心丸”组合在一起，分别对应国家对平台经济出台的支持措施与监管态度。“救心丸”是针对近两年中国平台经济的世界竞争力减弱背景下，急需政府出台相关政策措施支持，从而进一步促进国内社会经济发展。“定心丸”则是指平台经济早期野蛮生长过后需要政府进行良法善治。“救心丸”与“定心丸”双管齐下，寓意政府逐步引导创新与规制间找到平衡。两个关键词相辅相成，既丰富了评论标题的趣味性，又深化了评论主旨。

【案例分析 7-11】

剩饭是兜住了，但“头顶的安全”该如何兜好?

近日，江苏徐州一女子把新买的被子晾晒在阳台，再看时却发现被子兜住了楼上倒下的剩饭，当事人隔空喊话追责无果，此事也引起了热议。（11 月 14 日　人民网）

“被在阳台晒，饭从天上来”，看似滑稽的情景背后，却是棘手的社会问题。近年来，高空抛物引发的悲剧接连不断，国家和政府也纷纷出台并完善相关法律文件。2019 年，最高人民法院印发《关于依法妥善审理高空抛物、坠物案件的意见》，明确对于故意高空抛物者的处罚依据和物业服务企业的责任；随后在 2021 年《最高人民法院、最高人民检察院关于执行〈中华人民共和国刑法〉确定罪名的补充规定（七）》又规定了高空抛物罪罪名。因此有意而为之的高空抛物行为，不仅是素质低的表现，还触及了法律红线。①

上述案例标题采用了同音同义、修辞、对比冲突等多种策略。“高空

① 颜李霞仪 . 剩饭是兜住了，但“头顶的安全”该如何兜好?［EB/OL］.（2021-11-15）. https://baijiahao.baidu.com/s?id=1716480434822233935&wfr=spider&for=pc.

抛物的剩饭恰巧被低楼层住户晾晒在阳台的被子兜住了”这一事件的背后，是高空抛物的屡禁不绝与追责无果。“头顶的安全”是一个修辞化表述方式，形象地表达了高空抛物伴随的巨大安全隐患。同时，被兜住的剩饭与“兜不住”的安全隐患形成对比冲突，一正一反提升视觉冲击力。此外，问句式的结尾强化语气，进一步吸引读者注意力。

四、修辞手法

修辞手法在新闻评论标题中的使用主要是指，作者在标题拟制时运用常见的修辞手法，例如比喻、拟人、比拟、借代等。修辞手法的运用能够为评论的标题增加表达效果，但是也蕴藏着一定的风险，不当的修辞使用可能会损害新闻评论标题的表意功能，甚至引发歧义。

【案例分析 7–12】

从“土豆之道”看商标之道

商标注册不能太任性，法律上对“商标之道”规定得明明白白。维护市场秩序，促进公平竞争，商标之道须遵守。如果没有做好功课，容易触碰法律红线，甚至形成商标侵权。

好丽友在休闲食品界颇为有名，随着薯片与薯条业务扩展，大行“土豆之道”。然而，与凭借口味多变获得市场好评不同，其最近在申请注册“土豆之道”商标时却栽了跟头。近日，北京知识产权法院以“带有欺骗性”及与在先注册商标构成近似为由，维持了诉争商标“土豆之道”的驳回裁定。[1]

① 李万祥 . 从“土豆之道”看商标之道［N］. 经济日报，2020-08-31.

上述案例标题兼具表达效率以及文学表现美感。“土豆之道”是一个比喻修辞表达方法，点明新闻评论的“由头”——商标争议，“商标之道”则将评论论题及论点概括。事实信息与观点信息均衡，具有概括性。同时在形式上，“土豆之道”与“商标之道”形成协调工整的稳定感。

【案例分析 7-13】

美国用关税扫射，世界在深刻变化

美国总统特朗普2日表示，美国将立即恢复对从巴西和阿根廷进口的钢铝产品加征关税。同一天，美国贸易代表办公室表示，法国的数字服务税歧视美国公司，因此提议对24亿美元法国商品加征关税，并考虑以同一原因对意大利、土耳其和奥地利进行调查。

这是美国又一次用关税的机枪对世界进行扫射。华盛顿毫无顾忌地向全球开战，也说明当前的世界相当混乱，本来就很脆弱的全球治理体系大体处于瘫痪状态，森林法则那些以往受到一定抑制的东西变得十分张扬。可以说，美国正从21世纪的文明中失控。①

上述案例标题采用了比喻的修辞方法。“扫射”指强有力的攻击性行动，不加以分别、具有广泛敌为的伤害行为。“扫射”用在标题中，形象地描述了美国对五国商品加征关税后对世界治理体系的伤害，并且增加了新闻评论的表达趣味性。

① 美国用关税扫射，世界在深刻变化［N］. 环球时报，2019-12-04.

【案例分析 7–14】

警惕薅羊毛和漏洞营销对规则的双向消解
（学生习作，曹萩儿）

近日，一个短视频引起了广泛关注：一名男子在一家 12 元管饱的自助饺子店吃了上百个饺子，最后盘里剩下大量饺子皮，遭到了工作人员的埋怨。然而，在谴责这种浪费行为的同时，视频中某平台惯有的叙事节奏与竖屏的形式、事后该平台上相关探店视频的增加，又让一种揣度的声音隐隐浮现——这会是又一次的漏洞营销吗?

并非恶意的猜测，而是漏洞营销确实有效，多种新兴产品或品牌靠漏洞营销火出圈，以至于如今有了“狼来了”的既视感。2019 年“果小云旗舰店薅羊毛”事件中，商家称自己是个果农，和叔叔凑钱开店，一家人都指望靠它养家糊口，博得了全网同情，为自己的新店铺吸引了一波流量。然而事后剧情反转，果小云先是被网友通过天眼查扒出实际控制人名下有多家公司，后又被同行商家指出其直接抄袭了他们的店铺文案、产品和价格，就连联系电话也不是该店铺的电话号码。今年 10 月，元气森林再现薅羊毛事件，迅速冲上热搜，霸榜各大平台。有人质疑：以淘宝现有保护机制，如果活动折扣低于 9 折，系统就会提示商家“超低价格有资损风险”，价格设置就需要商家再三确认，因此这极有可能是元气森林为“双 11”做预热、冲业绩，与经销商联合的刷单行为。

上述案例评论的“由头”为“男子吃自助饺子浪费食物”一事，选题较有意义。然而，在标题中并没有说明具体的判断对象，仅有作者的主观判断，标题过于抽象，可读性不强。同时，标题中的“规则”表意不清，没有具体指代是“商业规则”“营销规则”或其他，不够精确。

【案例分析 7–15】

农民工思考海德格尔：真实的生活不需要诠释与想象

（学生习作，陈一凡）

半个月前，谷雨实验室一篇名为《一个农民工思考海德格尔是再正常不过的事》特稿，引起了公众的讨论与关注。文章以自述的形式，讲述了农民工陈直自学英语，阅读并翻译《海德格尔导论》的故事。

……学科总是试图以自己的视角辖制社会，新闻学科亦是如此。新闻的冲突性、影响性和接近性指引着记者去创造一个富有张力的标题，去构建一个矛盾者的第一视角叙事框架。但恰恰是这则新闻的典型性揭露了被学科的视野所遮蔽的社会现实。即使在社交网络深刻改变传播格局，知识得以大众化，全民化传播的今天，哲学依然被普通大众视为一种知识阶层的所有物，也正是恰恰如此，谷雨实验室才会向我们传达“农民工思考海德格尔本就不是一件寻常的事”的潜台词。

……真实的生活是什么模样？矿工诗人陈年喜，在新婚时为他的新娘霞赋诗：“我水银一样纯净的爱人 / 今夜，我马放南山，绕开死亡 / 在白雪之上，为你写下绝世的诗行。”我们从中看到的是最真实的生命奔腾的力量和鲜活的感受力。恰恰是在这些我们人人都能共感的情境里，我们或许能隐约看到，诗、哲学，是他们对抗当下生活的一种方式，也是一种独特的生命实践的书写。

上述案例标题可能存在一定歧义，前半句所指的评论对象是农民工思考海德格尔，而标题的后半句“不需要诠释与想象”这一行为的主体不是农民工群体。但其实，文章主体部分涉及的评论对象既有谷雨实验室的文章，又有“我们”这样的群体概念，指代不明确。

【案例分析 7–16】

科技要等的不是老人，而是人文关怀

（学生习作，艾春雪）

数字时代，老人却被技术丢下。11 月 23 日，湖北宜昌一老人冒雨来交医保，却因窗口不收现金被拒，工作人员称：“要么请亲戚帮忙，要么你自己在手机上支付。”老年人“移动支付使用难”问题再次凸显。

在上述案例标题中，“等”是修辞化的表达，这个修辞化表达对于新闻事件本身的提示度不够。由于老人是一个具象词语，“人文关怀”却是一个抽象概念，二者词性不同，若前后都用“等”来修饰，标题语言不够规范，且容易让读者产生误解。可以把标题修改为：“移动支付使用难”，老年群体更需人文关怀。

实战演练

“数字时代，万物皆可元宇宙。”这是某商家为新推出的月饼数字藏品所做的广告词。今年中秋节期间，不少月饼企业推出了“购买实物产品＋赠送数字月饼”的营销新方式。商家会在月饼礼盒中，放入印有二维码的礼品卡。消费者扫码后，即可获得拥有专属区块链编码的数字藏品。

北京邮电大学交互技术与体验系统文化和旅游部重点实验室副主任陈洪：实物的月饼和它里面附带的数字月饼卡，是月饼市场上新的一种营销手段，用数字衍生品的方式来促进实物商品的销售，去满足年轻的消费群体。

专家指出，目前市面上的数字月饼分为两大类，一类与实体月饼捆绑出售，另一类则与实物商品完全脱离，仅以数字商品的形式存在。

中秋来临之际，元宇宙数字藏品平台纷纷推出纯虚拟的月饼。它们的价格从几元到几十元，购买者付款后，可得到一款“月饼盲盒”，每个盲盒内包含一份“数字月饼”。专家称，这样的数字月饼，本质是一种数字权证。

……

月饼加上“数字藏品”，这种跨界创新，吸引年轻消费群体关注传统文化，也提供了丰富多样的消费选择。

在社交平台上，许多年轻人纷纷晒出自己的第一块“数字月饼”。在他们看来，拥有这份充满“未来感”的小礼品，时髦而有趣，值得与网友分享。

专家指出，随着人们生活质量的提升，月饼的“社交”属性早已大于“食物”属性。社交平台不断迭代，“数字月饼”应运而生，既满足了他们对时尚的追求，也能提供更个性化的表达方式。[①]

请根据上述的新闻背景资料拟制三则评论标题，并结合本章内容谈谈拟制的原因。

① “元宇宙”里卖月饼“数字月饼”啥味道？[N]. 新京报，2022-09-12.

第八章

规范与个性：新闻评论的风格特征

本章要点

◎ 熟悉新闻评论语言的特征与要求

◎ 了解新闻评论文风的性质

◎ 掌握新闻评论文风的具体要求

◎ 了解新闻评论文风的变迁过程

◎ 明确新闻评论不良文风的特点与改进方法

新闻评论可以被视作一种说理的艺术，是关于事实的思想和观点的表达。除了恰当的选题立意、正确的思想内容、有序的推理论证，语言的运用和文风的呈现也发挥着至关重要的作用。新闻评论的写作目的是改造读者的精神世界，对现实世界中的问题和现象产生积极影响，所以一篇新闻评论要想达到预期的效果就需要吸引足够多的读者。一篇新闻评论哪怕思想内容再正确、再有用，若是语言不准确、不恰当，文风不吸引人，那也很难成功吸引更多读者。所以撰写新闻评论，语言的锤炼与文风的选择十分重要。那么新闻评论语言的特点是什么？新闻评论文风的要求有哪些？本章主要涉及新闻评论语言的一般特征、要求以及文风的要求与变迁等，明确这些特点与要求，才能在具体的新闻评论写作过程中合理运用。

第一节　新闻评论语言的特征与效能

语言是新闻评论的物质表现形式，也是新闻评论写作者思想表达的载体，语言运用的好与坏直接影响思想内容的表达。[①] 若语言运用得准确、简练、生动，评论的内容就会更容易被读者接受，从而产生一定的社会影响；若语言表达混乱、冗长、晦涩，评论的思想内容就很难被更多人看

① 戴俊潭．新编新闻评论教程［M］．济南：山东人民出版社，2015：161.

到，也就会直接影响新闻评论的质量与传播效果。同样，如果将一些谬论歪理进行语言上的华美修饰，也很容易迷惑大众，造成广泛的社会影响。

新闻评论本身作为一种议论文体，通常需要用抽象思维和逻辑思维进行说理论证，将论点、论据和论证用恰当的语言表达出来，同时辅以叙述、说明、描写、抒情等其他表达方式，所以对于语言的凝练程度、抽象程度、表达效率和论证效果有比较高的要求。因此，与新闻报道、普通议论文和杂文等文体相比，新闻评论的语言主要有规范性、准确性和追求表达效率这三个特点。

一、规范性

新闻评论的语言成分以概念和判断为主，依靠“概念—判断—推理”的逻辑论证方法，所以需要尽可能地使用确定性的概念，避免模棱两可。确定性的概念能够反映事物的本质，是判断与推理的基础。[①] 概念有明确的对象，判断有明确的界定，从而能够做出正确判断，确保说理论证的效果，在公共领域取得更广泛的传播与可理解性。所以新闻评论的句子和词汇所表达的意思应该是确定的，而不能是含糊的、有歧义的。

相较于新闻报道，新闻评论具有明显的抽象性特征。因为抽象意味着能够概括出事物的本质特征与共性，能够在复杂的事件或问题中抓住共性，进而概括提炼出来。具象的语言往往用来反映个别事物的特征，很难反映普遍的现象，所以抽象性语言能够应用于合理的逻辑推论。但是抽象不意味着模糊，抽象的目的是将论述范围扩大到社会宏观层面，所以更应该明确概念，使用规范性的语言，而不能因为抽象而降低了表达的准确性。一方面要控制抽象的程度，过度抽象会让人捉摸不透，不易理解；另

① 王明光，黄先义，顾杨丽．当代新闻评论写作［M］．重庆：重庆大学出版社，2015：105.

一方面也要控制抽象词语的数量，如果需要表述具体的对象，那就不应该强行抽象。

有些新闻评论的文章为了追求文采而选择使用一些形容的词汇或者转喻性的词汇，这样的词汇当然是可以使用的，也会让文章更加赏心悦目，但是需要使用恰当。若使用不当、表意不清，则很有可能会引起误解或歧义，从而导致评论的内容不容易被理解，影响传播效果。同时也会容易让感性的错觉淹没了理性的表达，削弱论证的力量，让人们沉浸在情感中而不容易把握事物的本质。所以形容词和转喻性词汇要谨慎使用，既不能用多，也不能用错。

【案例分析 8–1】

从蚂蚁上市看金融的普惠性

……对于金融机构来说，如果是人工处理贷款申请、评估申请人信用历史、判断贷款用途的优劣并最终做出贷款决定，那么，放贷 1 万元和放贷 1 亿元，所需要付出的评估时间和尽职调查努力基本一样，但由于收费一般按贷款金额的百分比计算，两笔贷款给金融机构的收益可是千差万别，金融机构必然偏好大额放贷，回避小额贷款业务……[1]

在上述案例中，主旨是论述大额贷款与小额贷款带给金融机构的不同影响。但是文中只用“两笔贷款给金融机构的收益可是千差万别”一笔带过，没有说明具体有什么差异，语言不清晰，表达缺位。

① 陈志武 . 从蚂蚁上市看金融的普惠性［N］. 经济观察报，2020-10-26.

【案例分析 8–2】

争夺爆款：游戏大厂难掩焦虑

（学生习作，陈一凡）

2021 年 10 月 8 日，《英雄联盟》手游开启不删档公测。同日，另一款腾讯旗下的顶流游戏《王者荣耀》宣布开启周年庆活动。同为腾讯游戏运营，两款游戏却为争夺用户开启了前所未有的优惠活动，被指“吃相难看”。而就在不久前，两款分别由腾讯游戏和网易游戏代理的大 IP《斗罗大陆：魂师对决》和《哈利·波特：魔法觉醒》上线后不久均遭到玩家社区评分抵制。

上述案例中出现的“前所未有”需要具体的新闻事实支持，尤其是句尾的“吃相难看”，这两个词表意都过于抽象，在文头叙事部分容易让人费解。此外，上述案例标题是基于现象层面的一种描述，从形式上更类似于消息或特稿的标题，新闻评论的标题应体现出观点。

二、准确性

准确性对于新闻评论的写作来说至关重要。因为新闻评论需要准确揭示所要评论对象的问题与本质，继而提出自己的观点与看法、方法与建议，从而指导社会工作、影响社会舆论，这些要求都需要准确的语言才能实现。总体上看，它一方面要求新闻评论能够准确反映现实生活中的问题和事件，另一方面要求新闻评论能够准确表达作者的思想和观点。

具体来看，要想达到事件反映与观点表达的准确，从语言形式上就需要做到用词准确与句子表达准确两个方面。

（一）用词准确

新闻评论需要用概念作为基本单位来表达逻辑思维，而概念正是需要通过词或者词组来表达，并且一些概念还需要通过说明性文字予以解释，从而让概念更为清晰明确。所以，用词准确意味着新闻评论需要选用最为恰当的词汇，进行概念与思想的准确表达。

用词准确的前提是作者本身需要明确自己所要评论的事物的性质与特点，对事物的概念能够有准确的界定，从而才能选出恰当的词汇将事物的概念准确表达出来。如果作者本身对事物的认识就不清楚，那么用词就自然不会准确。在明确了事物性质与概念之后，便要认真推敲斟酌，选出最恰当的词汇进行表达。特别是对于所评论的事物的性质、范围、程度等界定需要准确，不能词不达意、言过其实。

用词的准确清晰，一是说词语的选择要准确，也就是要在众多词语中选择最为恰当的、最能表达文章意思的那个；二是说词语所指称的对象和关系要准确，也就是用来充当指称语的代词或名词需要能够准确解释被指称的对象，并且能够进行有效对应；三是说词语的搭配要准确，因为词语搭配意味着一种习惯性共现，这种习惯性的结伴使用需要符合人们的使用习惯，而不能随意乱用。

新闻评论中语言使用不准确清晰的原因有很多种。一是词语的选择错误，也就是对于词语本身的通用含义存在错误的理解，进而做出错误选择；二是词语本身具有多义性，而作者的选择与使用并没有帮助读者消除多义性，所以含义就会变得更加模糊；三是词语的抽象度比较高，不仅仅指涉评论当中的事物与观点，还涵盖其他的事物与观点，从而使人不容易理解；四是较为复杂的语法关系会影响行为主体的清晰表达。

要想消除用词不准确的情况，首先，掌握大量词汇，在日常生活中注意积累词语的含义与使用经验，将其纳入知识结构当中。掌握了大量词汇才能理解不同词汇的细微区别与适用场景。因为汉语中有很多形近词和近义词，虽然可能看起来相似或者基本意义相似，但在具体使用中还是存在感情色彩、语义范围等差别的，若不加以区分则很容易导致表达失误。其次，需要谨慎使用代词，消除不确定的指代关系。因为代词的使用很容易造成指代关系的混乱，从而形成歧义。所以可以不把代词当名词用，而是把它们当作更准确地修饰主语的形容词来用，比如“这个事实”“这种危险”“这个真相”等。这样就可以确保指示代词仍然可以连接前面的句子，不会令人迷惑。再次，使用词语应该要规范，不能随便编造词语，也不能随意将两个不相关、不合适的词语搭配起来，否则很难将句子的意思表达清楚。同时，可以在写作中主动提示自己所写的特殊语境，从而消除所用多义性词语的其他含义。最后，可以通过处理词语的抽象度，选择与所指称的事物和观点最为接近的词语，不一味追求宏观的抽象逻辑，从而保证词汇的准确性。

【案例分析 8–3】

“滤镜景点”没有错，错的是满溢的审美焦虑

（学生习作，杨雅婷）

……因此，打卡者以不真实抨击博主、抨击照片、抨击景点，与其说是这三者蓄意欺瞒之过，不如说是打卡者审美苛刻所导致的。

……在这种意义上，打卡者实际上被异化了：照片原本只是生活的见证，如今却成为生活的意义；打卡者本是审美的主体，如今却成了网红式审美的奴隶。

上述案例将“滤镜景点”作为分析对象，探讨滤镜景点背后存在的审美焦虑问题。但需要注意的是，滤镜景点本身是一个中性表述，审美焦虑也不一定是错误的。评论中还存在指代不明的情况。蓄意欺瞒的主体是博主，而非“这三者”。指责图片不真实并不是审美苛刻的结果，打卡者审美的苛刻可能恰恰是“滤镜景点”出现的原因，评论关注的行为主体不够准确。

【案例分析 8–4】

咪蒙走了，“毒鸡汤”模式更要终结

今天，咪蒙微信公众号显示，该账号已自主注销。随后，其他一些诸如今日头条、凤凰网的平台也陆续宣布，永久关闭“咪蒙”以及相关的“才华有限青年”账号。这一碗横行中国自媒体界数年的毒鸡汤，终于凉凉了。

咪蒙，不仅仅是一个人的笔名，它也是一系列不同平台账号、一个团队，背后甚至不止一家公司。它还是自媒体的一种写作模式，一种互联网上的价值观：为了收割流量，不惜编造故事，挑动人群中最阴暗的情绪；用实习生的 5 万块钱月薪，抽打那些坚守新闻真实性的媒体人的脸，指导着一条跟它学习才能够有肉吃的路径；赤裸裸地把用户当成傻子在骗……①

上述案例中“横行”与“毒鸡汤”都是修辞化的表达意向，而非具体的评论对象。因此，上述案例将“横行”与“毒鸡汤”联用是错误的。在新闻评论表达中，需要注意词语搭配的准确性。选择了一个喻体后，通常限定了与其相搭配的动词。

（二）句子表达准确

句子表达准确，意味着句子需要合乎语法规范，从而准确表达对于客

① 咪蒙走了，“毒鸡汤”模式更要终结［EB/OL］.（2019-02-21）.https://www.thepaper.cn/newsDetail_forward_3019954.

观事物的理解与判断。一篇新闻评论中的判断都是由一个个句子表达的，继而通过一系列相互联系的判断组成评论的整体内容。和用词准确一样，要想做到句子的表达准确，前提是作者要对客观事物和问题有准确判断和理解，从而才能用准确的句子明确所要表达的内容。在判断准确之后，才能在后续具体写作句子的过程中尽量向准确靠拢。

首先是句子内部的结构需要符合基本的语法规则，保证句子的各成分要素完整、语序正确、结构不杂糅。不满足语法规则的病句，既无法表达明白事件本身和作者的观点，又容易造成误解和歧义。

其次是句子与句子之间需要保证逻辑性。新闻评论的推理过程一般是通过一系列句子来呈现的，所以句子与句子之间需要有明确清晰的逻辑联系。要想把句子之间的关系厘清，最关键的是作者需要自己把句子的前后逻辑梳理清楚，确保每一个句子之间的内容是能够前后承接、层层递进。有一些新闻评论的不同句子之间没有体现必然联系，因此会让读者觉得逻辑混乱，很难理解作者想要表达的内容。同时，关联词的使用也能帮助不同句子之间的衔接，从而将前后意思紧密联系起来，保证段落内容的连贯性。

【案例分析 8–5】

孩子串门遭非议？对温情多一些宽容

（学生习作，沈洁）

近日，河南安阳一梯四户开门供孩子串门玩耍的新闻引起热议，视频中四户居民房门敞开，供孩子们一起串门嬉戏。视频拍摄者王女士认为，四户邻里关系很好，每家两个孩子，这样做有利于互相熟悉，可以缓解孩童寂寞。

但大部分网友在第一时间看到了利益的损失，且迅速将自己带入了利益受损的群体——楼下住户，在短短的35秒视频中只看到了吵闹，感同身受。于是辱骂其“不以为耻，反以为荣”，称互相串门是“乡下陋习”，把这种情感交流全盘否定。这是一种自我保护，潜意识不允许自我利益被侵害。而人人都将自己的利益放在第一位是冷漠社会的特点之一。

上文中，“于是辱骂其‘不以为耻，反以为荣’，称互相串门是‘乡下陋习’，把这种情感交流全盘否定”一句缺少主语，应当修改为“于是网友辱骂其‘不以为耻，反以为荣’，称互相串门是‘乡下陋习’，把这种情感交流全盘否定”。此外，“这是一种自我保护，潜意识不允许自我利益被侵害。而人人都将自己的利益放在第一位是冷漠社会的特点之一”存在表述不通顺的问题，可以修改为“这是一种自我保护——潜意识不允许自我利益被侵害。而这种自我保护机制恰好是冷漠社会的特点之一”。

三、追求表达效率

新闻评论要想达到比较好的传播和记忆效果，就需要尽可能地追求表达的效率，因此需要在遣词造句的时候注意表达的简洁性与易理解性，这也是新闻评论语言追求效能的体现。

（一）适当地使用概括性语言

新闻报道需要用具体形象的语言对事件和问题进行详细描述和描写，从而使读者深入了解情况。而与新闻报道相比，新闻评论对于复杂事件和问题的分析与描述都是服务于说理论证的，只需要让读者在最短时间内快速地了解事件的全貌即可，因此可以用最简明扼要的概括性语言去描述，不必过多铺陈。

（二）使用简洁精练的语言

简洁精练意味着新闻评论的内容要用最少的文字表达最多的内容，不重复、不空洞、不啰唆，能少用一字就不多用一字。一方面，要求作者每一句话都说到点子上，在做好调研、思想明确的基础上发表意见，做到每一句话都不是废话、每一个词都有用处，写完之后多通读几遍，将没有实际意义的语句和词语删去。另一方面，要求作者反复锤炼语言，精心斟酌和推敲，选择最为精练的词语和句子，在大量复杂的材料中抓住事物的本质，提炼概括出最为精华的思想内容。但简洁精练不意味着越短越好，简洁精练需要建立在能够完整表达内容的基础上。如果整体内容偏长，那么也就不用吝啬篇幅。同时，如果意见的重复表达能够在结构和观点输出上起到比较好的效果，那么适当的重复也是很有必要的。总之，对于语言的使用要服务于传播的效果。特别是在互联网时代，人们每天接触的信息量级迅速提升，新闻评论要想真正吸引读者的注意力，就要在读者有限的信息接触时间中给予价值含量最大化的信息，用短小精悍的作品吸引读者。

（三）语言需要通俗易懂

因为新闻评论面向的是最广大的普通受众，要想让人们轻松、快速地理解和接受所要表达的内容，就需要使用浅显的道理和通俗的语言，因此尽量不要使用专业性太强的术语，或者十分生僻难懂的字词或方言。

（四）句子结构不能过长

太长、太过复杂的句子会让人有阅读压力，理解上也有一定难度，所以一篇新闻评论中的大部分句子应该短促有力，读起来朗朗上口。

（五）尽可能地划分段落

特别是对于篇幅比较长的新闻评论来说，合理、有层次地划分段落，并且使用各种连词将不同段落连接起来，能让读者对于文章的结构一目了然，从而更加顺畅地理解全文的意思。当然，不仅是文字媒体，视频或音频形式的新闻评论节目也可以通过视觉符号或者声音元素帮助读者划分层次。

【案例分析 8–6】

警惕“开门杀”，法律面前没有“无心之过”

近期，我国多地接连发生机动车驾驶员随意打开车门致人伤亡的“开门杀”案件。

3 月 19 日，据北京交警通报，一男子在路侧停车开门时，致后方一骑行人员躲闪不及被撞伤。目前，警方已将肇事司机过某某及涉案车辆查获，事故正在进一步调查处理。

而在江苏如东法院新近判决的一起案件中，肇事者吴某不仅要承担民事赔偿责任，还因构成交通肇事罪须承担刑事责任。纵使当事人无尽悔恨，在面对生命陨落的悲剧时，法律都无法为所谓“无心之过”恻隐。

近些年，交管部门和新闻媒体多次报道“开门杀”案件，一再提示机动车驾驶员要警惕小动作背后隐藏的大悲剧，但类似事件还是一而再、再而三地发生。究其原因，车上司机或乘客存在惰性心态、侥幸心理，安全意识淡漠是主要原因。

其实，《道路交通安全法》中对于机动车行车安全的方方面面都做出了细致的规定。一些“小细节”，在不少驾驶员看来似乎显得可有可无，直到悲剧发生才大呼晚矣，乃至追悔莫及。

例如，驾驶车辆前要仔细观察机动车四周，确认没有孩童、宠物或障碍物方可进入驾驶室……

同理，《道路交通安全法实施条例》明确规定，车辆停稳前不得开车门和上下人员，开关车门不得妨碍其他车辆和行人通行……

盘点近些年的“开门杀”案件，都远非一个人的悲剧，往往让两个人、两个家庭堕入无尽深渊。一些肇事司机在悔恨之余，也常常认为自己并非主观故意伤害，是“无心之过”，希望法律能够宽容。

但是，对于道路交通安全而言，没有依法依规的“疏忽”常以鲜血和生命作为代价。这样的行为，在客观上就是对他人生命安全的漠视。江苏如东法院的判决，也再一次警醒我们这个道理。

截至2022年，我国机动车保有量已达4.17亿辆，驾驶人总量突破5亿人。这样庞大的汽车社会，亟须在行车规范和行车文明上管好每一个细节。“开门杀”，小小的一个动作，却隐藏着巨大的隐患，一瞬间就会让生命从阳光灿烂变为无尽黑暗。

从这个道理而言，这个小小的动作亟须更大力度的整治，也需要每一位驾驶员高度警惕。为了他人，也为了我们自己！①

这篇评论聚焦近年来频发的“开门杀”现象，通过援引《道路交通安全法》中的具体规定论证了驾乘人员必须提高安全意识这一核心论点。该篇评论体现了概括性语言的使用，文章句子结构和段落结构较为明晰，短句子、短段落的安排是这篇评论的亮点。例如，在对法律条文的具体介绍中，作者避免了大段的全文引用，有效减轻了阅读的负担。作者运用“其实”“例如”“同理”等起承转合词语将具体的法律条文与新闻事件相结合，通过多个短段落的方式制造了阅读节奏感，同时也在一定程度上降低了读者理解法律条文的难度，从而提升了评论语言的整体表达效率。

第二节　新闻评论的文风与变迁

新闻评论的文风不能简单理解成“文章的风格”，它是语言的选择与

① 王健．警惕“开门杀”，法律面前没有“无心之过”［N］．新京报，2023-03-21.

使用的结果，是新闻评论在语言表现上所具有的风格特征，[①]是对篇章内容、结构、语体、形态和表现手法等多方面特征的总体概括。[②]

对于个人来说，新闻评论的文风是其使用语言文字的独特作风，能够体现作者个人的立场、观点、写作态度和思想作风，一般是一以贯之的。不同的写作者在文风方面往往存在鲜明的差异，或郑重或随意、或直笔或曲笔、或理性或感性、或严肃或风趣，这些文风的选择没有孰对孰错，而是看作者的选择。比如马克思的新闻评论严谨，富有哲理；梁启超的评论激昂雄辩，感染力十足；王韬的新闻评论畅达有力，清新明快；毛泽东的新闻评论挥洒自如，深入浅出；邓拓的评论充满智慧，令人获益匪浅。[③]不同评论者的评论文风在一定程度上能体现出本人的性格特点与日常作风，即我们所说的"文如其人"。

一、新闻评论文风的要求

尽管不同时代、不同作者的评论写作文风各有差异，但新闻评论本身作为一种独特的文体具有相较于其他文体而言独特的、具有普遍性的文风要求，这些文风特点将其与其他文体区分开来。

（一）深入浅出、朴素直白

深入浅出即要将深刻的道理用朴素通俗、直白易懂的语言表达出来。一篇新闻评论所论述的道理正确、深刻，才会让读者有所收获；论述道理的语言通俗易懂，读者才能容易理解与接受。如果一篇新闻评论讲的道理很有价值，但语言晦涩生硬、用词专业性程度过高，那么读者就很难读明白，再好的内容也无法发挥作用。

要想做到深入浅出、朴素直白，首先需要深入了解读者，用平等的

① 周建明．新闻评论的文风［J］．新闻前哨，2013（2）：20-22.

② 齐元涛，王立军，郑振峰，赵学清．篇章应用通则［M］．沈阳：春风文艺出版社，2000：54.

③ 周建明．新闻评论的文风［J］．新闻前哨，2013（2）：20-22.

态度对待读者。作者需要非常了解读者的心理需求和情感偏好，知道他们的理解水平究竟在什么程度，从而能够用适合读者认识水平的说理方式展开论述，不至于太过高深或太过肤浅。若了解读者，作者则可以在评论过程中将与读者息息相关的事物、人物或经验融入其中，从而让读者觉得亲切、有代入感。有些新闻评论经常用事迹突出的先进人物作为案例，讲述他们那些难以被复制的经验，这就会让读者觉得与自己关系不大，自然很难主动去学习。若是以日常生活中的平民英雄作为案例，这样的经验便是贴近群众的，读者自然更倾向于去学习。虽然有些新闻评论的说理方式难度适宜，但论述的姿态却是高高在上，用发号施令的语气去教导读者，这样的做法也是不妥当的。新闻评论的写作者不应该将自己视作高于读者的教育者的角色，而应该用平等的态度，将读者视作自己的朋友，用朋友之间相互讲述道理、发起讨论的方式进行阐述，这样的评论平易近人，会更容易让人接受。

其次是要讲实实在在的道理，直说而不拐弯抹角。作者在写新闻评论的时候，所阐述的道理不能如同空中楼阁一般不切实际，而应该从实际出发弄清楚事件的本质，抓住问题的根本所在，然后才能够给读者讲清楚道理。在讲道理的时候要坚持实事求是，不弄虚作假，不刻意言过其实，也不刻意轻描淡写，这样才能讲出实实在在的道理。同时，在表情达意的时候，作者最好一针见血，用最直白的语言揭示其深刻意义，让读者直截了当地明白作者的态度，而不必透过含糊其词的说法去猜测或揣摩。新闻评论不等同于学术论文，它需要在短时间和短篇幅中对事件或问题展开评价与分析，所以不需要面面俱到，最重要的是透过事件或问题的表面将其本质直截了当地揭示给读者。一些文风鲜明尖锐的新闻评论，往往能给人留下深刻的印象。

最后是需要使用通俗易懂的语言。前面已经说过，新闻评论追求表达效率的语言特点要求作者写得通俗易懂，这也就是深入浅出中的“浅出”。它既要求语言不能艰难晦涩、难以捉摸，也要求语言不能过于华丽、空洞无物。通俗易懂的语言是贴近群众、贴近生活的，同时也是长短适中、主题集中的。如果篇幅过长、行文松散，哪怕使用再贴近生活的语言也会让人难以抓住问题核心。

（二）鲜活生动、形象具体

鲜活生动的新闻评论能给人留下深刻的印象，具体而形象的文风能引发人的感受与想象，加深对于事物的认知，从而带来出乎意料的效果。若是整篇文章平淡如水、毫无亮点，会让读者很难透过文章体会到作者的情感与观点。新闻评论要想做到鲜活生动、形象具体，可以从以下三个方面入手。

1. 内容兼具逻辑性与形象性

逻辑性是新闻评论文章的基本要求，需要作者遵守逻辑思维的基本规律，概念表述清晰得当，前后推理没有矛盾。符合逻辑性并不意味着只能枯燥乏味地讲抽象的道理，有逻辑的语言也能通过适当使用具体形象的语言来做到生动活泼。一方面可以在说理的过程中选择一些具体事例对道理予以补充说明，另一方面可以用具体形象的事物去生动阐释抽象的道理。比如常用的方法是将具体事例放在开头，用来举例说明文章主旨，并引出正文。同时也可以像“坚持‘老虎’‘苍蝇’一起打”一样，将整体议论与具体形象都融为一体。这样将抽象的道理与具体的形象或事例结合，既符合论证缜密、逻辑合理，同时也能做到生动活泼、引人入胜，从而增强说服力。

2. 句式多样，富有节奏

不同的句式能够表达出多样的情感态度，我们常见的句式包括陈述句、疑问句、祈使句、感叹句、反问句、设问句和肯定句等，大部分句式之间是可以相互转换的，比如有些陈述句可以通过反问句或设问句来表达，这样语气就会强烈很多。所以一篇新闻评论最好能有多种句式的变换，不仅有逗号和句号，也可以多一些问号和叹号，这样就会更生动。如果全篇都用平淡的语气和叙述的句式，难免会让人觉得枯燥乏味。除了以上这些句式，长短句的结合也能起到优化节奏的作用。长句子包含的要素成分多，能够比较细致详尽地表达思想；短句子比较灵活，要素不多，但能体现态度。如果一篇新闻评论全是长句或者全是短句，那么读起来要么晦涩沉重，要么难有收获，而长短句结合则会显得参差有致，有比较强的节奏感。特别是很多新闻评论的内容需要语言充满力量和气势，从而达到说服人的效果，长短句结合的排列方式便能兼顾说理与态度，有比较强的论辩性。

3. 巧用修辞、亦庄亦谐

巧用修辞往往能让评论的语言变得鲜活生动，比较常用的包括比喻、拟人、排比等，比喻和拟人能让道理变得有趣且形象，排比则能让文章读起来结构严谨、很有气势。这些不同的修辞手法可以在一篇评论中综合运用，从而使得文章的语言丰富多样，令人读来饶有趣味。同时，有一些新闻评论会在文章中适当运用一些幽默的语言，一方面增加文章的文采，另一方面也能通过讽刺来增强说理的效果。这样的文章亦庄亦谐，兼具严肃与幽默，也能起到不错的效果。需要注意的是，新闻评论的语言一般要求朴素、简洁，所以修辞和幽默语言的运用需要谨慎恰当，关键要从实际出发，若影响了文章论述的准确性与规范性则会适得其反。

【案例分析 8–7】

没文化敢上镜？论一个演员的自我修养

主演一部年代剧，却不了解故事发生的时代背景；提起自己演的角色支支吾吾，分析人物张口结舌；有的甚至连常用字都不会读、不会写……一段时间以来，部分演员由于缺乏基本文化素养，引发网友热议。有人认为，演员只要能演好戏就足够了，并不需要过多的文化底蕴；另一些人则认为，具备一定的文化修养才能更好地演绎角色。演好戏必须有文化吗？今天我们就来聊聊这个话题。

……

文化是演员的必修课。只不过，文化之于演员，包含着语言形体等表演技术、应变力观察力等必备素质、对多彩生活的体验、对历史文化的理解、对美的认知等不同层面。拾级而上提升修养，才能更自如、更主动地创作角色，而不是下意识、无节制地宣泄情绪。从这个意义上说，有天赋未必能成好演员，但不努力注定不是好演员。无论体验派，还是表现派，抑或方法派，走到聚光灯下的这条路，都是由无数的耕耘与汗水所铺就……[①]

上述评论文本中，作者通过句子的长短组合与排列把握文章整体节奏。“表演技术”“必备素质”等五个连续的短句节奏平稳，后面接“拾级而上”这一短句以及“才能”和“而不是”两个长句，显得参差有序，颇有节奏感，读起来顺畅有力。同时，“体验派”“表现派”“方法派”三个短句与后续的两个长句相结合，一方面直抒对演员文化修养的要求，另一方面避免长篇累牍的论述。文风自然流畅，留给读者更多喘息和思考的空间，让说理更富有感情色彩，容易打动和说服人。

【案例分析 8–8】

卖惨赚流量，消费的是人际间最基本的同情心

……面对日渐规模的博主、主播、up 主把卖惨当致富新路，把法律与道德底线当摆设，网友是应该选择麻木还是愤怒呢？

所幸，我们共同选择了守护内心的柔软和良善，守护社会的公

① 徐之. 没文化敢上镜？论一个演员的自我修养［N］. 人民日报，2023-03-28.

序良俗和道德。

我们对此类视频的不宽容，是因为不能让某一次的卖惨欺骗成为推倒社会信任感、道德感、安全感的多米诺骨牌。

没有人想要生活在一个充满骗局、虚伪、背信弃义的网络世界里。那些真实的、温暖的、充满诚意的内容被劣币驱赶良币，同样也是我们不能忍的，因为我们希望在平台上获得真实有效的信息，也希望能放心大胆地信任他人，也被他人信任。

网友们愤怒的不只是被这些爱心黑洞坑了钱，更多的是他们消费、消耗了人与人最基本的同情关爱、相互守望。如果我们时刻都要在网络上保持怀疑的话，崩塌的不仅是某个平台……①

上述评论把欺骗观众的虚假卖惨内容比喻为“爱心黑洞”，一方面以“黑洞”体现出此类骗取流量内容的虚伪与无底线，另一方面以“爱心”表明社会中人与人之间的同情与关爱。两方面相互衬托，既说明社会中的良善值得赞扬，同时以此加强对于卖惨行为的批评与抵制。该比喻以简单的一个词体现出双重含义，既生动形象，也将说理的层次进一步提高。

（三）寓情于理、情理交融

语言具有情感化和理性化两重属性，我们能在日常生活中看到很多语言是明显富于感性的，同时也有很多语言是富于理性的。新闻评论需要用道理说服读者，同时也需要用情感去打动读者。对于读者来说，一篇新闻评论在他们心中留下情感化或理性化的印象，一方面是由于感性和理性风格的词语占比不同，另一方面则是结构和节奏等多重影响因素。

所谓的“零度风格”是说文章不带有任何感情色彩，只采用客观的态度。这实际上是很难做到的，因为作者在说理的过程中难免流露出自己的

① 卖惨赚流量，消费的是人际间最基本的同情心［N］. 工人日报，2023-04-01.

情感态度，而且纯客观说理的内容往往显得枯燥乏味、空洞生涩，不够吸引人，所以情感化的内容还是非常有必要的。但语言的情感性和形象性在意见传播的伦理与效果上很值得警惕。一方面，情感性和形象性的语言很容易越过读者头脑中的“理性审查机制”而达到劝服对方接受的目的；另一方面，情感性和形象性的语言很可能会干扰评论者所表达的观点的理性内涵，让人们接受了结论与倾向却没有接受在这个过程中的理性思考。比如有一些容易引起人们愤慨的事件，其中包含强烈的感情色彩，因此新闻评论需要通过理性分析才能剥开情绪的外衣触达深层的本质，如果评论的语言同样感性，那么就可能将读者的注意力始终牵引在感性层面，无法进行理性客观的思考。所以对于情感化和理性化这两重属性，我们一般追求寓情于理、情理交融。

一是要有真情实感，作者需要主动将自己的情感融入说理的过程中，与读者达成情感交流。丁法章认为寓情于理的具体操作方法有融情于辩、融情于聊、融情于事、融情于景和融情于物这五种，分别是将感情融入论辩、聊天式的交流、典型事件的剖析、典型景象的描述和典型物体的描写当中。[①] 也就是说，作者可以在各个论证环节上融入自己的感情，增强评论语言的感情色彩，从而表达自己的真情实感。真情实感往往能够打动人心，作者自身的褒贬爱憎与喜怒哀乐都能够调动起读者的情感。这种情感性的语言往往适用于偏向情感性的议题，比如灾难、纪念或关注弱势群体等议题，此类议题一般没有事实层面的争议性，所以新闻评论可以主要唤起人们的情感共鸣。值得注意的是，作者不应为文而造情，应该是为情而造文[②]，唯有真情流露，才能将评论写得真实动人。

二是要有真知灼见，也就是说作者需要对评论的内容有深刻的理解，从而用正确的道理帮助读者明辨是非。哪怕作者的情感再真挚，若是说理空洞无物，则仍达不到新闻评论的传播效果。

---

① 丁法章 . 当代新闻评论教程：5 版［M］. 上海：复旦大学出版社，2012：212.

② 周建明 . 新闻评论的文风［J］. 新闻前哨，2013（2）：20-22.

一般情况下，情理交融是一种理想状态，但这种状态很难把握和平衡，所以当两者很难兼得的时候，一般要让理性胜过情感，让情感得到控制，至少需要用理性把道理讲清楚。因为情与理最终都是服务于论点的，理性的文字能影响读者看待问题与思考问题的方式，一方面将读者的注意力吸引到理性认识层面，从而深化文章的内涵；另一方面也能够促进社会整体的理性素质提升，这远比劝服读者接受一个道理要重要得多。

【案例分析 8–9】

送外卖与学历何干?

"命运曾把我击倒，但它永远无法把我击败。那么少年你呢，你要止步于此了吗？"这段文字出自清华大学博士生莫明墉发布的短视频。该视频中，莫明墉身穿外卖服，手持学生证，站在清华园门口，满脸洋溢着青春的气息。

……

对这些"学历＋外卖"故事中的主人公而言，送外卖除了可以获得经济收入，也带有更多个人色彩：有人将它作为精神支撑，有人将它作为"救命稻草"，有人将它作为劳动体验……他们的目的和出发点可能各不相同，但应该看到，这并不意味着他们没有其他选择，更不意味着他们在这个岗位上就是对学历的浪费。

送外卖无非是一份工作，能够将这份工作做好，得到他人的认可，并体会到劳动带来的快乐与踏实，又何尝不是一种收获？即使未来转投其他行业，过往的经历又何尝不是一种人生的沉淀与精神的滋养？从这个意义上说，学历不是限制他们的桎梏、刺眼的标签，而是帮助他们打开视野、体验人生的一把钥匙。

那些指责高学历的一线劳动者是浪费学历、卖惨作秀的声音，可以休矣。[①]

上述案例针对高学历与送外卖这一看似的矛盾关系展开论述，作者从精神支撑、个人体验等多个方面打破对学历和职业的固有社会观念，同时以两个反问句质疑对于外卖行业的长久偏见，最后不仅批判了划分职业等级的观念，同时也提供了对于学历程度更为深刻的认知。文章整体论述情理交融，理性与情感兼具，容易打动读者，使其产生共鸣。

二、文风的变迁与不良文风

“文风不是小事。文风背后是思想，文风体现党风，人们从文风状况中可以判断党的作风。可以说文风关乎党的形象，关乎党群关系，关乎事业发展。”[②]新闻媒体的文风问题一直是政治层面高度重视的问题，比如延安整风时期，毛泽东以《反对党八股》来揭露“党八股”对于革命精神和党的事业的影响，主张采取生动活泼、新鲜有力的马克思列宁主义文风。邓小平也在南方谈话中说到新闻业的形式主义作风，认为新闻媒体形式主义太多，文章太长、内容重复，这种形式主义也是官僚主义。[③]

我国的新闻媒体长久以来一直在不断纠正文风，主要是纠正新闻媒体脱离群众、高高在上的作风。因为长期以来，我国新闻媒体承担的功能都是单向的舆论引导与教育受众，所以新闻评论的语言也以直接发号施令的祈使句为主。随着单一化媒体格局的松动，以及广播电视互联网等互动性强的评论形式的兴起，公众有了更多的发言空间，所以当代新闻评论的文风逐渐贴近群众、更接地气，呈现出由“官话”逐渐向“民话”转变的趋势。但官僚主义做派的不良文风仍然持续存在着，“长”“空”“假”三个字常用来概括新闻媒体长期存在的这种文风问

① 刘小燕．送外卖与学历何干？［N］．工人日报，2023-03-17.

② 刘奇葆．改文风永远在路上［J］．党建，2017（4）：6-8.

③ 邓小平．邓小平文选：第3卷［M］．北京：人民出版社，1993：381.

题。[①]在新闻评论中，“长”是说评论文章的篇幅过长，却没有足够的、有价值的内容支撑；“空”是说评论的论证空洞无物，没有真知灼见；“假”是说新闻评论的作者没有真正深入实际生活进行调研而凭空撰写，只能想象、臆测，甚至编造、隐瞒。

除了这种存在已久的不良文风，当下也有一些与新媒体相关的不良文风，丁柏铨将其概括为“新八股”：复制他作，冒充自制；不加核查，以讹传讹；基于主观，加以妄断；发泄情绪，任性妄为；网络语言，胡乱使用；标题党盛，耸人听闻；夸大其词，以偏概全；浮夸自大，甘于自欺。[②]我们能看到现在很多新闻评论都存在上述文风问题。可以说，这种夸张扭曲的新闻评论不仅消解了媒体的公信力，而且对于社会心态也会带来消极影响。

改进新闻评论文风任重道远，是新闻舆论工作队伍建设的一件大事。一方面，新闻评论的写作者需要明确文风在文本传播效果和社会风气方面的重要意义，增强自身理性自觉。另一方面，新闻评论的写作者要在具体写作过程中明确“短”“实”“新”的目标要求，力求短小精练、重点突出，贴合实际、通俗易懂，思想深刻、富有新意。[③]双管齐下，才能让越来越多优良文风的新闻评论作品惠及读者与社会。

【案例分析 8–10】

唐宫夜宴出圈：真诚的节目能走多远？

（学生习作，祝颢睿）

2021 年可以被称作河南卫视传统文化晚会的元年。自 2021 年

① 丁柏铨．论新闻“改文风”：新闻舆论工作队伍建设中的一个重要问题［J］．福建师范大学学报（哲学社会科学版），2020（5）：10.

② 丁柏铨．论新闻“改文风”：新闻舆论工作队伍建设中的一个重要问题［J］．福建师范大学学报（哲学社会科学版），2020（5）：10.

③ 习近平．努力克服不良文风 积极倡导优良文风［J］．求是，2010（10）：3-7.

春节河南春晚的《唐宫夜宴》“爆火”出圈，河南卫视持续发力，打造了一系列以“中国节日”为主题的传统文化晚会。每逢佳节，全网都在等待河南卫视的晚会“上新”。

河南卫视的成功原因归根结底是能够以真诚的态度做节目，在面临接下来一年的挑战时，唯有真诚才能让她向更好的方向发展。

每逢重大节日，各家电视台总会使出全身招数举办节日晚会。近年来，收视率的比拼逐渐等同于流量明星的比拼，对内容的精心设计逐渐变成了砸钱请明星来打擂台。河南卫视作为一个知名度不高的电视台，则另辟蹊径，将目光放在中国传统文化上，深挖传统文化底蕴，做出一个又一个好节目。

河南卫视在节目创意上的真诚，是内容与形式的结合。相比于其他卫视只重形式、不考虑内容的节目做法，河南卫视更倾向于通过讲故事让节目更加有趣和生动。在《中秋奇妙游》中，河南卫视便讲述了一个唐宫乐师之女“唐小月”母女二人在中秋佳节之际来到洛阳洛邑古城寻找父亲（丈夫），并通过重重任务的考验、在不同的时空中集齐了代表不同传统文化内涵的信物，最终得以阖家团圆的故事。这个故事融传统文化与节日内涵为一体，观赏性与故事性皆强，达到了“网剧加网综”的效果。流量明星站在新技术下流光溢彩的舞台上不叫创新，舞台与实景拍摄相融合、将故事娓娓道来才是对于新技术手段的合理利用。

河南卫视在交流上的真诚，是与观众用真心对话。最近几年传统文化的风潮火热，《中国诗词大会》《国家宝藏》等节目让观众欣赏并期待传统文化的创新性改编，而河南卫视这次的节目就站在传统文化与现代文明的连接点处，用真诚的内容与观众共鸣、共情。《唐宫夜宴》的舞蹈者不拘身材、样貌，《中秋奇妙游》更是从女性视角切入，为当下年轻人在困境中的选择注入了一剂强心剂。河南卫视真切关心当下年轻人最关注的话题，以全新的视角与观众展开对话，基于新时代的思想对传统文化进行内省，这无疑是吸引年轻人的最好方式。

在电视节目刚刚兴盛的年代，每逢各大卫视举办节日晚会，总会引得阖家观看。随着电视节目逐渐发展，流量明星成了吸引观众的噱头，普通家庭中也往往是年轻人更加热衷于在不同节目中找寻自己“偶像”的身影，中年人、老年人反倒远离了这类节目。而河南卫视借助短视频、直播，以及社交媒体等互联网时代流行的传播方式与年轻人展开对话，其野心更不止于此。在对于传统文化的深入挖掘中，河南卫视一直尝试与更广阔的群体共情，将自己的节目打造成老少皆宜的节日晚会。放眼更广阔的群体，这一态度值得称赞。

河南是历经数次变迁的历史古都，河南卫视的成功更离不开对自己的真诚。作为历史文化资源丰厚的大省，河南卫视一直坚持发扬本省传统文化，戏曲节目《梨园春》、武术类节目《武林风》等品牌也是经久不衰。而在探索制作节日晚会的过程中，河南卫视并未丢掉本身的优势与坚守，而是不忘初心，继续按照自己的节奏来传承传统文化。

然而，河南卫视的传统节日晚会企划即将走到第二年，所有传统节日都要从头来过，同样的节日重新进行节目安排，河南卫视是否能够推陈出新？观众是否会产生审美疲劳？

其实，电视节目都有自身的生长周期。湖南卫视推出的《我是歌手》、浙江卫视的《奔跑吧兄弟》等节目前期质量较好、反响热烈，后期节目质量与对观众的吸引力都逐渐出现滑坡，不得不请流量明星来挽救危局。想要长期做好一档节目，执着与坚持自然必不可少，但也要充分考虑到创新在节目制作中的重要作用。当节目的质量受到质疑时，要力求以创新破局。

随着河南卫视节目的“爆火”，微博等社交媒体也成为不同卫视之间争夺关注度的舆论主战场……河南卫视要想继续把节目做好，就要摆正心态，站稳脚跟，抵制“爆火”之后目中无人的心态，既要明确网友的反馈，吸取其他节目的优点，又要坚持自我、保持风格，这也是河南卫视真诚心意的体现。

上述案例的文风更像文艺评论而非新闻评论，因为文章中大多是对现象的描述，缺少对观众的深入调研和背后原因的深层探究部分。新闻评论应当更加注重对普遍性社会问题的关切，比如上文中已经提出了“观众是否会产生审美疲劳”这一问题，可以由此对观众审美疲劳这一视角进行深层挖掘，从具体对象上寻找适用于宏观社会的规律。

实战演练

请结合本章内容思考：新闻评论应该侧重于理性分析还是情感共鸣，请说出理由。

第九章

他山之石：新闻评论作品鉴赏

本章要点

◎ 普利策奖与中国新闻奖的设立背景和评奖标准

◎ 赏析国内外优秀新闻评论获奖作品

◎ 比较分析国内外新闻评论获奖作品异同

国内外设立有不少新闻奖项，往往用于表彰新闻业界的优秀作品。而新闻评论作为新闻生产的重要内容之一，许多新闻奖都为其设立了专门的评论类小项。这一章中，我们将以普利策奖与中国新闻奖的获奖作品为例，一起赏析优秀新闻评论作品的写作特点，通过分析国内外优秀作品的共性，我们也得以总结提炼出一些通用的写作经验。同时国内外新闻评论写作也存在着不可忽视的差异性，那么，普利策奖与中国新闻奖各自的设立与发展历程，以及两者之间主要的差异在哪里呢？本章将基于普利策奖与中国新闻奖的获奖评论案例，分析两者之间的差异以及形成这种差异的原因。

第一节　普利策奖

一、设立与发展

普利策奖是国际上颇负盛名的新闻奖项，于 1917 年根据美国报业之父约瑟夫·普利策（Joseph Pulitzer）的遗愿设立，每年颁发一次，目前包括 15 项新闻奖和 7 项文学艺术奖（其中音频报道奖于 2020 年添设）。迄今一百多年来，它代表了“美国最负责任的写作和最优美的文字”，尤其普利策新闻奖作为新闻专业主义理念的“承载物”和操作范例，不仅被视为美国新闻界的最高荣誉，而且受到国内学界和业界的瞩目。

在普利策新闻类奖项的角逐中，候选人的国籍不限，但参赛作品必须已经在美国定期发行或更新的报纸、杂志或新闻网站上公开发表过。广播媒体及其网站没有参评普利策奖的资格。普利策新闻奖的获奖主体多样，有以报刊为代表获得奖项，也有自由记者单独获奖。但从比例上看，仍然以报刊获奖为主。

多名记者可以分享同一个普利策奖项。最典型的案例来自 1941 年的普利策奖，当时颁发给了所有的国外通讯报道，用于表彰美国新闻记者从战争伊始在欧洲、亚洲、非洲等战区的个人成就，是已成形的、执行着象征着公共服务的职责的作品。自由记者偶尔也可以赢得普利策奖，但是同专业新闻机构记者获奖相比少之又少，且大多数获得普利策奖的自由记者是凭借其摄影作品。2013 年，记者曼萨诺（Javier Manzano）作为第一位自由职业摄影师获得了 97 届摄影作品奖。该作品记录了两名守在自己岗位的叙利亚反叛军士兵。

普利策奖项评选并没有设置固定的评奖标准。参赛者可以将每一种奖项的定义作为唯一的参考，但最终由提名评审团和普利策奖评委会决定什么是“杰出”的作品。根据授奖计划，如果在某年度评奖过程中，某个类别的所有参评者都没有获得普利策奖评委会的多数票，则该类别的奖项及奖金将被保留。

新冠肺炎疫情时代，新闻信息的生产与流动面对着巨大的挑战，在谣言带来的不安感与未知带来的不确定性中，新闻从业者需要坚守信息流动的岗哨，在还原事件真相方面承担更重要的责任。普利策奖评委会主席达娜·卡内迪（Dana Canedy）在 2020 年的演讲中表示，这场全球性的流行病“前所未有地彰显了新闻业在公共服务之中的使命”，也让我们看见了艰难时期“文学与艺术在人类精神领域的表达和引领之力”，激励我们度过这“充斥着恐惧与不安的时刻”。

越是在困难的时刻，普利策奖就越发重要——在前所未有的不确定性面前，新闻永远不会停下它的脚步，因为新闻工作者们常怀着“奔向火焰”的勇气。

二、社论写作奖

在 15 项普利策新闻奖中，共有 4 项涉及新闻评论，其中三个是文字类奖：评论奖、批评奖和社论写作奖，另有一个表现手段特殊的社论性漫画奖。普利策新闻奖中的评论奖项，并不是一开始就像现在这样设置的，其中经历了不断的改革与更新。社论写作奖是普利策当年遗嘱中列举的最初 4 项新闻奖中的一项，旨在评选出当年撰写的“条理清晰、道德高尚、推理无误和使用任何可用的新闻工具在正确的方向上对舆论具有影响力”的杰出社论作品。

“社论是报纸的灵魂”，美国新闻界对社论写作与社论版一贯十分重视。一百多年来，普利策社论写作奖不仅深深影响了美国社论撰稿人乃至美国新闻界的道德标准与价值倾向，更是对美国社会的政治、经济、价值观等许多方面产生了巨大影响。新闻评论因其特殊性，有利于潜移默化地将意识形态、价值观、社会认识等内化为人们的自觉言行，成为推动社会整合的有效手段。尽管普利策社论写作奖代表了美国的国家利益，反映了美国社会的价值观，有的作品从文本的角度看也不乏问题，但在新闻评论的一些规律性问题上亦能够作为“他山之石”，给我们以启示。

【案例分析 9–1】

弥天大谎：当你安睡时，得克萨斯州如何窃走你的投票权

《休斯敦纪事报》

（2022 年获奖作品节选）

问问你自己：如果得克萨斯州选民真的在光天化日之下大声疾

呼，因为共和党领导人告诉他们的投票限制将保护选举安全，为什么立法者坚持要在深夜通过立法？

事实上，就在上个月，共和党参议员非常乐意在午夜之后就一项法案进行投票，该法案将确保得克萨斯州选民不能在共和党试图禁止的深夜投票站做同样的事情，这背后颇具讽刺意味，更显厚颜无耻的虚伪。

当然，诉诸绝望和不寻常的方法来通过有争议的立法在得克萨斯州并不新鲜。早在2016年，保守的第五巡回上诉法院就对2011年得克萨斯州严厉的选民身份立法“几乎史无前例”的待遇表示明显的怀疑——例如授予其紧急指定权，暂停“加快规则”，绕过两院的常规委员会程序。法院表示，“激进的程序偏离”为“歧视性意图”的指控提供了依据。

你不用说。

一项真正保护人民权利而不是掠夺他们权利的投票法案不需要黑暗的笼罩或立法欺骗来占上风。它不会逃避阳光或在审查下萎缩。只有谎言才会。

共和党议员以诚信的名义推动限制性投票立法的最大问题是他们自己并没有这种诚信。

最新的例子发生在周四，众议院选举委员会在没有任何警告的情况下，突然开始审议参议院第7号法案，这是参议院压制选民的主要立法，也没有给公众评论留下任何空间。该法案允许党派成员拍摄他们认为可疑的选民，从而助长了对选民的恐吓，并瞄准了有助于提高蓝县[①]哈里斯县投票率的投票创新政策，包括免下车投票。

主持选举委员会的不是别人，正是州众议员布里斯科·凯恩，

① 美国大选的红蓝之争中，支持共和党的属于红色阵营，支持民主党的属于蓝色阵营。——笔者注

一位年轻的律师，他在得克萨斯州风格的选民诚信政治中赢得了自己的荣誉，他在11月自豪地在推特上发布了一张自己戴着飞行员眼镜和牛仔帽的照片，宣布他将前往宾夕法尼亚州，加入唐纳德·特朗普通过毫无根据的选民欺诈指控来试图推翻总统选举的努力。

当即将上任的众议院议长戴德·费伦委托凯恩担任他的第一任主席时，许多人感到惊讶。不那么令人惊讶的是，凯恩在委员会领导方面的出色冒险以最令人发指的方式失败了。上周，凯恩提出了一项动议，用他自己的法案众议院第6号法案的措辞取代参议院第7号法案。据他解释，他的举动不需要公开讨论，因为委员会已经讨论并批准了众议院的法案。

当民主党人寻求澄清并质疑这是否会摧毁参议院第7号法案并用众议院第6号法案中的措辞大规模取代它时，凯恩装模作样。“我不会这么说，”他回答道。

在谈到其他立法者的反对意见时，即他们没有时间考虑措辞的替换，如果不是因为凯恩的共和党同僚、纳科多奇斯县众议员特拉维斯·克拉迪拒绝投票，凯恩可能早就这样霸凌式地通过自己的法案。

当天晚些时候，委员会重新召开会议后，克拉迪支持了这项措施，修订后的参议院第7号法案——以反映众议院第6号法案——通过了党派投票。尽管如此，不管多么短暂，委员会中至少有一名共和党人认为，如果你声称选举法案是关于诚实选举的，你应该在讨论它们时表现出一点诚实，这是件好事。

今年3月，凯恩主席又一次违反了立法规则，实施了一项明显不太成功的计划。他让大约200名前往国会大厦就众议院第6号法案作证的人无所事事，因为他偏离了程序，匆忙试图阻止来自得克萨斯州立法黑人核心小组主席、沃思堡众议员妮可·科利尔的证词。

今年4月，参议院在午夜的时候批准了参议院第7号法案——

经过了一系列修正案，几乎没有人有机会完整阅读——只有少部分人见证了法案的批准。据《休斯敦纪事报》报道，立法者在 4 月 1 日凌晨 1 点 39 分休会，然后在一分钟后的凌晨 1 点 40 分聪明地重新开会，宣布新的立法日，包括新的点名和新的祈祷——从而在不减缓法案通过的情况下遵守了公告规则。

"如果你真的认为你能确保选举的公正性，那就在白天做，"得克萨斯民权项目的律师艾米丽·艾比说，"如果你真的认为你在维护投票箱的完整性，那就在得州人面前做。"

当然，共和党议员不会这么想。不管怎样，如果他们了解基本的数学知识，他们就不会这么想。本编辑委员会对选民欺诈案件的分析发现，在过去 15 年里，得克萨斯州总检察长办公室只起诉了 155 人，其中很少有人面临严重到需要入狱的指控。

共和党的真正动机不是防止投票中的欺诈，而是防止越来越年轻和多样化的选民进行更广泛的投票。投票中唯一的威胁是共和党试图封锁大门。

在周四给美国司法部长梅里克·加兰的一封信中，选举委员会的民主党人对凯恩的行为以及共和党对异议的漠视表示失望。

立法者写道："少数民族的观点是一个不重要的麻烦，是他们继续控制得克萨斯州的障碍。"

其中的双重含义非常明显，因为倾向于投票给民主党的少数族裔选民是投票限制的明确目标。

令人感到欣慰的是，众议院第 6 号法案没有像参议院第 7 号法案那样多地限制选民权利。但这就像选择是拿冰锥还是电锯去追求民主一样。

当绝对没有理由的时候，得州人也不应该被迫受苦——至少，除了共和党人在凌晨，当他们认为你在睡觉时，他们尽职尽责地牺牲得州人的利益为党派服务之外，别无其他理由。

案例中节选的是丽莎·法尔肯伯格、路易斯·卡拉斯科、迈克尔·林登伯格和乔·霍利审视共和党数十年来在选民欺诈和限制投票权方面所做的政治宣传系列社论中的一篇，该系列社论获得 2022 年普利策社论写作奖。首先不可忽视的是其在避免选民被政党宣传所欺骗误导，引发社会对选举程序正义的关注，以及在监督政党、维护选举公正等方面的持续而深刻的努力。在普利策奖一百多年的历史上，负面监督一直是主流选题方向。据统计，在 1917 年至 2020 年的 104 年间共计 463 篇普利策新闻奖的获奖作品里，负面选题占比 60%，中性选题占比 40%。在负面监督选题中，政法类的报道占很大一部分，主要内容包括腐败受贿、法院问题、国会裙带关系、总统选举、议员丑闻等，这与美国权力分散制度和选举制度的商业性有着必然联系。因此，该获奖的系列社论有其选题上的优越性，具有一定的社会意义。

选篇的主要论点在于：共和党在得克萨斯州推动通过的众议院第 6 号法案限制了选民的权利，损害了选举的民主与公正。但是整篇评论并没有围绕法案的具体内容如何对投票权造成的限制来展开，而是聚焦法案背后的推手——共和党用非正义的程序，即在半夜对法案进行投票，压缩了公共意见的介入空间，利用这种“绝望”和“不寻常”的立法方式可以反推共和党这一举动背后的“歧视性意图”。这样论证的好处在于比针对法案本身条款的剖析具有更强的社会呼吁性，指出共和党半夜通过立法的荒唐要比讨论枯燥的法案本身更能引起社会的关注。

讽刺是这篇评论另一个突出的写作技巧，例如用法案中不允许选民在深夜进行投票与共和党半夜投票通过法案的对比来辅助论证，用“冰锥还是电锯”都无利于民主来凸显两部法案本质上没有差别。这样的写法可以使评论更有力量，更能直达社会问题的痛点。

三、评论写作奖

普利策评论写作奖是普利策评论类新闻奖里的另一个重要小项，用于表彰“使用任何可用的新闻工具撰写的杰出评论”，普利策评论类新闻奖的桂冠得主多为专栏评论作家。1970年，刚刚增设的首届评论奖颁给了马奎斯·蔡尔兹，这是一位在《圣路易斯邮讯报》报道新闻和撰写评论40多年的著名报人。从那以后，评论奖每年大都被优秀的专栏作家收入囊中。像获特别提名奖的沃尔特·李普曼，以及后来陆续涌现的阿瑟·克罗克、理查德·斯特劳特、詹姆斯·赖斯顿、约瑟夫·艾尔索普等。这些作为公共事务“舆论领袖”的专栏作家在美国庞大的记者群中地位至高无上，影响深远。

专栏文章是最具个性化的新闻言论文体，其行文风格也不例外。美国新闻界认为专栏作家可以自由地为自己的专栏寻找独辟蹊径的题材，也可以自由地追求新颖的、令人兴奋的方式去写作。在专栏撰稿方面不会受到客观性的禁锢——客观性将许多新闻报道写作都束缚成了紧凑的结构和枯燥乏味的语言；没有出版物机构立场的压力——机构立场对许多社论的写作都予以压制。主观的、丰富多彩的写作方式，加上生动而富有洞见的语言，从而吸引读者在浏览新闻报道和社论之后转向专栏作家的评论。

【案例分析9-2】

为什么罗杰·戈卢布斯基，一个被指控的强奸犯、前堪萨斯警察，仍然逍遥法外？

梅琳达·亨内伯格　《堪萨斯城之星》

（2022年获奖作品节选）

一名身高一米七五、体重250磅（约226斤）的白人男性被指控性侵犯数十名女性，主要是贫困的黑人妇女，目前在堪萨斯州堪萨斯城逍遥法外。

不过，没必要发布全境通告，因为嫌疑人前凶杀案侦探罗杰·戈卢布斯基并没有躲藏起来。他退休时表现良好，从堪萨斯市警察局领取全额养老金。他的下落并不神秘，就在他一生居住的怀恩多特县。

……

说他和地方检察官去喝酒了

一名这样的妇女也在11月作证，她宣誓说，1999年的一个清晨，当戈卢布斯基和其他堪萨斯城的警察到达她家时，她见过戈卢布斯基。

她的儿子们被带到一辆警车前，当其他警察搜查她的家时，戈卢布斯基从未离开过她身边。"我问他发生了什么事。他一直看着我，盯着我，告诉我我看起来有多漂亮，我的腿也很漂亮。"

她对此有什么感觉？"我感觉不太好，因为他们把我的儿子们放在警车里，我主要是担心他们。他对我的身体发表了所有这些负面评论。我一点也不喜欢。我认为这不合适。"

她做证说，那只是一个预演。几天后，当她因担心她的孩子而"崩溃"和"生病"时，作为针对他们案件的首席调查员的戈卢布斯基又来了。

再一次，"我在说我的儿子；他在说我的腿，以及他对我有多好……他说他可以帮我照顾孩子。他说他认识地方检察官，因为他们是朋友，他们常一起去酒吧。"

她很害怕，因为他"一直靠近我。我真的不知道该怎么办，直到他把手放在我的腿上，我一巴掌拍掉。然后他说他真的可以帮我，帮我的儿子。然后他把手放回去。但那一次，他把手一直推到我裙子下面……我问他想做什么。所以我站了起来。他也站了起来。接下来我知道的是，他把我推到沙发上，拉开裤子拉链。"

她说，戈卢布斯基强奸了她，同时告诉她他不会伤害她，这一切很快就会结束。当一切结束时，他擦了擦自己，拿走了他用来做这件事的纸巾卷，然后离开了。"我坐在那里哭，他什么也没说。"

这种事发生过很多次，她说，不，她从来没有报警。“他是警察。我该说什么——这个警察刚刚强奸了我？”

她做证说，有一次，戈卢布斯基告诉她，他的搭档齐格勒和他一起来了，在外面的车里等着。这位前警察局长没有回复《星报》寻求置评的多条信息，戈卢布斯基的律师拒绝置评。

她对自己在最脆弱的时候成为目标的描述，与我几个月前采访的另一个女人特蕾莎·伦道夫的故事如出一辙。她说，在2008年的一个晚上，一个特警队来到她家，指控她父亲开枪杀人，戈卢布斯基走向她的卧室，关上了身后的门。“我裹着被褥，他坐在我的床上，感觉几乎是侵犯，非常不舒服。”

她说，在后来的几次电话中，他告诉她，如果她想单独见父亲，他可以帮忙。

把无辜的拉蒙特·麦金特里尔送进了监狱

戈卢布斯基真正被指控的是几十年来在堪萨斯州的堪萨斯城扮演上帝的角色，从一些人那里偷窃并给予其他人，对一些女人采取暴力行为，并为另一些人购买食品杂货。指控他的人说，有时，他会提供胡萝卜，比如帮助获得一套新公寓，以换取证词，而在其他时候，他会威胁女性，她们的孩子会被带走，或者如果她们不照他说的做，她们的男人会被送进监狱。

最终让这一切曝光的案件始于拉蒙特·麦金特里尔，他因1994年的双重谋杀而入狱23年，但他事实上并没有犯下这一罪行。戈卢布斯基当时负责调查此案。当这名前侦探被免职时，麦金特里尔的母亲罗斯说，戈卢布斯基对她进行了性侵犯，并在她拒绝继续被胁迫时陷害了她当时17岁的儿子。这是麦金特里尔和他母亲提起的民事案件中，罗斯的证词。在戈卢布斯基对诉讼的法律答复中，他否认有任何不当行为。

在他被指控逍遥法外这么久的所有腐败背后，是一个假设，即没有人会相信一群无能为力的黑人妇女对一个戴着徽章和枪的男人说的话，这个男人在他退休时已经晋升为警察队长。

……

如果其中一个是真的，为什么罗杰·戈卢布斯基仍然逍遥法外、闷闷不乐，因为他没有从工作中得到更好的欢送？联邦调查局，其调查人员已经断断续续采访了那些认识他多年的人，什么时候才能最终有所作为？

堪萨斯市警察局难道没有人对这些被指控的罪行的程度和影响感到好奇吗？或者那些本应保护社区的人可能滥用权力？如果不是，这说明了该部门的文化，不仅仅是当时，而是现在？

难道没有当权者愿意重新审视戈卢布斯基的旧案件吗？或者担心在所有事实都被知晓和承认之前，他们将如何拥有任何可信度？

罗杰·戈卢布斯基启发了堪萨斯州法律，该法律规定警察不能与他们逮捕或拘留的任何人发生性关系。为了纪念这次事件，该州也应该改变强奸的诉讼时效，这样即使是1999年的案件也可以被起诉。

在过去，齐格勒曾暗示，对他的前搭档和他直到最近领导的部门的任何指控都是旧闻。这并不是旧闻。在这些问题得到解决之前，有什么变化？

官员们可以继续以无知为借口，但代价是可怕的，即便是那些信任还没有被背叛的人也是如此，信任已经没有生长的空间。对于共谋没有法定追诉时效。

本案例是节选自梅琳达·亨内伯格2022年的获奖专栏，梅琳达对戈卢布斯基强奸案进行了持续的跟进报道与评论，选篇是七篇评论中的一篇。这篇评论突出的特点是其报道、评论结合的写作方式，这也触及评论业务的一个核心议题，评论员是否需要深入新闻一线进行采访？

在传统思维中，新闻评论的事实多是评论员从新闻报道中选择的，评论员对事实不负责鉴别和亲历，这就造成了作者和事实的隔膜。作者其实也是事实的“二传手”。作者的评价只能从经验中来，并不是来自体验后的确知。而近几年普利策评论写作奖的获奖作品则打破了“只评不访”的模式，出现了评论员记者化的趋向，一些获奖作品以出色的叙事技巧吸引读者，用丰富生动的事实打动读者，而非传统的以价值判断为主，凸显了事实依据在评论写作中的重要地位。《亚特兰大日报》社论撰稿人苏珊就曾做出评价：“最好的社论撰稿人是那些记者。不是前任记者，而是现任记者。撰写社论，撰写优秀社论，需要细致的调查和挖掘，以确保你获得一个观点。”

梅琳达的获奖评论与我们传统印象中的不同，论述的部分相较于采访与事实记录所占篇幅很小，但却依然有力。在受害者的自述与被陷害的拉蒙特·麦金特里尔的事实面前，作者连用六个问句，揭示了案件的核心问题：在当权者的压迫下，普通人的权益如何得到保障？在事实如此明朗的情况下，当权者没有做出任何回应与调查，这种矛盾性引导读者进一步思考案件背后的不作为、权力滥用问题，这才凸显出这件 20 多年前案件的现实意义，而不是戈卢布斯基前搭档口中的只是一桩“旧闻”。最后评论的落脚点在对该州的法律追诉时效的诘问，收束于如果此类“旧闻”因为过了追诉期得不到重视与处理，政府与警察的公信力将难以得到保证。可以说，梅琳达的评论使这件 1999 年的案子得以重新进入人们的视野，挖掘出了其背后更深刻的社会价值。

消息来源和直接引语是新闻话语的重要特征，彰显了新闻话语的事实本位性。在以“重判断”为特征的传统新闻评论文本中，消息来源及直接引语的数量和具名性都不被重视。但是梅琳达的作品则利用消息来源、直接引语讲述故事，“重事实”也成了评论的一种写作方式。另外，一般新闻生产中偏向于使用知名人士、官方人士、专业人士、男性等强势消息来源，而普利策获奖评论中，“弱势消息来源反而被高阶呈现（数量、方式），强势消息来源则成为弱势消息来源的辩护方”[①]，美国社会的底层人物在新闻评论文本上实现了被重估、被重视，同时构成了对权威话语的挑战。

从文本方面赏析，梅琳达的事实陈述是白描式的、简洁的，用被采访者的自述单独成段的方式行文，使其更像是在记录，而非讲故事，避免了情感色彩浓厚的词语，使读者更能理性地思考文章最后发出的数个诘问，这与【案例分析 9-3】中的获奖作品呈现出不同的特征。

【案例分析 9-3】

乡村法庭拘捕超速女子

托尼 · 麦思哲　《圣路易斯邮报》

（2019 年获奖作品节选）

那是 2017 年的母亲节周末。

亲爱的琼斯急着去她姐姐在堪萨斯市的家。

太匆忙了。

34 岁的琼斯住在圣路易斯北部的巴登社区。她在 70 号州际公路上向西行驶，因时速 120 英里（约为时速 193 千米）而被密苏里公路巡逻队拦下。她收到一张罚单，然后被送上路。

她错过了 8 月份在拉斐特县的开庭日期。

“我忘记了。”她说。

……

琼斯是密苏里州农村法院普遍存在的问题的一个例子，在太多情况下，尤其是当被告很穷的时候，该系统似乎会寻找理由，在轻

① 苏蕾 . 倾听弱者的故事：基于普利策评论奖 63 个消息来源的分析［J］. 今传媒，2021（1）：51-54.

罪案件中引用违反缓刑条例的行为，从而将人们困在法院系统的纠葛中多年，以增加当地收入。如果琼斯最终在拉斐特县服刑更长时间，她将被收取这段时间的费用，最终可能会欠数千美元。如果她付不起，她将每个月都要被全州的法官传唤过去解释自己的情况。

托尼的叙事方式与梅琳达直截了当的方式并不相同，他的专栏大胆揭露了犯有轻罪的密苏里贫困农村人或因无法支付罚款而被送进监狱的渎职和不公正行为，并因此获得当年的评论写作奖。选篇中，他以文学般的叙事方式开启文章，给人带来与阅读传统新闻评论截然不同的感受，反而有种非虚构写作般的艺术感，体现了专栏写作不受客观性桎梏的特点。普利策获奖作品中所呈现的主观的视角、生动的语言、丰富多彩的写作方式也为新闻评论从业者提供了新的启发。

托尼的获奖系列评论中，反复出现的是都是付不起几百美元保释金的穷人，他们也会犯下偷口红、超速这样的轻微罪行，他们经年累月地陷入听证、服刑、缓刑、欠账、起诉中，他们无法参军、工作，难以结婚、生子。通过对“母题”“原型”“类型”这些叙事元素的应用，托尼进一步加深读者对文本的印象，使文本产生主题一致、脉络一致、意义一致的效果。

第二节　中国新闻奖

中国新闻奖正式成立于 1991 年，中国新闻奖是经中国共产党中央委员会宣传部批准常设的全国优秀新闻作品最高奖，由中华全国新闻工作者协会主办，每年评选一次。中国新闻奖评选范围为经中国国家正式批准的报社（报业集团）、通讯社、广播电台、电视台以及新闻宣传主管部门和新闻单位主办的具有登载新闻业务资质的新闻网站，基本囊括了新闻媒体的主要作品形态。

中国新闻奖有关评选项目的界定以及评选标准等，既是新闻界在实践过程中不断总结、提炼出的业务规范，也是新闻界选拔优秀新闻作品的评价标准。在多年的评选实践中，中国新闻奖评选不断完善评价标准，保持比较稳定的评价体系，确保评选工作坚持正确的政治方向、业务导向和较高的权威性、示范性。具体来说，一方面，要重视作品所体现出的党性原则；另一方面也要重视新闻本身的宣传性，除此以外，新闻价值也是衡量作品的重要标准。

【案例分析 9-4】

警惕“精致的形式主义”

刘庆传、颜云霞　《新华日报》　2020-10-12

（2021 年第三十一届中国新闻奖 一等奖）

这样一些新闻，让人看了如鲠在喉、不吐不快：抓餐饮浪费，一些店家则推出“称体重点餐”举措、出台“‘N’个人只能点‘N-2’个菜”的规定；抓农贸市场精细化管理，个别执法人员便拉着直线检查摊位上菜品是否摆放整齐，甚至连鲜带鱼也要一刀剪齐；抓环境卫生，有管理者要求“一平方米内的烟蒂不得多于两个”“厕所内的苍蝇不得多于 3 只”，或把地面灰尘扫起来过秤“以克论净”。如此规定，看起来挺严格、挺精细，可稍作探究，有几个不是流于形式摆摆样子？

形式主义已经成为人人喊打的过街老鼠，那种“开会摆鲜花、迎宾铺红毯”、一眼就能看出来的形式主义少了，打着“精细管理”“绣花功夫”的幌子、跟手机拍照一样用“美颜”功能修饰过的形式主义却多了。习近平总书记强调，要摸清形式主义、官僚主义在不同时期、不同地区、不同部门的不同表现，紧密联系具体实际，既解决老问题，也察觉新问题；既解决显性问题，也解决隐性问题；既解决表层次问题，也解决深层次问题。而“精致的形式主义”就是形式主义的变种，是需要认真解决的新问题。

相比于那些典型的形式主义表现，“精致的形式主义”有些新特点：用“美颜”进行精心包装，似乎很“新鲜”，乍一看“不违和”，但通常“不经看”；往往打着“精细管理”“绣花功夫”的幌子，如果不琢磨，还真让人以为是作风细致。应该说，“精致的形式主义”也下了功夫，可功夫却没下在“啃硬骨头”抓落实上，而是下在了搞形式创新、做表面文章、摆“花架子”工程上。说到底，“精致的形式主义”依然是只重形式不重内容、只重过程不重结果、只看表面热闹不看实际效果的典型，是中看不中用的“绣花枕头”。

形式主义由来已久。《资治通鉴》记载了这样一个细节：隋朝大业六年，各蕃部落酋长齐聚洛阳，炀帝杨广命令集市内用丝绸缠树、店铺内必须挂设帷帐、酋长到餐馆吃饭店主必须免费，连卖菜的人也要用龙须席铺地。这种“打肿脸充胖子”的形式主义，连一些酋长都“看不下去”。实际上，即便是在古代，人们对形式主义也深恶痛绝。后周太祖郭威要求奏章照实报来即可，直陈其事最佳，不要讲究辞藻……

既然形式主义古已有之且一直不乏反对者，为何到现在还未绝迹？这一方面是因为形式主义具有很强的顽固性……另一方面是因为，形式主义往往很“狡猾”，善于“基因重组”，长于“变形变异”，总能根据形势变化及时“换装”，摇身一变，让人一时难以识别……

形式主义是党和人民事业的大敌。不管是什么形式主义，我们都要旗帜鲜明地反对。反对形式主义，首先要坚持辩证思维，把必要的形式和形式主义区分开来。内容是形式的根本，形式是内容的表现方式……要反对形形色色的官僚主义和弄虚作假。

一株带刺的毒草，人们容易“识”而远之；一株带毒的鲜花，却容易让人中招上当。显性的形式主义人们一眼就能看穿，隐性的形式主义却常常迷惑人们的眼睛。要看到，形式主义越“美颜”、越“精致”，就越难以识别，浪费的人力物力往往越多，危害性也越大。这提醒我们，对“精致的形式主义”，任何时候都要擦亮眼睛、保持警惕、坚决反对。

本案例中，为了推进“精细化管理”，广西南宁一农贸市场拉直线检查摊位上菜品是否摆放整齐，甚至连鲜带鱼也要一刀剪齐。新闻引发热议，《新华日报》评论理论部的同志和分管领导汇报商量后，觉得“精致的形式主义”这种形式主义新变种值得警惕。确定选题后，部门几位同志反复讨论，几易其稿，形成评论。

评论列举了“精致的形式主义”的种种表现，精准刻画了“精致的形式主义”的新特点，指出“精致的形式主义”依然是只重形式不重内容、只重过程不重结果、只看表面热闹不看实际效果的典型，是中看不中用的“绣花枕头”。“精致的形式主义”讲究数的精确、形的精美、势的浩大，披着精美的外衣，尤其需要认真防范。立足历史视角，作者深入分析了为什么会形成形式主义、如何反对形式主义。评论主题重大，立意高远，视角独特，议论深刻，文风朴实，具有很强的现实针对性。

该作品针对当下我们身边出现的形式主义“新变”与“怪相”，以“精致的形式主义”进行准确概括并做出中肯深刻的评论，体现了强烈的现实针对性、敏锐的社会洞察力与自觉的媒体责任感，并以及时的“症候预警”针砭时弊，为社会健康发展祛除认知与行动层面的偏误而正确导航。该评论尤其注重语言通俗流畅，论述深入浅出，体现了平实、准确又不失深刻隽永的好文风，有力彰显了党报正确的价值引领和评论的理性力量。

2020年国庆节期间，太原市台骀山景区发生重大火灾事故。事故教训十分深刻，全省开展大规模安全隐患排查整治工作。《山西日报》围绕省委、省政府重要部署，推出关于安全生产的相关评论——《发现不了问题就是最大问题》（案例具体内容见【案例分析4-1】）。

文章开头，从全省排查安全隐患的几组数字切入提出观点，即安全检查不怕发现问题，最大的问题是发现不了问题。文章主体论证部分，逐层发出疑问、剖析原因、提出建议。在各类检查已经常态化、制度化的今天，事故为何屡有发生？主要原因在于责任心不足、形式主义作怪、发现问题的能力不高等，并提出建议，安全生产检查既要压紧压实责任，又要遵循专业精神。文章结尾呼吁，须时刻紧绷安全生产这根弦，将问题解决在萌芽之初、成灾之前，夯实高质量发展根基。

这篇评论论点正确、论据扎实、论证有力，更可贵的是其准确把握时效度，在事故发生后数日就及时发布了这篇评论，服务于安全隐患排查的重点工作；同时论证具有一定的深度，没有停留于单次的安全事故，而是着眼于如何从根源上杜绝安全隐患。

【案例分析9–5】

“自愿”不能成为职场伤害的“美丽借口”

林琳　《工人日报》　2020-11-10

（2021年第三十一届中国新闻奖 二等奖）

在保障员工权益的问题上，任何公司在任何时候都不能有半点“游戏”心态，尊重劳动，重视、维护劳动者权益，让劳动者自愿表达、体面工作、有尊严地生活，是公司健康成长的前提和保障。

这几天，一家游戏公司“员工自愿降薪10%”的消息引发诸多关注——该公司群聊记录被曝光，公司CEO（首席执行官）的发言显示，今年公司效益良好，利润有较大增长。公司决定，允许员工（入职两年以上）自愿申请每月降低待遇的10%。11月8日，公司CEO发声明称，相信员工是真心真诚善意地申请自愿降薪10%。同时表示，申请自愿降薪的93%的员工中，凡符合当时申请条件的，只要3天内站出来声明其是非自愿的、被迫的，公司都奖励其3万元。

此番事件之所以引发关注和热议，大体是因为其中的“神逻辑”。疫情期间，企业如果因为经营困难、效益下滑，号召员工共度时艰而降低其薪酬，可以理解。问题是上述公司“效益良好”“利润有较大增长”。这不免让人费解。如果个别员工自愿这么做，或许尚属正常，但九成以上员工都愿意这么做，实在有违常理。就像有网友调侃的，“我干活我自愿降薪，我就是这么爱做慈善？”

有媒体报道显示，类似“神操作”在该公司已不是头一遭。该公司内部员工称，这是企业对员工的“忠诚度测试”，也有人说这是用自黑的方式搞营销、带流量，但更多的人困惑不已，搞不懂这是什么企业文化。

近来有关“员工自愿”的新闻不时被曝光——有企业称，员工自愿签署“奋斗者协议”，自愿加班；有老板称，其员工自愿“996”“715”“白加黑”，并且“喜悦这么做”“享受这么做”；有企业让业绩差的员工吃辣条……每每这时，人们都有同样的疑问：员工真的是自愿吗？照这个趋势，员工还有什么是不“自愿”的？

……

同样是最近一段时间，有关职场PUA（职场中上级对下级的精神控制）的报道不少。在一份有关2020年白领生活状况调研的报告中，超过六成的受访者表示经历过职场PUA。“画饼”利用、美化压榨行为要求感恩、安排不合理的工作内容等，都是职场PUA的常见套路……如果类似的做法不被叫停、这样的趋势不被遏制，那么无疑将是一种身心上、权益上，乃至未来发展上的潜在灾难。

……

在保障员工权益的问题上，任何公司在任何时候都不能有半点“游戏”心态，尊重劳动，重视、维护劳动者权益，让劳动者自愿表达、体面工作、有尊严地生活，是公司健康成长的前提和保障。“自愿”不应成为职场侵权、伤害的“美丽借口”。

对此，相关部门应该给予更多重视并切实采取行动，对一些企业该约谈的约谈、该处罚的处罚，及时为劳动者撑腰，为健康、和谐的劳动关系保驾护航。

文章从一家游戏公司“员工自愿降薪 10%”的新闻切入，联系此前媒体曝光的某些企业员工“自愿”放弃各种权益的新闻事件，比如自愿超时加班、自愿接受奇葩处罚、自愿离职等，选题具有鲜明的现实针对意义。文章抽丝剥茧，对员工是否真的“自愿”、为什么会有这些“自愿”、这些“自愿”的共同之处和实质是什么、对企业和员工会产生何种影响等，逐层进行剖析和解读，直指“这样的企业、这样的劳动关系，堪称变态和畸形”，且有些行为已经超越了法律的边界和底线，呼吁有关部门对此应“给予更多重视并切实采取行动”“及时为劳动者撑腰，为健康、和谐的劳动关系保驾护航”。

从热门话题入手，分析员工“自愿”表象之下“被自愿”的弱势地位，批判职场 PUA 套路，呼吁尊重劳动者、保障员工权益，容易引起社会共鸣，同样这篇文章在文本上也有着强烈的立场态度，对于一些公司美化自身压榨员工的行为进行了无情的揭露，没有回避地使用了“灾难”“搞不懂”“侵权”以及流行词“神操作”“PUA”等。

这一特点也为此文在多媒体平台上取得成功做了铺垫，选题的关切性、语言的流行性，使得文章刊发后在群众中获得了广泛的反响。《工人日报》在“两微一端”、中工网、“强国号”等平台进行了二次推送，被人民网、新浪网、搜狐网、《中国青年报》等媒体网站和移动端转发，被喜马拉雅拾文集收录，合肥电视台也以此文为“脚本”制作了视频节目。文章引发了不少网友共鸣，多个传播渠道均有网友留言和评论。

第三节　中外新闻评论获奖作品对比分析

新闻作品折射一个国家、一个时代的价值标准和文化传统。新闻奖的获奖作品更代表着某个社会主流的价值观、文化观。作为美国新闻最高奖和中国综合性新闻最高奖，普利策新闻奖和中国新闻奖集中体现了中西方的传媒伦理和传媒文化。

一、新闻价值差异

普利策新闻奖的获奖作品，从题材上来看，揭露司法不公、腐败、贫困、战争、金融危机以及有关种族、福利、人口等众多的社会问题。多数作品中充满了激烈、尖锐的矛盾冲突。普利策新闻奖的获奖作品主题往往是对抗的，新闻事实往往是负面的。相比之下，在中国新闻奖历届一等奖获奖作品中，正面报道作品占据了很大一部分。这一方面与“以正面报道为主”的新闻政策有关，一方面中国传媒价值取向深受传统文化中“尚德”“和谐”等思想的影响。例如在灾害报道中，中国传媒出于“重人伦、轻自然”的传统思维，在进行灾难报道时往往聚焦于战胜灾害的人和精神。

新闻评论作为针砭时弊、引导舆论的重要工具，肩负发现问题、分析问题、提出解决方案的社会责任。近年来中国新闻奖获奖作品中也不乏针对社会热点问题进行批评、剖析的作品。但是同样地，正面的新闻评论在中国的传媒环境下有其独特的社会价值，承担着一定的社会动员的功能。

【案例分析 9–6】

张桂梅为什么感动中国

韩亚聪　《中国妇女报》　2020-07-27

（2021 年第三十一届中国新闻奖 二等奖）

有些人的光芒，是燃烧自己照亮别人。

在茫茫滇西深度贫困山区，半生坎坷半生奉献的张桂梅，用瘦弱的身体扛起 1800 名大山女娃的人生希望。“只要还有一口气，就要站在讲台上”，在 63 岁的年纪，张桂梅那些足以“感动中国”的诺言和行动，仍在继续。

能够抗衡时间、改写命运的，唯有执着信念。大山之中，扭转女孩因受教育程度低而形成的自身成长和代际恶性循环，并非易事：这不仅是对教育资源的考验，更是一场对陈旧观念的“宣战”。并且，突破习惯禁锢，光靠激情和热情显然还远远不够。

11 万公里家访路，走进 1300 多名学生家，把累计超百万元的全部奖金和大部分工资捐出……与张桂梅有关的每一个数字，都在诉说着“膝下无儿女，桃李遍天下”的奉献精神，印刻下“教育改变女孩命运”的执着信念。

平等地接受教育、平等地参与竞争、从容地圆梦人生，一份锲而不舍、坚定不移、无私奉献的执着信念，就这样润物无声地滋养着大山女娃，让“女孩子读书，可以改变三代人”的信仰翻越重重大山，照进现实。

深深打动和激励人心的，还有“在苦难中开花”的巾帼力量。

在痛失亲人、身患重疾的绝望和打击之中，在引起非议、受到质疑的误解中，张桂梅“雨水冲不垮，大风刮不倒”，展现出新时代女性的自尊、自信、自立、自强。

而更为恒久的意义是，张桂梅用自己的经历告诉女孩们“女性自强才能自立”，也以这样的精神传递着“每一位妇女都有人生出彩和梦想成真的机会”的价值理念，并塑造了更多在自立自强中树立自尊自信的“她们”。

……

读懂一份直抵人心的感动，心中就会播撒向上向善的种子。那束来自云南大山深处的希望之光，那颗来自“教师妈妈”的教育初心，那些来自大山女娃的蝶变人生，都会将生生不息的奋进力量传递下去。

2020年，云南华坪女子高中校长张桂梅的事迹传遍大江南北，作为中国唯一一份女性大报，《中国妇女报》较早对其事迹全方位关注，这篇评论写在张桂梅荣获“全国三八红旗手标兵”称号后，深刻而全面地阐释了这位“燃灯校长”的奉献与坚守。这是有关张桂梅最早的评论之一，阐述到位，笔端有情，时效性强，做到了短、实、新，传递出在教育扶贫中女性改变命运的执着信念，在时代变迁中女性生生不息的奋进力量。

该评论在全网推出后，引发广泛关注。仅微信微博阅读量就近百万，获得数千网友的点赞评论。学习强国、人民网、光明网、澎湃新闻等网站、微信公众号、客户端、杂志等各类媒体平台进行了转载，新时代女性的力量和教育扶贫的意义引发广泛共鸣。

该评论感情真挚、入情入理，由张桂梅的个人事迹说开去，由此及彼、由表及里地述评奋斗之于贫困女性面临困境、顽强抗争、辛勤收获、迎来蝶变的重要意义。文章既饱含对张桂梅这位新时代女性的赞美，亦高度肯定国家教育扶贫对改善贫困地区女生命运的重要性，经过多家主流媒体广泛传播，思想引领效果极佳。

二、论证方式

普利策新闻奖与中国新闻奖获奖作品在论证方式有一定的不同，存在着从感性到理性与从理性到感性的差异。

注重思维理性是西方的一贯传统，在西方哲人看来，具有思辨理性的东西才是最真实、最完善、最美好的。从古希腊时期起，西方人就非常注重实证与分析，到了文艺复兴时期，随着近代科学的兴起，这种实证与分析的思维方法得以发展，逻辑思维和实证分析便成为西方人的思维方式和方法。与这种思维方式相适应，西方传媒往往采用个别到一般的演绎法，以具体的个例反映普遍的社会问题，以尽可能的客观叙述代替主观评论，由感性的、实证的披露上升到理性思考的角度。这一特点在【案例分析 9-2】与【案例分析 9-3】中都有很好的展现。

而与讲究分析、注重普遍、偏于抽象的思维方式不同，中国思维更着重于从特殊、具体的直观领悟中去把握真理。中国人不是通过归纳推理、演绎推导，而是倾向基于有限的事实、凭借已有的经验和知识对客观事物的本质及其规律性联系做出洞察、识别、理解和整体判断。与之相应，中国传媒往往用普遍的、被视为真理的东西统摄事实，由理性推及感性。例如在【案例分析 9-5】中，作者开门见山地强调了保障员工权益“是公司健康成长的前提和保障”这一统摄全文的理性认知，随后才在后文中展开对“自愿降薪”“职场 PUA”等具体社会现象的抨击，完成了从理性到感性的论证。

需要注意的是，这两种论证方法没有绝对的优劣之分，也不是所有的评论都遵循这两种论证方式，同学们在写作新闻评论时，也应该多尝试用不同的思维方式去展开论证。

三、写作风格

写作风格是与作家本人紧密相关的一个特征，但是从近几年的获奖作品来看，获得普利策新闻奖与中国新闻奖的评论作品所展现出的文字风格总体上存在较大差异。

普利策新闻奖近年来选择的优秀作品展现出了明显的叙事特征，不再是单纯地围绕着论点组织事实论据，而是在篇幅上往往呈现出“重事实”“轻论证”，多变的叙事化语言也使获奖作品有了丰富的结构，无论从段落组织上还是行文顺序上，都没有传统新闻评论般紧凑，论证语言也不再追求精悍、干练，常用问句来启示思考，论证的终点不再是明确的结论、清晰的中心论点，而是聚焦对读者的启发式思考。

中国新闻奖近年来选择的优秀作品呈现出极佳的论证严密性，无论是论点的提示、结论的推导，还是段落的安排、论据的组织都有章可循，最后的落脚点往往是呼吁式的结论。遣词造句上往往追求准确、不拖沓，有时在分论点上还要追求语句的工整。近年来也有不少作品采用流行化的语言写作一些社会热点问题，也取得了不错的传播效果。

【案例分析 9–7】

为成功而规划

托德·罗伯逊、科琳·麦凯恩·尼尔森、

威廉·麦肯齐　《达拉斯晨报》

（2010 年获奖作品节选）

熟悉本报的普通读者都知道，本报的首要任务之一是创造就业机会、吸引投资和改善达拉斯南部的生活质量。总体而言，这一进展是缓慢的，但在 20 号、45 号和 35 号州际公路的交会处，一个巨大的经济引擎正在加速运转，这可能会从根本上提高该地区的增长潜力。

如果得到适当的培育，达拉斯物流中心或内陆港口有望创造数万个就业机会，吸引数十亿美元的投资，并创造达拉斯南部所需要的机会。因此，眼下最关键的是不要让不必要的路障阻挡了这个项目，它不仅将惠及城市和县，还将惠及整个北得克萨斯。

有指控称，内陆港开发商理查德·艾伦在启动其 6000 英亩（约为 24.28 平方千米）的货运和仓储中心时，会成为达拉斯县南部商人和政界人士“敲诈”的目标——法院可以来判断这是不是对他们的诽谤——本报审查的一大堆文件都提供了强有力的证据，证明州和地方政界人士减缓了港口的进展。这种情况必须停止，尤其是考虑到这些障碍似乎与帮助达拉斯南部居民无关。

艾伦成功地带领他的公司艾伦集团解决了所有这些挑战，只有一个例外。一个仍然存在：政府提出的为港口和周围社区 23 万英亩（约为 930.78 平方千米）地的总体规划。该规划可能会制定新的开发规则、环境规定和其他吓跑投资者的法规。

大片未利用和未充分利用的土地，曾经是达拉斯南部的祸根，正成为其最大的资产。城市土地研究所分析师迈克·布坎南表示，内陆港口拥有商业“指数爆炸式增长”的所有要素。结合 D/FW 联盟物流中心，达拉斯有望成为美国杰出的货物运输和仓储中心。由于该项目的规模和范围不同寻常，本报与市长汤姆·莱珀特、城市土地研究所和其他人一起支持这一总体规划。以前从未有过一个港口设施吸引了美国两家最大的铁路公司——联合太平洋和伯灵顿北部 - 圣达菲——来到三条州际公路交会的地方。大量货物将通过休斯敦港、巴拿马运河、西海岸和墨西哥过境达拉斯。

规划对于解决我们的高速公路系统、水资源和空气质量水平将面临的压力至关重要。但是，总体规划有可能成为一些利益集团的工具，让内陆港陷入官僚主义，并给艾伦集团的投资者带来不确定性。因此，达拉斯和其他城市的官员明智地搁置了总体规划，直到紧张局势平息，再建立更好的规划流程。

艾伦集团在规划方面领先于地方政府数年，已经花了600万美元为港口绘制了详细的基础设施地图。包括达拉斯在内的周边司法管辖区的官员印象深刻，他们要求将该计划作为区域概览的基础。他们给艾伦集团开了绿灯。

……

同样，写作风格上的差异也不是二元对立的，也没有绝对优劣之分。例如在【案例分析 9-7】中，普利策新闻奖也会选择以完备论述为特色的社论作品。这篇作品结构紧凑，没有在叙事上展现过多的技巧，而是从达拉斯内陆港开发规划的各方面好处分别展开论述，在写作技法上依然追求文字的简练、论证的有力、论点的鲜明。在【案例分析 9-6】中我们也可以看到，对于张桂梅事迹的评述并没有追求紧凑的论证结构，而是运用了大量的诗歌化的语言诉诸情感，这样的新闻评论也会被中国新闻奖所看重。

实战演练

请鉴赏本年度或上一年度的普利策新闻奖和中国新闻奖评论作品，并结合新闻评论的标题、论点、选题、结构、语言等维度谈谈你的看法。

第十章

融合表达：数字时代的新闻评论与价值伦理

本章要点

◎ 认识数字时代的融合新闻评论及其主要类型

◎ 了解融合新闻评论带来的新的伦理责任

◎ 探究互联网媒体评论区管理与引导的方法和误区

◎ 思考如何面对融合新闻评论不同的伦理问题

数字时代的融合新闻评论呈现出独特的传播优势，这使融合新闻评论能触及更多的受众，对于特定的受众具有特殊的影响力。但是融合新闻评论制作主体的广泛性、互联网的匿名传播特点、对流量的追求等因素使得融合新闻评论在实践中往往面临着更加复杂的伦理责任与伦理问题，如何对互联网评论区进行适当的管理与引导也成为融合新闻评论员需要思考的问题。本章将对融合新闻评论的类型特点进行介绍，同时结合具体案例分析融合新闻评论常见的伦理问题，探讨其背后的伦理责任。

第一节　数字时代的融合新闻评论

新闻评论不同于消息、通讯等，其作为既有“事实判断”，又有“价值判断”的新闻体裁，在言论空间中起到意见交互、舆论引导的重要作用。但是社交媒体的出现带来了信息秩序和整个言论空间的改变。媒体与受众之间不再是单向的传播，不再是“媒体说什么，舆论信什么”，不当的新闻评论反而会引起舆论的反弹。信息发布者和接收者处在平等的交流地位上，公众可以自由地对媒体发布的新闻评论进行“二次评论”，无论是赞同还是质疑，都体现出主流媒体曾经的“真相界定者”“真理掌握者”角色在一定程度上被消解。

融合新闻评论有分发模式上的优势，拥有更广泛的受众基础。在如今的各类社交媒体包括短视频平台上都出现了一大批优秀的媒体账户。一些优秀的融合新闻评论往往通过平台的流量触达更庞大的受众，引发更广泛的社会讨论。在实践中，融合新闻评论也借助各平台之间的用户流动、跨平台的用户分享，容易达到跨平台的“出圈”效果。同时出现了分众化的融媒体评论，比如军事新闻评论、体育新闻评论以及国际新闻评论等聚焦于专业领域的融媒体评论产品，平台算法根据用户喜好进行推荐，进而形成特定的网络社群。对于这部分稳定的受众群体，专业的融合新闻评论也有着显著的影响力。因此，融合新闻评论具有“集媒体平台优势、社交分享优势与算法分发优势于一体”① 的立体分发优势。

一、官方与民间：新闻评论文本的内容融合

主流媒体的新闻评论正在逐渐向融合形式转变，从内容形式上来看，以往文字新闻评论的开头部分往往是对新闻事件的复盘，但是如今在各类平台终端传播的新闻评论除了对新闻事实复盘外，还特别侧重呈现不同网友对于某一事件的不同观点。事实上，融合新闻评论的影响力并不仅仅是在言论空间中塑造权威来引导舆论，个体以及无数个体集合的利益诉求成为融合新闻评论的关注点。

以《光明日报》为例，作为官方媒体的《光明日报》近年来探索适应平台终端的新闻评论内容形态。在微信公众号上，《光明日报》不仅做文字推送，还会将网友的言论回帖内容有选择地呈现在评论文本中。2021年，西安大唐不夜城旅游景区的网红“不倒翁小姐姐”被选为火炬手引发争议，《光明日报》对此发表了评论并在微信公众号上进行推送。② 在文本内容上，该评论文章在开篇第一段提到，冯佳晨（“不倒翁小姐姐”）在

① 金梦玉，丁韬文．“短视频 + 新闻评论”的创作路径、发展瓶颈与未来探索［J］. 中国编辑，2021（6）：64-69.

② “不倒翁小姐姐”，怎么不配传递火炬？［N/OL］. 光明日报，（2021-09-13）. https://mp.weixin.qq.com/s/_kMe-hmo1FhIjv3bQOnvWg.

自己的社交平台记录下了传递火炬的瞬间，但评论区却出现了质疑声——“她不是网红吗”“选火炬手的标准是什么”。网友的言论恰恰是这篇评论所驳斥的观点，这再一次说明，发生在社交媒体上的网友争论本身也是新闻评论重要的选题来源。为了更好地展示不同言论的冲突性，《光明日报》在微信公众号页面上还嵌入了官方的新闻报道链接、“不倒翁小姐姐”本人的短视频内容以及网友的实时留言截图等，这使得官方与民间两种声音在公众号界面上得以生动共现。

二、短视频新闻评论

伴随着短视频和直播的兴起，新闻评论也呈现出了新样态。不论是传统媒体主持人还是普通公众，都有机会用录制短视频的方式表达自己对于某一新闻事件的观点和看法。中央广播电视总台于 2019 年上线了 15—100 秒时长的“主播说联播”短视频产品，该系列短视频主要是邀请《新闻联播》主持人面对镜头发表新闻评论，打破了观众对主持人有稿播音的刻板印象。除了时长适合短视频平台传播外，“主播说联播”的文稿内容也体现出了“网感”，主播一改一板一眼的播音方式，选用网民更多使用的互联网词语进行评论，以相对轻松的方式完成对新闻事件的评论。

在短视频新闻评论出现之前，广播电视新闻评论先后经历了文字稿件的口播评论形态、口播文本加上画面的评论形态、报道与评论交替的电视述评以及电视直播评论形态。短视频新闻评论形态突出可视化效果，叙事风格更加贴近互联网语言生态，网友可以对短视频新闻评论内容进行点赞、评论、收藏、转发，体现出了较好的互动性。但与此同时，我们也要看到，短视频新闻评论也面临制作时效迟滞、内容呈现受限、价值输出单一等发展瓶颈。①

① 金梦玉，丁韬文．“短视频 + 新闻评论”的创作路径、发展瓶颈与未来探索［J］. 中国编辑，2021（6）：64-69.

三、自媒体平台的新闻评论

除了上文提到的短视频平台，各类自媒体平台也成为新闻评论制作和传播的重要阵地。自媒体平台上的创作者既包括传统新闻媒体的从业者，也包括普通个体。自媒体平台上的新闻评论类型风格多样，内容质量也参差不齐。众多匿名性群体会集在平台上，人们通过发表评论、转发评论的方式参与公共讨论。

尽管数字技术的更迭带来了新闻评论呈现形式的创新，但我们也应意识到，对于一个现代国家来说，任何一个规模化的社会群体利益和主张都需要得到及时关注，放任公众情绪的发酵反而会危害社会的和平与稳定。因此，媒体和媒体工作者作为意见平衡者的角色在融合新闻评论的时代得到了凸显。自媒体是一个信息的松散集散地，网民们自发上传的信息真实性并不能得到百分之百的保证，而网民口口相传式的信息流动，也往往使得信源身份在转移过程中逐渐模糊化，往往人们信誓旦旦地引用别人的话语、评论，却不会真正考量背后信源的可信程度，抑或信息本身的真实性。当然网民并没有职业记者般的职业敏感度，或是对信息真实性的高度警惕，因此互联网民意的表达往往是粗糙和非理性的。在这种背景下，融合新闻评论的影响体现在厘清事实以及为公众提供不一样的认知视角，因此评论员需要在与群众充分共情的同时仍然保持足够的理性。

【案例分析 10–1】

事件背景：

2019 年 1 月，“咪蒙”旗下微信公众号“才华有限青年”推送了《一个出身寒门的状元之死》一文，文章讲述了一位出身贫寒却努力上进的“高考状元”，坚持道德原则在生活中却屡屡受挫，最终因病早逝的故事。

此文一出，迅速被一些网友转发，但也有网友质疑其真实性，文中出现的中学次日也发布辟谣称学校并未出过“高考状元”。对此，“侠客岛”微博评论说：“你的焦虑倒成了他人的生意经。这种虚假故事熬出的‘毒鸡汤’营销是不是情感欺诈？”这篇文章很快被删除，但就在其被删除的第二天，知乎平台上又出现了这样一篇评论——《〈一个出身寒门的状元之死〉到底刺痛了谁的敏感神经？》，文章主要内容摘录如下：

昨天，一篇名叫《一个出身寒门的状元之死》就在我的眼前出现过，但它并没有引起我的阅读兴趣。一直到今天，批判该文的文章接连涌现，而且该文章还被删除。先后看了好几篇批判的文章后，我想看一看是怎样的一篇内容，竟然引起这么大的舆论风波。

还好，网上还能找到这篇叫《一个出身寒门的状元之死》的原文。一万多字的文章，看到中途因其他事离开了一会儿。前前后后半个多小时，一字一句地看完后，我的脑海中忽然冒出一个问题：“这篇文章到底刺痛了谁的敏感神经？”

为什么会有这样的疑问出现呢？因为我认为这是一篇整体立意还不错的文章。不管作者采用了哪些爆文的写法来吸引读者，但文章的精髓部分却是通过对人的光明（周有择）和黑暗（文中的“我”及其他人）的对照，从而凸显光明的一面。作者的本意是在提醒自己和他人：在滚滚洪流中，人应该要努力地保持一份真正的自我。

但是，这样一篇关于人生立题的文章，最后却被一些人纠结在《灵魂摆渡》是2014年才有的，四川各市的高考状元分数都是700多分等细枝末节里……

可问题是跟文中的“我”一样的“精英”实在太多了，他们却并不愿意像这个“我”这样对自己进行批判。他们甚至觉得，这种对自我的批判是在贩卖焦虑。

而这些人刚好处在“精英”阶层，影响着整个网络生态。于是，文章被冠上了各种罪名，然后被绞杀删除，就像绞杀掉队伍中的叛徒一样。

这篇来自知乎网友的评论文章罔顾“咪蒙”文章捏造新闻事实的行为，称这些事实漏洞是不应该被关注的“细枝末节”，这一论点本身是站不住脚的。该网友的评论只看到了原文章所获得的“流量成功”，但却没有对文章本身是否符合伦理规范进行必要的思考。事实上，数字时代的互联网平台乱象频出，一些公众号置事实于不顾，甚至片面捏造事实信息，以此制造爆款流量产品，有意迎合受众，促成煽情传播。

在面对未经事实考证又极富煽动性的互联网信息时，人们很容易被感性思维带偏。因此，在新媒体时代，不论是专业评论员还是每一个互联网平台上的观点发声者，都更应注意辨析事实、保持理性，避免落入事实陷阱。同时，融合新闻评论的传播速度快、范围广，如果评论员不做好事实核查，可能会进一步传播谣言、发酵舆情。

对于该事件，2019 年 2 月 1 日，“咪蒙”团队发布道歉信；2 月 21 日，“咪蒙”及“才华有限青年”微信公众号及各大媒体平台账号注销。

总的来说，在影响力层面，融合新闻评论较于传统新闻评论，“意见高地”的优势地位有所削弱，评论的观点、论证、论据都需要经得住网友的质疑与讨论。这都对融合新闻评论的创作者提出了新的要求，创作者们需要充分考虑互联网的传播特性，也要考虑到不同受众的心理特征。同时，新的传播环境也带来了新的伦理责任，最显著的特征是一篇评论作品的完成终点不再是发布的那一刻，不同于传统媒体的低互动性，互联网为融合新闻评论的生产提供了足够的互动空间，其代表就是一篇作品发布后的评论区。因此，如何实现正确的评论区管理与引导也成为融合新闻评论生产环节的一部分。

第二节 线上评论区的管理与引导

一、评论区对融合新闻评论生产的利与弊

传统媒体时代，一篇文章发出去，无论是通过报纸还是电台、电视台，反馈大多是滞后的，渠道也是有限的。评论员写文章的时候义愤填膺，对不良现象一通批评，发表之后如果没有任何回响，难免有点“独角戏”的意味。融媒体时代的新闻评论处境却是另一种尴尬，一篇评论中如果涉及对立的两个利益团体，无论你怎么保持客观、中立，都会有人说你“拉偏架”，公说公有理、婆说婆有理，貌似都有点道理。也就是说，无论融合新闻评论传达的是怎样的观点，评论区一定会出现“另一种声音”，评论员需要做好被反对、被“抬杠”的心理预期。另一种情况，是评论区对原评论文本的曲解、误读，如果不能妥善处理这类评论区评论，一方面会消解新闻评论文本本身的影响力，另一方面可能会引起对于评论员、媒体账号的批评。

但是这种互联网原生性的互动空间并不完全是“吵架”“偏见”“杠精”的温床，反而可以起到拓展融合新闻评论生产边界的作用。可以说，无论是“事实判断”还是“价值判断”的论证都会随文本的结束而完成，恰恰是评论区的沟通和辩论完成了剩余部分的论证——提出不同的观点，引用不同的论据佐证，或是找出论证的漏洞来驳论，甚至是通过点赞功能来为自己支持的观点投票，这些互动延伸了融合新闻评论生产本身的边界性，有时候让一篇文章出圈的不仅是其本身，还有那些评论区的“神评论”。

用户会主动阅读新闻下方的评论并且有较高程度的互动，有些用户甚

至会直接发布“我是来看评论的”。这是形成理性的网络讨论、公民参与热点事件的基础。有研究发现，用户间互动多在观点不同时发生，观点相同则仅仅简单点赞，越是观点单一的新闻，互动程度越低。[1] 而融合新闻评论生产所关注的往往是观点多样化的社会议题，因此用户间的互动不可忽视，需要内容发布者更加积极地参与到这种互动中去，才能实现评论区管理。

一些媒体在发布针对争议性社会事件的新闻评论时，往往选择直接关闭评论区，这种简单粗暴的管理方式是一种新闻生产上的倒退，并不完全可取，也体现了媒体对这种用户间的互动并不看重。评论区与专业媒体相比更体现出平民化特点，更加贴近民生；评论区的内容丰富了新闻资讯的内容与形式，网络的民众基础和去中心性也催生了观点的多元性和丰富性。同时媒体在与评论区的互动中可以发掘出网友们的创造力和纠错能力，创新自身的观点和纠正错误，因此不可采取“一刀切”的方式，直接隔绝互动的可能性。

【案例分析 10-2】

听一听一名《卫报》评论管理员的内心独白……

几年前有人曾经发给我一条推特链接，内容是“在《卫报》管理评论一定是世界上最糟糕的工作”。任何在《卫报》网站上看过足够多评论的人都会理解这种情绪：你会发现各种痛骂、充满仇恨和侮辱的话，以及形形色色的“刺头俏皮话”。

你也能够发现一些非常有深度的见解以及会心的笑话，但是不知怎的，这好像不是人们会关注的。他们关注的是那些黑暗的情绪，

① 张小强，张萍，刘志杰 . 用户评论与替代性公共领域：我国网络用户参与新闻阐释的特征与效果［J］. 新闻记者，2019（12）：13-26.

那些人身攻击的言论。那些批评你观点的人总是要比同意你观点的人更能给你留下更深的印象。有些人不仅不认同你的观点，还要说你“整个一白痴”，留下的印象肯定会更深。

整整5年这就是我的工作，很显然，所谓的“世界上最糟糕的工作”。我读了几十万条评论，删掉了几万条。作为一名审帖员，你要深入了解，这些网络对话是如何运作的，它们如何可以变得精彩和让人有所裨益；当然你也知道，一旦没有处理好，事情会变得非常糟糕。

好的审帖员并不是整理出或控制好一个话题，关键在于不要让任何人的言论毁了整个对话。不要让一篇关于帽子的文章被一些讨厌时尚的人给毁了；不要让一篇在加莱救济难民的用心之作被一些抱怨虐待儿童的评论沦陷……

当然，要审核的不止这些——还要处理那些危险的话语、诈骗以及不当言论。最难的就是了解话题以及他们可能会怎样毁掉一次交流——一个评论像是一颗石子投入了平静的湖面，激起了层层波澜。

而“刺头俏皮话”多种多样，一些还很有才华，若想阻止人们在网上互相纠缠，最好的办法应该是关掉整个互联网：那些讽刺性评论也有其意义，不管只是让人发笑、炫耀夸大还是改变人的一些固有看法。它们能疏通情绪，而且非常有用，很多时候也很有趣……

但是也有限制所在，没有任何门槛的匿名网络世界是有毁灭性的，很容易产生误解，过于自信或者是对于屏幕背后真实的人丧失情感。你本来是出于分享观点的目的，但是最后却以羞辱某人告终。伤害别人的感情是如此容易，想要停止这么做却太过困难，任何一名读过对他们批评的专栏作家都可以这样告诉你。

最大的问题是专门针对某些话题进行的评论：一些人对于他们

立场正确是如此确信不疑以至于他们在加入一场对话时并不是想要交流，而是抱着摧毁的目的。

……

我们审帖员已经尽可能解决这些问题了：我们为那些有争议的文章设置了关联度线，屏蔽了一些毫不相关的评论，屏蔽了一些不守规矩的评论者。很显然这远远不够。《卫报》的阅读者在过去几年不断增加，全球的阅读者都在增加。我们有了超过1亿用户，评论每天超过了7万条。所以情况更加糟糕了吗？有时候，当评论变得无法控制时，的确如此。

没有变化的是这些作者、评论者和读者都是人。有血有肉的真人，在工作，在网站上消磨时间，甚至是寻求帮助。所以当评论变得很恶毒时，他们也很痛苦。

当事情变得会让人受伤、给人带来压力以及愤怒等一系列情绪时，人们通常会出于自我保护的目的远离。这就是评论区发生的事。经常听到记者和评论员说，“不要读评论”，光想想都觉得很糟糕。这些记者要如何从他们的读者那里学习？如果他们拒绝阅读反馈，他们如何得知自己是否犯错？如果新闻记者需要听到的重要消息被一些令人厌恶的只会喧哗取众的观点所淹没，这实在太过可惜了。

所以我们能做什么呢？审帖员的人工成本不低，没有人会付钱来招聘更多的人。技术可以在一定程度上帮助我们，但是很难想象一个机器人是否有足够智慧的敏感度来处理这样的辩论。

另外一个选择是关掉评论区：这些键盘侠就会逐渐减少，眼不见心不烦。很多新闻网站已经这么做了，一些《卫报》的评论员也发表意见说，是时候了，我们已经输掉了这场战争。我不同意。评论区还有很多精华、很多智慧。

对话需要变得更好。我们需要改变做法。

类似《卫报》的新闻网站有责任改变这件事情，因为一个政策的实行是有着切实的影响的。在《卫报》每天都有数千人通过这个平台讨论当天的新闻，而且他们的谈论也是值得进行的。网站还延伸出了一些围绕单个问题诞生的小社群：食谱、网游或者是壁球。我的最爱是填字社群，这群人因为讨论一些填字线索聚在一起，后来还发展到了线下聚会——他们甚至还有自己的主题歌。我们不能屏蔽这些。这就是网络的意义所在。

我并不认为辩论不好。辩论是我们应该保留的，甚至是一些非常激烈的辩论。证明自己的观点是一项英国传统，应该给其留下充足的空间。解决这个问题的唯一办法就是让我们每个人都担起相应的责任，这意味着我们应该从内心认可评论的存在；意味着我们应该在面对不好的评论时保持冷静，忽视它，只关心好的部分；意味着相信辩论的存在是有必要的，但是允许其变成不同看法的讨论而不是僵硬的一边倒。这意味着不要让那些捣乱的键盘侠获胜。

作为一个组织，《卫报》也应该承担一些责任。它需要探索如何设计网站才可以激发鼓励一些有建设性的讨论；需要确保审帖是重要的，需持续下去；还要确保读者给出的绝佳看法能够被了解，还要给评论者足够的尊重。如果我们不努力修复这个网站，我们就会失去它。

这就是我要对那些捣乱的键盘侠、那些笑话、那些愤怒的话，以及那些有知识含量的帖子，做出的回应。我们应该努力让网站变得更好，只要我们努力，做好审帖，任何事都会好起来。

我在《卫报》做了五年的审帖员，这不是“世界上最糟糕的工作”。这是我从事过的最好的工作。①

【案例分析 10-2】为我们提供了一个评论区管理员的视角，评论区不

① 世界上最糟糕的工作?《卫报》评论区管理员的独白［EB/OL］.（2021-09-13）. https://m.jiemian.com/article/617271.html.

乏深刻、有意义的洞见，但由于网络空间的匿名性，同时也存在着偏见、误解、语言暴力、仇恨、低俗等影响着友好互动的因素。即便如此，优质的媒体也不应该一味选择关停评论区，而是要加强对其的良性管理和适度引导。

二、评论区管理

目前新闻媒体在进行评论区管理时的手段主要包括：回复评论、点赞评论、置顶评论、删除评论。

回复评论是最常见的管理方式。回复粉丝就像是在和他们亲切对话，只有当粉丝收到了回应，对话才能得以延续，因此粉丝黏性才能不断提高。短期来说，回复评论可以起到澄清事实，消除受众对融合新闻评论作品内容的误解，解答受众的疑惑，解释受限于篇幅、作品形式未能完整传达的含义，延伸评论作品中的观点，启发思考等作用。长期来看，回复评论的行为可以促进长效沟通，在受众群体中培养一种良性交流的氛围，体现融合新闻评论创作者并不是高高在上的观点宣读者，而是可以参与到辩论中来的交流者，塑造良好的媒体形象。

点赞评论可以拉近媒体与读者之间的距离。博主对于评论的点赞无疑就像是幼儿园老师发放的小红花，能够赋予粉丝“被认可”的自豪感，迅速拉近与粉丝之间的距离。对于值得肯定的观点、评价，不妨用点赞的形式进行鼓励，可以培养与粉丝间良好的互动关系。

置顶评论是部分新媒体平台支持的功能，往往用于比较关键的、有效的评论信息，可以引导评论区的舆论氛围。积极互动的评论区往往会出现一两个被网友们戏称为“课代表”的评论，这些评论能够迅速地给粉丝提供有效信息点，节约阅读时间或是进行理解上的纠偏，能够提升文章的接受度。

删除评论的行为往往会受到带有一些偏向性的色彩的指责，其实删除评论也是一项必不可少的评论区管理手段。对于人身攻击、政治错误、散布谣言、毫不相关的评论，媒体需要第一时间对其进行删除，净化评论区环境。如【案例分析 10-2】中所说："一些人对于他们立场正确是如此确信不疑以至于他们在加入一场对话时并不是想要交流，而是抱着摧毁的目的。"一切评论区管理的手段都应该最终服务于促进良好沟通的目的。在匿名制的掩护下，不少人并不是带着善意来互动，或者偏离了新闻评论作品本身所讨论的议题，媒体不能放任这些评论"摧毁"评论区良好的沟通氛围，需要进行果断的处理。另一种做法是微信公众号平台推出的"精选评论"功能，内容发布者可以选择向公众展示哪些收到的评论并与其互动。

值得注意的是，无论是"删除"还是"筛选"，并不意味着打造一个只有赞同、赞美声音的评论区，对于合理的质疑、批评，应该予以正面回应，或是进行有逻辑的反驳，这样才能发挥评论区的互动价值。接受批评，保持公开，这是融合新闻评论从业人员应该承担的伦理责任。

第三节 融合新闻评论的伦理责任

在现代化的网络时代，新闻媒体不但承担着传播新闻信息的功能，同时也担负着一定的社会教育功能。不可否认的是，现如今的融合新闻媒体存在一些令人担忧的状况，如盲目追求时尚、庸俗化甚至是低俗化倾向等，本质上是媒体过度迎合公众的猎奇、猎艳取向，或者说在网络时代就是过度追求新闻的浏览量、转发量，从而造成了主流价值引导者的失位。

媒体在社会道德建设中起着很重要的作用，新闻评论作为观点的放大镜对社会价值观的塑造与引导有重要的作用，因此融合新闻评论媒体更加需要履行好媒体职责，有效引导舆论发展方向，同时倡导社会道德伦理，鼓励与批判两种声音并存，营造出和谐发展的社会舆论环境。

伦理问题就是关于人的行为是否正当、是否符合道德规范的问题。对于传播者而言，伦理道德问题首先是责任问题。新闻评论的伦理责任，是基于新闻媒体对公众的重要影响而产生的。本质是新闻评论的写作者、传播者与评论作品对受众的责任问题，要做到内容上的公正与形式上的公开，不得隐匿或模糊地表达自己的观点。

具体来说，新闻评论的伦理责任，主要来源于媒体的评论制度、创作者的个人行为和具体评论作品这三个方面。

一、媒体的评论制度

在本章的第二节中具体讨论了如何实现新闻评论作品评论区的管理，也属于媒体的评论制度责任的表现，其背后所蕴含的是媒体在组织评论时需要尊重新闻的平衡性原则。当新闻媒体设置重要议题批评他人时，应当为被批评者提供必要的空间，允许被批判者发表意见，这是尊重被评论者基本权利的表现。观点的表达与论证是非常容易出现谬误的，融合新闻评论的媒体制度应该为可能犯下的错误留足更正的空间，对于被指出的错误、不合适的言论，应当实事求是地道歉并及时更正，而非遮遮掩掩，通过占领道德的“制高点”来模糊是非。因此，媒体的评论制度应当鼓励传者与受者之间的沟通，注重观点的交锋、逻辑的推演，而非利用媒体的社会地位进行公共意见空间的垄断。

同时，媒体经营过程中不可避免地会受到商品经济的侵蚀，大众媒体也有自身的生存和竞争的需要，但是评论媒体需要保证立场的纯洁性，不能为一时的经济利益蒙住眼睛，这是当前社会各界对媒体的道德期望所在。

二、创作者的个人行为

评论创作者的行为规范在于不论评论者持有什么样的观点、立场，或者有着什么样的利益、背景，都应该公开坦荡地表达自己的观点，不得通过隐蔽发表等手段误导舆论。“在一个面向大众的媒体上，就公众所关心的问题发表言论或批评，报纸必须署上作者的真名实姓和供职单位（如果无职业也要表明是无业人员。无业人员也代表着一种利益集团）。”[①] 融合新闻评论亦是如此，观点是具有鲜明个人色彩的表达，如果允许创作者匿名，一些评论人员可能会专门写作符合某个特定企业利益的评论，以此来接受企业的报酬，而实名制则给了受众对创作者的动机、立场、公平性进行考量的空间。

三、具体评论作品

对于具体的评论作品来说，它的内容需要在民主、法治和社会基本价值观的底线之上表达积极、进步，有利于社会和谐稳定发展、人民团结的各种观点，而非具有煽动性的、片面的或是政治错误的观点。形式上，评论作品在论证中不得使用不利于读者把握、理解的事实，应独立、清醒地运用判断的论证方法或修辞手段，不得用混淆视听的方式向大众倾销自己的观点，而是用科学的、有逻辑的论证结构进行清晰的传达。

融合新闻评论伦理责任是多元的，可以体现在多个方面。它既应当表现为传播内容与传播动机的道德性、公益性，也应当表现为客观社会影响的道德性、公益性。

下面让我们通过几组案例学习如何在创作中实现这种道德性与公益性。

（一）以人为本

【案例分析 10-3】

泛滥的“人脸识别”：勿将科技当作社会问题的“万能解药”

（学生习作，余婉遥）

从刷脸支付到手机解锁，从安检安防到考勤打卡人脸识别似乎

① 李希光. 新闻学核心［M］. 广州：南方日报出版社，2002：109.

成为提高效率、保障安全的一剂“良药”。于是有人道：“遇事不决，人脸识别。”

纵观历史，人类对于技术“乌托邦”的想象从未停止。但实际上，科技难以从根本上解决社会问题，一味强调“科技”的效用可能是在逃避“人”的主体责任。部分高校运用人脸识别技术，通过抬头率、微表情、坐姿等信息来判断学生上课的专注程度。暂不论其能否准确实现它所宣传的结果，这样的全方位监控，即使强制学生“身在课堂”，却难以令其“心向治学”，甚至可能会因过分压抑学生的主观能动性而导致负面效果。教育并非机械化生产，技术的改进虽治标却很难治本。试图用“人脸识别进课堂”让学生“乖乖”听课，难道不是在逃避课堂教学质量低下从而吸引力不足的主要责任吗？这样的教育又如何真切地提升高等教育效率，培养兼具专业视野与人文关怀的高素质人才呢？

更糟糕的是，滥用科技有时会导致难以预料的社会风险。人脸信息属于高度敏感的个人生物信息，是个人社会身份的象征，也是人际交往的信用凭证。其一旦被泄露、非法收集或者不正当地使用，则会对信息主体的个人财富、隐私名誉等权益造成严重威胁或损害，甚至招致歧视性的待遇，且难以恢复补救。据媒体曝光，在某些网络交易平台上，只要花 2 元钱就能买到上千张人脸照片，由此可以看出数据泄露、隐私侵犯的危机极具现实性。

……

当然，这并不意味着要因噎废食、全面禁止人脸识别技术，走向另一个保守的极端。只是在社会共识形成之前，我们需要在技术的狂欢中冷静反思，必要时可以考虑暂缓一下科技普及的前进步伐，以免造成社会安全感后退的恶果。

毕竟，科技是手段，人方为终极目的。人脸识别技术只是解决社会问题的辅助工具或可能路径，而非一劳永逸的“万能解药”。

【案例分析 10-3】探讨了科技与人的关系，并且分析了技术广泛使用的限度与长度问题。上述案例以滥用人脸识别技术为切入点，论证过度的技术使用表现出“人”作为主体的缺位。而这种对人的主体性的关注，正是新闻评论伦理的表现之一。

上述案例为我们展现了融合新闻评论所能体现的人文主义关怀。人是社会实践的主体，既被现实社会所塑造，又在推动社会进步中实现自身发展。建设什么样的社会、实现什么样的目标，人是决定性因素。融合新闻评论创作者需要时刻秉持以人为本的伦理观念，不能让类似于“科技发展”这样的宏大叙事淹没了人的社会主体性。

（二）维护社会公共利益

【案例分析 10-4】

送“风水师”1000 万元求升官，仅仅因为迷信吗?

“一直以清高自居的我，居然试图通过江湖骗子，以输送利益的方式求升迁……”4 月 14 日，浙江省纪委监委网站刊文《在“风水”中迷失　在私欲里沉沦》，披露了 2020 年 11 月被查的金华市政协原主席陶诚华案细节。据披露，陶诚华不信组织信风水，搞迷信活动；与私营企业主“亲”“清”不分，长期参与企业、项目投资，违规从事营利活动，收受他人所送财物共计 2970 万余元。

文中所说的风水和迷信，说来十分荒唐。大概意思就是，已是金华市政协主席的陶诚华，希望如愿爬上地市党委“一把手”的高位，而北京的“风水师”朱某某表示能够帮助其谋求职务晋升，但需要 2000 万元费用打点。于是，一番操作，陶诚华就把从企业要来的 1000 万元送给了朱某某。当然，各种“做法事”“改风水”等操作不可少，“五品官帽盒”、寓意“升官”的木制“升”、貔貅、瑞鹤屏风等一应到位。

这些明眼人一望便知的小把戏、小伎俩，非但没有引起半点疑窦，反而让一名堂堂正厅级领导干部心甘情愿砸出1000万元巨资。若非为其出钱的企业主不肯再往外拿钱，还提醒其不要被骗，没准儿陶诚华真的要按照风水师的要求，足额支付对方2000万元。

在落马后检讨这一愚蠢行为时，陶诚华认为是因为“对方工作的神秘性以及自己想转岗的迫切性，使自己难以冷静客观，到鬼迷心窍的地步了”。“官令智昏”“鬼迷心窍”，陶诚华的自我认知大体上不难理解。概而言之就是：总想着找到一条迅速发达的捷径，然后就飞黄腾达；总想着只要用钱开路就没有推不开的大门；总想着某一次偶遇就会攀附上一支神秘的力量……

然而，陶诚华的问题似乎又不止于迷信风水，在其超出常识的做法背后，其实有着另外的逻辑线：

其一，贪官之所以动辄砸出巨资给形形色色的“大师”，未必因为他们智商不在线，而更多在于，他们砸出的巨资并非他们自己的钱，不过是给企业老板“一句话的事”，自有人主动出钱。得来既然毫不为难，挥霍自然也不会心疼。一般人看到陶诚华一把就给了风水师1000万元，殊不知只不过是倒了一次手而已。

其二，贪官的一掷千万，也并非单纯的“豪爽”“慷慨”，而是有着精心的投入产出计算。花掉1000万元不是自己的钱，或许能够换回来一顶金灿灿的帽子，何乐不为？退一步讲，即便这一次没能如愿，至少也搭了桥、铺了路，万一下一步能成呢？至于出钱的老板那里，沆瀣一气已经使得他们荣损与共、很难分开了。说来说去，这笔钱不过是经营关系的成本。

可见，当下个别官员之所以迷信风水……本质上讲，仍在于其不能正确对待职位，把本该为民服务的公职视为可以生财的一桩生意，以官要钱，花钱求官，得官求利，而就在这样赤裸裸的追逐奔竞中，理想信念、原则宗旨、价值品格等，均抛在脑后。

因此，除了加强对此类官员的思想教育之外，也要注意约束其资金来往，切实落实个人事项报告，管住了他的钱袋子，也就免去了很多荒唐、荒诞的“神操作”。而这些官员关于升官发财的诸般梦想，也注定会随着这一硬约束而收敛许多。①

在以上案例中，评论员坚守社会责任，对腐败官员“一掷千金”迷信风水的现象进行清晰深入的论证，分析其动机、本质以及对应的策略。作者不为位高权重者发声，坚持通过评论维护社会公共利益，坚守了新闻评论的伦理责任。

【案例分析 10–5】

“大数据杀熟”刷屏：禁止利用算法“算计”消费者

（学生习作，米珠措姆）

近日，一些电商平台利用大数据分析用户需求与喜好，上架的同一产品以及服务针对不同的消费者有着不同价格，这一行径引起网络热议，更招致消费者不满。这一现象被称为“大数据杀熟”。大数据作为一项新技术，应用于互联网的初衷是帮助企业更好地了解消费者的需求，为消费者带来便利，绝不是利用大数据来“算计”消费者。

……禁止“大数据杀熟”的行为，仅仅靠消费者抵制是远远不够的，还需政府、平台、消费者多方合力。对于平台和商家不诚信经营等行为，政府部门需要建立和完善网上大数据监管平台，加大处罚力度，畅通投诉渠道，及时介入调查。商家和平台需树立社会

① 龙之朱．送“风水师”1000 万元求升官，仅仅因为迷信吗?［N］．红星新闻，2022-04-15.

责任感，诚信经营并自我约束，才能取得消费者信任。消费者要坚决维护自身权益，如发现有价格歧视的现象，要及时留存证据，向有关部门反映情况。只有政府、平台、消费者三方合力，才能营造一个健康、可持续发展的网络消费空间……

以上案例批判了互联网平台利用大数据杀熟的现象。评论从维护社会公共利益的角度出发，探讨互联网平台不诚信经营的行为，不为利益集团发声而维护消费者权益，坚持新闻评论的伦理导向。

（三）社会教育作用

【案例分析 10-6】

在通道问答中，感受中国

每年全国两会，“代表通道”“委员通道”“部长通道”是人们极为关注的采访活动，也是了解我国政治生活大事的重要微观切口……

在近些年来的通道问答中，有部长回答“我们有能力保证14亿多中国人每天到点开饭、不饿肚子”，有代表喊出“研发大国重器要勇于担当”，有委员表态“实现高水平科技自立自强，就是在祖国需要的时候，想用就有、想干就能”……

问题越来越直接，回答越来越透彻，参与通道问答的每一个人都十分珍重这样难得的机会。通道问答，寄托着14亿多中国人对美好生活的向往，承载着国际社会注视中国发展的目光。通道问答中的你来我往更加凸显抒人民心声、聚真知灼见、谋务实良策的重要作用……

实事求是、真诚坦言，通道问答彰显了中国的从容与自信。党的十八大以来，中国特色社会主义进入新时代，我们完成了脱贫攻坚、全面建成小康社会的历史任务，实现了第一个百年奋斗目标，正向着全面建设社会主义现代化国家奋勇前行。巨大成就的背后，是我们应对一系列长期积累及新出现矛盾问题的魄力和能力。解决发展中矛盾和问题的决心，正通过全国两会通道问答，向整个社会传递……

短短百米通道上的问答，彰显了人民的民主权利，体现了人民的共同意志，让世界看到更加开放自信的中国，看到我国各项制度和国家治理体系有效运行、充满活力的蓬勃状态。①

上述案例以全国两会的“通道问答”为核心评论对象，作者列举了部分有代表性的记者提问和受访者的回答，指出这些“问题越来越直接，回答越来越透彻”，“通道问答”进一步彰显了人民的民主权利和共同意志。文章评论角度新颖，核心论点立意深刻，展现了中国社会的集体行为秩序和社会共识的建立。

【案例分析 10–7】

老师该不该是教室里的绝对权威

“同一件事，师生的态度近乎截然相反。在某种程度上，这是当前校园中师生关系的真实写照：表面看一团和气，实际上很难交心。”“教师扮演着教室里的绝对权威。”但是，让老师放下权威并不容易。因为在很多教师看来，“教育首先要管，然后才是教”。（《中国青年报》6 月 29 日）

老师和学生，是因学生的“学”而走到一起的群体。然而，枯

① 陈城. 在通道问答中，感受中国［N］. 光明日报，2023-03-09.

燥的课堂、念书像念经的老师让很多人至今都“后怕”；而老师们也会常常腹诽，把知识塞进学生的脑袋里怎么如此之难。

古往今来，师生关系是一个说不完、道不尽的话题，其中不免有互不理解和磕磕碰碰，但这并不意味着没有解决问题的路径。受传统尊师重道思想的影响，一些老师会陷入自己要成为“权威”的误区，于是一方面会在遇到不懂的问题时产生自我怀疑，另一方面又对此极其敏感，容不得学生的挑战和质疑。

其实，这样的教育理念是很不健康的，正如俄国文学批评家杜勃罗留波夫所说的：“你宣布绝对的服从，那你正是消灭了儿童们合理、正确而自由的发展。”在课堂上，老师企图扮演什么都知道、什么都会的“全能权威”，既不现实，也无必要。

……

当然，老师要让学生喜欢每个科目的学习，显然有些理想化。但教师至少应该做到让学生“不害怕”或“不讨厌”学习，减少学习者的不安情绪，促使其愿意迎接更多的学习挑战……

总之，对于教师来说，最应该做的是走进学生的内心，而不是扮演教室里的绝对权威。①

这篇评论以“老师该不该是教室里的绝对权威”为标题，以现实生活中师生间可能存在的矛盾关系作为评论起点，核心论点聚焦良好师生关系的建构方式。文章回顾了师生关系演变的历史背景，同时引用专家学者的观点进一步指出教师不应陷入将自己视作权威的误区，论证整体较有说服力，对于数字时代师生关系的建立也提出了较好建议。

① 穆康德.老师该不该是教室里的绝对权威［N］.中国青年报，2020-06-30.

【案例分析 10–8】

“配阴婚”的封建糟粕何时才能被摒弃
（学生习作，赵昕）

最近，山东德州被虐致死女子被安排阴婚，女子家人称“配阴婚为旧俗，希望理解”的新闻引发热议。不少网友表示：已经 2020 年了，为何还有人在配阴婚?

在相信科学、尊崇平等的现代文明社会，部分落后的农村地区仍然还在坚持维护这一传统陋习。对于“配阴婚”的旧俗，要坚决摒弃，不能扯着“习俗”的遮羞布，打着“理解”的旗号拥簇。

……不仅是配阴婚，任何传统恶俗在当代文明社会都应该被坚决摒弃。放任陋习野蛮生长，不仅是对封建落后观念的放纵，也是对现代法治社会的挑战。如果说之前配阴婚勉强还能称为陋习，那么在如今，有人受利益的驱使狂掘墓葬、盗卖尸体“配阴婚”的行为，则是对法律底线的挑战。这一古老的封建陋习并未随着社会文明的进步而消失，反而在利益的驱使下愈发猖獗，对于陋习恶俗所有的理解与沉默都成为放纵其沦为罪恶的推手。

移风易俗不是一朝一夕的事，观念的改变更是要久久为功。恶俗陋习之所以有如此持久的“生命力”，是因为它仍然迎合了部分人的心理需求。摒弃这些封建旧俗，不能只是简单将其定义为封建糟粕，而是要以科学、文明的方式寻求替代方案：在丧葬方面，加快现代化的丧葬改革、公共墓地的设立，让任何身份任何婚姻状况的人都能得到安葬；在观念方面，加快乡村社会法治知识普及，提高农民法治意识……只有用现代先进文化取代封建落后文化，“配阴婚”之类的封建糟粕才能被真正摒弃。

【案例分析 10-8】的评论对象为“配阴婚”这一不良旧俗，并上升至讨论“摒弃传统恶俗”。上述案例论点清晰，价值观明确，对违反社会公序良俗的行为予以感性与理性的双重驳斥，具有良好的社会教育功能，体现了作者的基本伦理修养，具备较高的社会公益性。

上述三个案例极具代表性地依次展现了媒体的社会教育功能的三个方面：集体行为秩序、权威话语解构、教化风俗。互联网时代，公众每日接触的信息是海量的，但并不是所有的信息都是正确的、积极的，融合新闻评论需要发挥好自身的社会教育功能，激浊扬清，批判错误的、落后的观点，宣扬积极的、先进的价值观。

第四节　融合新闻评论的伦理问题

在融合新闻评论时代，由于立场和对事件的理解上的差异，情绪压倒真相，评论先于事实，立场胜过是非，用专业言论包裹不当动机，随意对他人进行道德审判等新闻评论伦理问题层出不穷。尤其是一些媒体抛弃传统“内容为王”的生产准则，转而追逐流量、点击率、评论转发量，做出一些违背伦理责任的评论，使网民沉溺于情感宣泄之中，从而忽视了对新闻事件进行理性、客观的思考和表达。

本节将列举三类典型的伦理问题，并探讨如何在实践中进行避免。

一、事实伦理问题

事实伦理问题是网络媒体上极易出现的伦理问题之一。在本章一开始我们谈到，互联网是一个信息的松散集散地，网民自发上传的信息真实性并不能得到百分之百的保证，而网民对即时信息的渴求，使得新媒体环境下新闻的产生、传播、评论几乎同时进行，因此极易出现【案例分析

10-1】中评论员所遇到的情况。多面且复杂的事实往往不会一开始就完全呈现，一些评论者在事件真相尚未明朗的节点上过早介入其中，发表带有倾向性的观点，就会使自己陷入事实伦理问题的困境。这也是为什么网上现在流行说“让子弹先飞一会儿”，等新闻真相核查完成之后，再开展融合新闻评论的生产。此外，通过对事实的曲解与歪曲，利用事实中对自己有利的一面，隐去对自己不利的一面，无疑是对受众的一种误导，也是罔顾新闻评论伦理的表现。

二、立场伦理问题

立场伦理问题往往是融合新闻评论者难以自查的问题。创作者常常有一个自身预设的立场，如果这个立场本身是偏离伦理要求的，譬如歧视少数群体、分裂国家、蔑视人权等，那么无论论证本身是多么严密，论据多么充实，语句如何华丽，都不会造就一篇好的评论。另一种情况是这个立场可能本身并没有错误，但是如果创作者受到所属立场的干扰，在评论中过分煽动情绪，视角单一化，看不见对立的事实，或者是诉诸情感对相异的观点进行反驳，使其“不证自否”，那么他就会面临利用受众情绪为自己的观点输出服务的伦理问题。

【案例分析 10–9】

新东方不应照搬李佳琦

校外教育培训机构巨头新东方退租1500个教学点，并将8万套座椅捐给了农村学校，用一种“绅士”的方式向过往告别。以后做什么？据媒体报道，新东方创始人俞敏洪将开启直播带货，与几百位老师一起直播助农。注册信息显示，新东方已成立全资控股的东方优选（北京）科技有限公司，经营范围包括销售鲜肉、禽蛋、水产品、新鲜水果蔬菜等。

好家伙，新东方要学李佳琦了！

直播带货很挣钱，此前有创业失败的名人直播带货，一年多就基本还清6亿元债务，可见利润之高。亟须转型的新东方盯上这条“成财”之路，可以理解。然而，从客观条件看，助农直播很难成为企业的新支柱。

先看市场。生鲜不是标品，每一次到货都可能与消费者预期有出入，容易引发不满；运输易损耗，到消费者手里可能出现磕碰、变质；食品安全无小事，稍有不慎就会引发连锁反应。而且，与动辄数千元、上万元的培训费相比，农产品客单价可能不足以支撑新东方这样的“大块头”转型。

再看监管。助农直播涉及网络交易与食品安全两大领域，都是目前监管的重中之重。它考验供应链、品控、客服团队、食品安全管理机制等，在直播中还需要严格内容审核……

新东方想通过助农直播重回市值巅峰可能有难度，但作为带有教育基因的企业，也有可能干成其他主播干不了的大事。比如，以培训新农人和农民主播为切入点，推动职业教育发展。目前农货电商化已成趋势，急需相关人才。电商平台虽然有扶持计划，但人力有限，很难教会那么多渴望把农货卖出大山的农民。教育培训恰恰是新东方的强项。让老师们从直播间练手开始，迅速熟悉电商，结合过往积累打磨课程，新东方也许可以成为职业新农人的摇篮。

作为校外教育培训行业的龙头企业之一，新东方转型具有风向标意义。如果只是从一个挣快钱的行业跳到另一个挣快钱的行业，恐怕不是最佳示范。据说俞敏洪本人一直梦想像斯坦福一样建一所大学，那么，把这所大学建到更广袤的农村大地，没准更符合当下的社会需要。

另外，有线下资源的新东方还可以考虑投身研学赛道。“双减”之后，学生们周末、假期不补课了，研学活动非常紧俏。目前该领域的从业者多是小机构甚至是个人，注册一个微信公众号就开始推活动。有关经营很不规范，大多是微信私下收费，没有合同，家长与“老师”素不相识，一旦出现纠纷很可能无处说理；活动组织得也比较潦草，一般是每次外聘讲师，质量如何无从得知。

如果新东方等大机构愿意组织研学活动，至少此前积累的学生资源可以无缝衔接，教研团队可以平滑转型，报课系统可以继续使用，学生们跟着熟悉的老师也放心些。比起直播带货，研学赚钱可能没那么快，但更契合新东方们的教育背景。何况电商平台上已经有很多个“李佳琦”了。①

【案例分析 10-9】关注新东方老板俞敏洪直播销售农产品一事，从市场、品控、新东方的特点等出发，对俞敏洪选择直播带货的动机与前景做出不同评判，不赞成将直播带货作为新东方转型的支柱产业。评论认为助农直播很难成为新东方的新支柱，且俞敏洪开直播只是从一个挣快钱的行业跳到另一个挣快钱的行业。然而，首先，直播带货是国家所鼓励的，带货助农应被提倡。俞敏洪的选择响应政府号召、顺应时代发展。其次，“赚快钱”这一说法属于评论员个人判断，并无确凿事实证明直播即为赚快钱。而且俞敏洪将部分直播收益用于公益事业，并非纯粹为了营利，作者的简单判断缺乏说服力。因此，上述案例可能存在伦理偏失、关注点谬误的问题。

① 佘颖．新东方不应照搬李佳琦［N］．经济日报，2021-11-13.

【案例分析 10-10】

举报杨笠，是你的权利，但是没必要
（学生习作，李至柔）

杨笠被举报了，因为她在《脱口秀反跨年》节目上调侃男性“没有底线”，用谐音梗的方式说他们是“见仁见智”。话题很快上了微博热搜，且相关微博评论区变成了大型男女对骂现场，事情由一个脱口秀演员的表演演变成了一场性别对立的骂战，微博账号“平权盟”则发出向国家广播电视总局举报杨笠的号召。

为什么我说举报这个行为虽然合法，但是没有必要，这是因为，举报者真正打不过的不是杨笠，而是微博上借杨笠的“东风”拼命炒作、煽动性别对立的“女权”们。杨笠可以被举报，因为她是公众人物，出现在网络节目里，但微博上煽动情绪的大 V 们没法举报，千千万万被“女权”荼毒对男性充满恶意的女性们没法举报，举报了一个杨笠，还有第二个“张笠”“李笠”“王笠”站起来，脱口秀的女艺人也好，微博上的女明星也好，甚至是一个新闻事件里的女主角也好，犯罪事件中的女性受害者还少吗？最近不是有个女性被泼硫酸的新闻吗？只要有心挑起对立，任何一件事、一个人的只言片语都可以成为微博“女权”们攻击男性的理由。

所以，如果我是这场性别争论事件中的男性“受害者”，我不会选择去举报杨笠，一是举报未必有用且影响恶劣，二是就算举报成功也对事件真正的煽动者毫发无损，甚至会成为她们新一轮挑起对立的素材。性别不平等、两性矛盾尖锐是无法避免的社会现实，而杨笠甚至没有在节目中触碰到男女之间真正的矛盾，只是轻描淡写地讲了一些生活段子，就引发了如此激烈的争议，可见问题之深。或许真正应该举报的不是杨笠，而是每次暗中把这些涉及两性对立

的话题顶到前面的微博用户，以及煽动对立情绪的营销号们应该解决的也不是杨笠，而是两性不平等的社会现实。

在【案例分析 10-10】中，作者将视角放置于两性不平等议题上，并进行相应论证，选题有一定价值。然而在论述过程中，局部内容存在过于偏激而违背新闻评论伦理的情况。“杨笠可以被举报，因为她是公众人物，出现在网络节目里”一句，逻辑有些牵强，杨笠“可以”被举报的原因是并不是她是公众人物，且所有微博用户都可以被举报，这一观点有出于自身立场而进行简单归因的嫌疑。“甚至是一个新闻事件里的女主角也好，犯罪事件中的女性受害者还少吗？”此处论点中提及的新闻事件里的女主角、犯罪事件中的女性受害者，和前半句中的杨笠或“张笠”“李笠”“王笠”等并不是一个性质的主体。

新闻评论本身是客观事实与作者主观立场结合的作品，因此作者有预设的立场并非坏事。然而该案例中关于性别议题的讨论存在比较明显逻辑漏洞，论点与论据无法相扣的地方通过诉诸情绪来唤起受众的共鸣，从新闻评论的伦理规范角度而言略显不足，并没有真正起到启发和帮助读者的作用，反而可能引起更大的舆论风波。要想避免立场出现伦理问题，需要评论员们时时自省，是否是带着偏见去看待问题？这样论证是诉诸逻辑还是在诉诸情绪？如果我站在另一方，我会怎么看待这个问题？

三、操作伦理问题

传统新闻评论的创作过程有许多操作上的规范，例如保护公众隐私、注明信息来源、杜绝抄袭等，违背这些规范就会造成操作上的伦理问题。而融合新闻评论的生产流程与传统新闻评论写作、编辑、出版的线性流程不同，图文评论和短视频评论等的创作过程需要多个部门的协同工作，因此需要格外注意避免操作上的伦理问题。除上述问题之外，常见的还有广告植入问题，图片、音频、视频等多媒体素材的版权问题，暴力血腥画面的后期处理问题，题不对文的骗点击率问题，等等。

融合新闻评论目前还处于不太成熟的阶段，出现伦理问题往往难以避免，依靠道德与规范的行业自律更是艰难，如何在平台流量、新闻热点、受众喜好的裹挟下做好融合新闻评论，是巨大的挑战。但是，伦理责任永远是评论创作需要坚守的底线，融合新闻评论的创作者更需要时时自省，恪守行业道德规范，保证自身的专业性的同时，不断向社会输出优质的作品。

实战演练

因航班延误错过考研复试，“遗憾”不该全由考生承担

3 月 24 日，一则“考研最大的遗憾”帖子在网络引发关注。

帖文显示，今年报考广东某大学的一名安徽考生，在 3 月 22 日看到复试消息后，便购买了 23 日的航班，但受强对流天气影响，航班延误，他不幸错过了 24 日的复试。

不少学生表示，学校这样安排复试给外地考生的准备时间太少，如果因为不可抗力导致缺考不能补考的话，对外地考生非常不公平。

据紫牛新闻报道，该高校研究生招生办公室有关老师称，他无法直接对此事作出回应，将请示领导后由专人联系记者。而不少网友和考生，都希望学校能拿出一个回应。

当然，更进一步，则不仅仅是一个回应，而是相应的应急解决方案。如果确因航班问题，入围复试的考生无法赶到学校进行复试，学校理应有相应的补救措施，而不是让考生独自承担航班延误，最终影响考研录取的后果。

另外，如不少网友所呼吁的，应该给考生充足的复试“赶考”时间，而不能“急吼吼”，尤其是外地考生，至少应提前 5 天告知复试时间。

这确实是一个应该引起重视的问题。如果学校给足了时间，考生因自己安排不当，导致错过复试，这一结果当然只能由考生自己承担。但如果学校给考生的“赶考”时间过于仓促，那么，考生因不可避免的因素而导致错过复试，学校则不妨从充分保障考生权利角度，给出妥善的解决方案。

据报道，该学校招生信息网显示，复试通知时间为 3 月 21 日，各学院的复试时间各不相同。记者还注意到，有部分考生在网上称，该校的复试通知实际上在 3 月 21 日晚间发布，不少考生次日也即 3 月 22 日才在其官网看到。这意味着，留给学生的准备时间就两天，最多三天。这对外地考生来说，确实是十分紧张。

尽管教育部等官方机构并未对学校发布复试通知的时间作出具体要求，但从更人性化也更科学的角度看，学校需要从考生角度出发，为考生留下充足的赶考时间。至少提前 5 天或一周告诉考生复试时间，或许应成为一条基本要求。

做好考研复试，有助于更加全面考查考生的学术潜能与综合素养。要充分保障每个入围复试考生的权利，也需要“双向奔赴”。

对于考生来说，应该做好考研规划，把其中的各种问题尽可能考虑周密一些，认真对待复试。对于学校来说，则要善待每一位入围复试的考生，切实做好相关服务，给每个考生提供公平的复试机会与环境。

为此，我们也期待这场“考研最大的遗憾”，最终能得到一个妥善的解决。[①]

请结合本章所学内容，谈一谈你觉得这篇评论承担了哪些伦理责任？

① 熊丙奇．因航班延误错过考研复试，“遗憾”不该全由考生承担［N］．新京报，2023-03-26.

后　记

作为教授新闻评论课程的青年教师，我怀着谨慎而忐忑的心情，结合以往上课经验和前人的研究成果完成拙作。我在中国人民大学新闻学院完成了本硕博十年的学习，其间曾赴美国哥伦比亚大学新闻学院联合培养一年，对于中西方新闻业的历史变迁和理念体系有着浓厚的兴趣。2020 年博士毕业留校工作后，开始教授新闻评论这门课程。作为经典新闻业务“采写编评”之一的新闻评论，其难度为大众所周知，多数新闻院校也因此将新闻评论课程面向高年级段的学生开设。不论是讲授这门课程，还是撰写课程教材，都是极大的考验，周勇院长和张辉锋书记支持并相信我能够教好这门课程，我硬着头皮坚持了下来，也会继续坚持下去，希望能够不辜负他们的期待。

我必须要郑重感谢马少华先生，正如新闻学院前辈评价的，马老师是一位真人。我本科阶段就曾有幸在马老师的课堂上学习，后又短暂地和马老师成为这所学院的同事。更为重要的是，马老师出版的教材既是我学生时代的重要读物，也是本书写作的基础和起点。另一位要感谢的是刘洪珍老师，她虽不在中国人民大学新闻学院继续任教了，但是她的为人和那散发着智慧光芒的授课方式至今令我崇拜。我还要特别感谢新闻评论大家曹林老师，2022 年的春季学期，我有幸和曹老师共上一门新闻评论研究课程，曹老师不厌其烦地为我解答了很多教学中的困惑。

这本书中的案例除了来自主流媒体的作品之外，还有大量案例来自学生们的日常习作，这里特别感谢在 2020—2021 学年秋季学期、2021—

2022 学年秋季学期上过我新闻评论课程的同学们，谢谢你们无私地将自己的作品呈现出来，供更多的人参考和批评，你们见证了我的成长，也见证了这本书的诞生，你们是本书重要的作者。

感谢我的博士同门、中国人民大学社会与人口学院刘冉冉博士后，以及我的开门弟子杨丰玮和崔绍峰同学，他们俩先后担任本门课程的助教。刘冉冉老师和杨丰玮同学帮助整理汇总了大量案例素材。我指导的硕士生、“光门”（同学们给我的师门起的名字）创始成员——苏娟、王诗涵、崔绍峰、杜雨欣和张宇同学任劳任怨地协助我收集资料，他们为本书部分章节撰写提供了智识支持。

杨奇光

于中国人民大学明德新闻楼

2023 年 5 月